寻真三国

战争、生活与人物

陈万雄 编著

商务印书馆
SINCE1897
The Commercial Press

秦至西晋历史年表

秦朝 ← 西汉 ← 新朝 ← 东汉 ← 三国 ← 西晋

秦朝

公元前221—前206年

始皇帝 → 二世皇帝

西汉

公元前202—公元8年

高祖（刘邦） 第一代 → 文帝 第五代 → 景帝 第六代 → 武帝 第七代 → 平帝 第十四代*

新朝

8—23年

王莽

东汉

25—220年

光武帝（刘秀） 第一代 → 灵帝 第十二代 → 献帝 第十四代

三国

220—280年

魏（220—265年） 蜀（221—263年） 吴（222—280年）

西晋

266—316年

武帝（司马炎） 266年篡魏 280年灭吴，天下一统 → 愍帝

* 此表的计算，纳入了汉少帝刘恭、汉少帝刘弘及汉废帝刘贺。

推荐序　三国历史与传说

郑培凯*

中国人过去最熟悉的一段历史，大概就是三国时期了。讲起赤壁鏖兵，说书的眉飞色舞，好像他亲身经历，紧跟着黄盖一起，在东南风起之际，冒着生命危险，去火烧连环船似的。舞台演出的戏曲影响更大，明清以来的乡愚妇孺，即使一个大字不识，也能从头到尾跟你说清楚三国鼎立的缘由。诸葛亮舌战群儒、草船借箭、七星坛上借东风、华容道关公义释曹操，都能说得惟妙惟肖、栩栩如生，好像他们亲眼目睹一样。说到周瑜设下美人计、甘露寺刘备招亲、赵云保驾、诸葛亮三只锦囊安渡险关，最后还有兵士大喊"周郎妙计安天下，赔了夫人又折兵"，气死周瑜，一般人都信以为真。在他们的心目中，诸葛亮羽扇纶巾，须髯飘飘；周瑜年轻气盛，"嘴上无毛，办事不牢"，怎么斗得过阅历老到的诸葛孔明？其实，这些情节段子精彩归精彩，却只是文学想象的历史故事，与历史事实毫不相干，当不得真的。

三国的历史真相，比较可靠的，还是得看陈寿的《三国志》与裴松之注。研究历史的学者也谆谆告诫，《三国演义》只能当小说看，虽然说的是历史故事，却与真实发生的史实有相当大的距离。可是老百姓不管，以讹传讹，很像今天的一些网民，煞有介事，听到风就是雨，你摆事实讲证据，他还是讲他的传说故事，因为更有戏剧性，更能引起群众的兴趣。然而，历史毕竟不是小说，历史家不是小说家，不是

* 郑培凯：耶鲁大学历史学博士、哈佛大学博士后。香港城市大学中国文化中心首创主任、客座教授。浙江大学客座教授。

说书唱戏的艺人，还是得据实而论。只希望一般人能分辨历史真相与传说故事，爱听小说戏曲的三国不要紧，算是茶余饭后的文化娱乐。但是，也得知道有真实历史的三国，或许没有关公斩华雄与诸葛亮祭东风的桥段，戏剧性不足，却是真真实实发生的情况，有助于我们活在真实的世界。

说诸葛亮羽扇纶巾，那是元明说书平话里的诸葛亮，不是三国时期的诸葛亮真身。其实在宋朝，人们都很清楚“羽扇纶巾”指的是周瑜的形象，最明显的例子就是苏东坡写的《念奴娇·赤壁怀古》：“遥想公瑾当年，小乔初嫁了，雄姿英发。羽扇纶巾，谈笑间，樯橹灰飞烟灭。”周瑜（175—210年）比诸葛亮（181—234年）大6岁，赤壁之战发生在建安十三年（208年），当时周瑜34岁，诸葛亮才28岁，都是青年才俊，然而赤壁之战的功劳主要还得归周瑜，诸葛亮的角色十分边缘，跟小说戏曲中呈现的情节，实在是天差地别。苏东坡词中说的赤壁之战，明确指出战胜的功劳属于周瑜，而诸葛亮根本不值一提：“人道是，三国周郎赤壁。”

陈万雄先生编著的《寻真三国》，像戴上虎头兜鍪的将军披着大氅，临风而立，颇有威仪。这部书最大的贡献，就是针对一般对三国历史有兴趣的人，可以让他们辨明历史与传说故事的分别，同时还可以感到三国历史的高潮迭起，如苏东坡说的，“大江东去，浪淘尽，千古风流人物”。《寻真三国》开章明义就说，这是一部历史书，清楚辨明《三国志》所记的历史史实与《三国演义》的故事传说。

翻阅全书，发现这部书确是地道的历史书，文字通俗却严肃认真，与过去说三国历史的一些通俗专著最不同的，就是书名强调的“寻真”。书中呈现的“寻真”方式很特别，主要是提供大量的表格与示意地图，同时辅以历史地理的山川城池照片，让读者有身历其境之感。更值得称赞的是，书中提供丰富的考古文物图片和数据，展现了古代战争所用的武器，以及东汉到魏晋期间人们日常生活的情况，具体展示了当时衣食住行的面貌。过去也有一些不错的三国历史通俗著作，如抗战期间黎东方就写过《细说三国》，开了通俗历史的新局面。但是，过去的通俗史书只是文字通俗，以陈寿《三国志》及裴松之的注为基础，辅以历史研究考证，以通俗白话的方式叙述了一遍，不但没有绘制精彩的示意地图，更没有考古文物的图片、数据作为佐证。对于新世代不喜欢读历史书的年轻人，《寻真三国》书写叙事的方式，会引起他们“穿越”的兴趣，对三国史事得到清楚的认识。本书“自序”的结语说：“本书所以称‘寻真三国’，是尽量搜集文物、遗址古迹、山川形胜的图像，并绘制各式地图、复原图等，以期还原三国的历史现场，增加实感，这样可让读者更有兴趣，也助其更好地认识和了解‘三国历史’。”说得很好，为中国年轻人提供了兴味盎然的历史知识。

本书也对《三国演义》“戏说”历史，完全不符历史真相的传说，做了一些厘清，让读者有所明辨，小说归小说，历史归历史，不要混淆事实与传说。比如，小说中关羽“温酒斩华雄”的情节，就与历史不符。华雄在历史上不是为关羽所杀，而是为小说中被华雄打败的孙坚所杀。“三英战吕布”的故事，也没有任何历史证据，纯粹是小说家编造的。赤壁之战的火烧连环船，是有历史根据的，但是诸葛亮草船借箭、借东风的精彩故事情节，则是小说家编出来的。说书人说得煞有介事，舞台上戏曲演出更是绘声绘影，高唱入云，我们只好说那是表演艺术，姑妄言之，姑妄听之。

刘备招亲、孙刘联姻的事件，历史上是有的。但是刘备到京口甘露寺见吴国太的情节，虽然戏曲舞台演出频繁，几乎尽人皆知，在历史上却没有这段史实的资料。其实，孙权的妹妹是不是叫“孙尚香”，也没有历史家敢于确定。我们最耳熟能详的诸葛亮空城计，吓退了司马懿，也是无中生有的故事，最多也只能说是“张冠李戴”，把赵云的事迹硬搬到诸葛亮身上。217年刘备北上抢夺汉中，随军大将是黄忠与赵云，黄忠在定军山斩杀了夏侯渊，曹操出兵褒谷（今陕西省汉中市境内），在阳平关与刘备对峙。此时赵云率轻骑出营探视军情，不巧遇上曹操大军，只能退回营地，大开营门，偃旗息鼓，曹操以为赵云安排了伏兵，退兵而走。次日刘备前来视察，大赞“子龙一身都是胆”。（见《三国志·赵云传》）

《寻真三国》是一部图文并茂的通俗历史，比穿越片好看。

自序　乱世华章：百年三国

何以“三国”

距今近2000年前的“三国时代”[1]，是最为人熟悉的一段中国历史，对其中的不少人物和事件，人们都耳熟能详。在悠久的中国历史长河中，不到百年的三国时代，不过一瞬间而已。三国时代政局动荡、社会纷乱、民不聊生，是名副其实的“乱世”，但是，论其波谲云诡的政局、惊涛骇浪的战争、丰富多彩的文化、辈出的英雄俊彦、惊心动魄的逞强斗智、仪态万千的人物行状，是历史上罕见的。

一说“三国”，一般人容易混淆了“三国历史”、《三国志》和《三国演义》三者的关系。“三国历史”，是中国历史上的一个时期；《三国志》，是一部史学名著；《三国演义》，是一部文学作品。不足百年的三国历史，竟让大众有莫大的兴趣，喜听乐闻，除了因历史自身波澜壮阔，还应归功于陈寿的《三国志》与罗贯中的《三国演义》。《三国志》与《三国演义》虽然性质不同，在传播三国历史方面却同样起了很大的作用。前者是一部历史著作，属史学经典“四史”之一。后者是一部历史小说，属古典文学著作，乃中国著名“四大小说”之一。陈寿的《三国志》部头不大却精简可读，被誉为良史。正如近代著名

---

[1]“三国时代”是指东汉末年到西晋间的一个历史时期。由于理解上的不同，人们对“三国时代”年份的起始有不同看法。

学者白寿彝先生所说，陈寿对于三国历史有一个总揽全局的看法，军事、政治及人世三层架构并重，气宇宏大，引人入胜。为《三国志》作注释、文字等量的“裴松之注”，更在史料的增补、辨证、存异、评议等方面为《三国志》做出了卓越的贡献。裴松之的注释也为后世研读者增添了对三国历史可辩可议、可考实可附丽的空间。

至于作为历史小说的《三国演义》，正如清代著名史学家赵翼指出的，是在《三国志》和裴松之注释的基础上，以七分的历史真实和三分的虚构夸饰敷演而成。三国的故事，先以“说书”等形式在坊间流传，最后演变成罗贯中撰写的《三国演义》，其源有自，这里就不细说了。受流行了几百年的《三国演义》影响，社会上的大多数人，自觉与不自觉会将三国历史与小说演义混同起来。

历史上，在中国、日本和韩国，都出现过一些饱学之士，应科举的学子，竟以《三国演义》的故事去附会三国真实历史的情况。能厘然知道两者之间的异同并分别看待的，只能是一些历史专家。由此可见《三国演义》与《三国志》之间关系的密切程度，也反映了《三国演义》对社会大众关于三国历史的认知，具有深远影响。鉴于情况普遍，近年中、日、韩关于三国的新著作，常常要对涉及《三国演义》、容易被人们混淆为史实的情节，予以澄清和说明。

千年的“文化现象”

在关于中国历史的论述与典籍中，论传播之久远、流通之广泛、读者之众多、时代生命力的焕发不断，要数围绕三国的历史讲述和故事最具影响，相信无出其右者。

“文化现象”，是指社会上一时浮现的文娱热点。对三国历史的关注和《三国演义》广泛流行了近1500年，至今不衰，一直是社会的文娱热点，也成为名副其实的千年“文化现象”。

中外都有流传千年甚至是几千年的经典，但“流传”与“流行”是不同的。“三国”之流行有如下特点：形式丰富，见于各类图书、舞台戏剧、影视网络、动漫游戏等，可谓应有尽有；内容层次也很多元，遍及学术著述、文化知识、通俗读物、童书漫画，适合不同程度的读者。“三国”和《三国演义》的风行，更不局限于中国和有华人的地区，也见于历史上深受中国文化影响的日、韩等国。日、韩关于三国的著作和各种媒体出品历久不衰，其量甚至不亚于中国。因而，中、日、韩关于“三国”的各类文化娱乐创作源源不绝，蔚然成为“东亚三国”最丰富多彩、令人目不暇接的“文化产出”之一。

“三国”的魅力

因为有“三国时代”、《三国志》和《三国演义》三位一体的组合，所以“三国”能形成流行千年、历久常新的“文化现象”，感动不同时代的人。这一现象说明三国是历史的，也是现世的，阅读和认识三国，固然是阅读和认识这段历史，同时，也可借机观照当今的世态与人情。距今近2000年的“三国”，透过《三国志》和《三国演义》的演绎，让我们不同程度地洞悉了世变的轨迹、人情世故的意蕴，体会到宇宙人间隐然有不变的道理存乎其间。这是历史的魅力，也是三国时代和《三国演义》最引人入胜的地方。

历来中外读习三国，常视其为关于政治、军事权谋韬略的最佳教本。满人入关前，已将《三国演义》翻译成满文，供军中武将广泛阅读。创建日本德川幕府的德川家康，留赠给儿子的书籍中就有《三国志传通俗演义》，同时幕府中的枢纽人物，都熟读此书。20世纪末出现的“管理社会”思潮，使得“三国”和《三国演义》应运受到关注，一时成为政、管领域的研究对象和教科书。其实，“三国”之可古为今用，价值远远超过军、政、管的范围；真实三国历史所蕴藏的可透视古今的价值，也远超作为历史小说的《三国演义》。

尽管《三国志》《三国演义》与“三国时代”性质不同，但贯通三者的共通之处，是我们可从中透视超越时空的人情和世态——这是人类文化的永恒课题。“三国”是宏大而充满魅力的人间舞台剧，解读三国可以丰富我们对人世的认识，提升我们的智慧，增益我们的人生阅历，甚至启发我们对人生价值的取舍。

何以“寻真”

“三国”是一个以战争为荣辱、决生死的年代，其近百年局势的发展，都与战争息息相关，如“官渡之战”“赤壁之战”“汉中之战”等，甚至一场战争的结果，足以成为局面的转捩点。所以说主导三国百年局势发展的，是战争！根据方北辰先生的研究，“整个三国时期的90年间，……参战双方出动兵力总计在五万人左右的大型战役，以及明显在五万人以上的特大型战役，就有九十二次之多，真可谓年年有大战，岁岁有烽烟，至于中小型战斗，多得更难以计数”。[1]

因此，在三国这样的战争年代，争雄竞霸、逞谋斗勇是时代的主调。这也导致近代作家孙犁评价说，三国具有“谋士以其为智囊，将帅视之为战策”的价值。本书的编撰亦以战役为主要演绎脉络，这样的编排并非因循，而是遵循三国时期的历史性质。三国时期是战争的年代，战争是其历史的特征，但并非三国历史的全部。三国这段历史在中国历史发展长河中具有的意义和作用，远超其大小战争，可惜常为人们所忽略。

首先，三国时代虽然不足百年，却是中国历史发展上的一大转型期，其大转变遍及政治经济、文化思想、科技艺术等多方面。近年中外学者，甚至认为三国时期是中国日后历史趋向统一新形态的源头。此书的内容结构，也尝试在战争脉络之外，以不同形式适当展现三国

[1] 方北辰：《精彩三国》，成都：成都时代出版社，2016年。

时期多元的历史意义。

其次，三国中出现的各式人物，足以组成一本“人物志”，呈现出千古以来的“人世间”众生相。上智下愚，贤与不肖，几应有尽有。“鉴古知今”，岂限于历史事件，“人世间”的百态千貌，何不然耶？！《红楼梦》的作者曹雪芹说过“世事洞明皆学问，人情练达即文章”，《红楼梦》令人百读不厌的魅力在此；三国之所以动人，也在于此。

再是，时代的变迁，历史的脚印，都在日益湮没，很多留下的痕迹日渐模糊，环境不复旧观。我们认识历史，主要是通过文字的记载和描述，再加点想象。感觉历史、感受历史、体验历史，对深切认识和了解历史是很重要的。传世和出土文物、遗址胜迹、历史事件发生的山川环境，都是后世人认知历史的重要途径。虽谓“沧海桑田”，相对于其他的历史年代，“三国时代”在这方面是幸运的，与之相关的遗址古迹、山川形胜，不少仍“百战山河在”。无疑这得益于“三国”故事在社会大众中被及早并普遍地传播，使得后代有关“三国”的实迹实景、口耳相传的传说是较多的。本书所以称“寻真三国”，是尽量搜集文物、遗址古迹、山川形胜的图像，并绘制各式地图、复原图等，以期还原三国的历史现场，增加实感，这样可让读者更有兴趣，也助其更好地认识和了解“三国历史”。

目 录

第二章 转折之战

第三章 三强鼎立

第四章　再造一统

文史专题目录

在悠久的中国历史长河中，
不到一百年的三国时代，
是一页波澜壮阔、
令人激动不已的乱世华章。

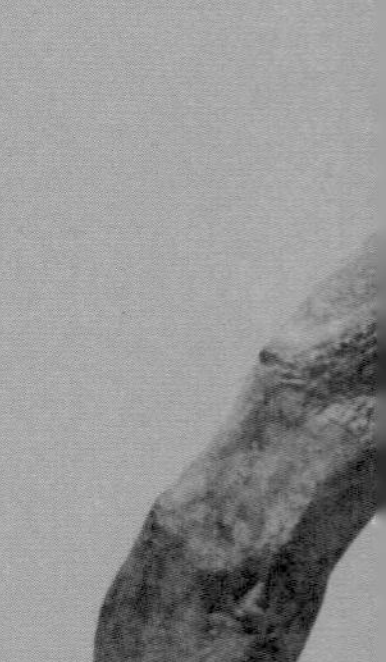

东汉“成奴作”石刻天禄（韩敬宇 / IC photo）

第一章 群雄竞起

第一节　王纲解纽 全国纷乱

距今约2000年前的中国东汉王朝，晚期朝政败坏、“王纲解纽”，以致全国陷于纷乱失控，产生诸多地方割据势力，后者相互兼并、讨伐，出现“逐鹿中原”的局面。[1] 中国历史从而进入一段不到100年的乱世——三国时期。

具中国皇朝衰亡特征

上承西汉（公元前202—公元8年）的东汉王朝（25—220年），是中国历史上的大一统王朝，享祚近200年。光武帝刘秀创立了东汉，再传之于明、章两帝，三代皇帝统治时期的文治武功甚为可观，被誉为治世。中国的王朝历经两三千年发展，总是兴亡循环，而朝代衰亡亦各有因由。东汉王朝衰落的一个明显原因，是中晚期“诸帝多不永年”（《廿二史札记》）。从第四代皇帝和帝开始，一直到灵帝，接连九位皇帝寿命都很短促，无一活过36岁，平均寿命也不到20岁，殇帝、冲帝和质帝享寿分别只得2岁、3岁和9岁。因此东汉到了中期，朝廷政局已变得不稳定。

百年之久的王朝，自身亦日渐滋生出各种弊端。由于朝廷内部的不稳与纷争，继位的幼主不仅无从解决弊端，反而令之变本加厉，终成沉疴。清朝著名史学家赵翼将东汉皇帝的短命现象归咎于“气运所致”，这种说法无疑是说不出理由的理由，未免玄虚，是赵翼出于对东汉仅享三代升平之治的惋惜，生出的无奈慨叹！

[1] “王纲解纽”一词最早见于《晋书》，是指东汉末年中央王朝纲纪松懈、无法制约地方势力的状况。“逐鹿”一词最早见于《史记·淮阴侯列传》的“秦失其鹿，天下共逐之”，形容秦帝国崩溃，诸侯竞起争夺天下，恍如在狩猎场中追逐猎鹿。

归根结底，封建王朝皇位继承体制的先天缺陷，以及宫廷生活的奢华淫靡，是诸帝不永的重要原因。皇帝短命，是中国皇朝一种具遗传性的衰亡特征。在东汉、东汉之前的西汉及之后的魏晋时期，同样都出现了皇帝短命的现象。西汉元帝及成帝皆无子嗣，由皇室旁系子孙入继皇位。到了西晋，继承皇位的也多属幼主，而且大多是由外藩入继。西汉与西晋都因为皇位继承人的短命，造成朝局动荡不安。

权位继承是中外古今最难解决的大问题，即使到了现代，不少国家还有众多的企业和社团，总摆脱不了因权位承继而出现的斗争，终致衰落。或许，这是人类历史和社会发展长期动荡不稳的其中一种宿命。

皇帝短命最直接的影响是造成外戚和宦官两种人扰乱朝政。东汉是中国历史上外戚和宦官为祸最烈的朝代，两者乱政也是造成东汉中后期，桓、灵二帝以后政局不稳、朝政日坏的根源，晚期更直接触发了“党锢之祸”与“黄巾之乱”，促使东汉王朝分崩离析。

外戚宦官乱政百年

东汉诸帝多不永年，继位者又年幼；不少更因皇帝断嗣，要另立皇室旁系子弟继位。皇室与继位者之间的关系自然变得复杂，也容易惹起继位者背后的人事和权力斗争。

东汉皇帝由旁系继位的，有安帝、质帝、桓帝和灵帝四位。因皇帝年少，先后也出现窦氏、邓氏、阎氏、梁氏、另一位窦氏和何氏六位太后，由内宫走出外朝，临朝听政。

继位皇帝年纪既小，又是旁系出身，实际权力自然容易为皇太后所把持。而继位的幼帝，不管是直嗣还是旁系，皆成长于禁宫之中，与外隔绝，又抚育于妇人和太监之手，生活天地狭小，不晓世情，更不用说民间疾苦了。幼帝长大之后容易成为世间俗语所谓的超级“纨绔子弟”，或现今大家挂在嘴边的超级“富二代”。

王朝宫禁森严，在宫殿内最能亲近小皇帝的自然是外戚和宦官。外戚和宦官为了争权和夺利，都要把持小皇帝，就容易形成两股互相抵制、对抗和打击的势力，干预朝政。大多数的宦官教养低下，生理和心理扭曲；而大多数的皇太后、皇后及姬嫔，生活圈子狭隘，终日缠绕于日常的是是非非。两者都是只图眼前的权位、利益和意气，钩心斗角，不择手段，少有政治理念可言。

虐遍天下，民不堪命

东汉中晚期外戚与宦官的斗争此起彼落，往还不息，结果不仅败坏了朝政，也祸延全国。尤其是宦官当权时，其亲戚爪牙满布各地，仗势盘剥，兼并土地，残民以逞。史学家赵翼指出了东汉的一种政治现象，他说："唐、明阉寺（宦官）先害国而及于民，东汉则先害民而及于国。"每当东汉的宦官当权，情况便如赵翼所描述："天下仕宦，无一非宦官之兄弟姻戚。穷暴极毒，莫敢谁何。"（《廿二史札记·卷五·后汉书》）到东汉中、晚期几代帝王时，宦官为祸的炽烈如出一辙，罄竹难书。这里只举一个例子，足见其暴烈与残民的情况。

灵帝时的大宦官侯览，前后夺人住宅381所、田地118顷，用以建筑广达16个区的私人第宅，每区第宅都有高楼、池塘和苑囿。建筑规格甚至僭越规定，近于皇宫。又预先为自己修建了陵墓，陵墓石椁双阙，高庑百尺。他又随意破坏居屋，挖掘人家坟墓，抢夺民妻，掳掠妇女，到了肆无忌惮的地步。所以东汉中晚期，宦官"虐遍天下，民不堪命"。

西汉与东汉

西汉和东汉是中国历史上承接秦大帝国之后的两个朝代。西汉是由汉高祖刘邦（公元前256或247—前195年）建立，首都在长安（今陕西省西安市）。东汉是汉光武帝刘秀（公元前6—57年）建立，首都在洛阳（今河南省洛阳市）。后世依据两地位置区分两朝代，因长安位于洛阳的西面，所建朝代称"西汉"。洛阳位于长安的东面，所建朝代称"东汉"。西汉和东汉皇室皆刘姓，有血缘关系，也称为"前汉"和"后汉"，合称"两汉"。两汉是中国历史上大一统的帝国时代，与欧洲的东西罗马帝国在时间上、大帝国的形态上颇为相近和类似，可谓在世界历史上东西辉映。

两汉时期都曾出现盛世，共享国祚达400年。此后的中国历史上亦出现不少以"汉"为名的政权，如三国时的"蜀汉"、南北朝时期的"成汉"、五代十国时期的"北汉"及"南汉"等，并由两汉衍生出"汉族""汉人""汉文化""汉字""汉语"及"汉服"等名词，沿用到今日，甚至成为中国的代名词。由此也反映了汉代对中国历史和文化发展有着重要影响。

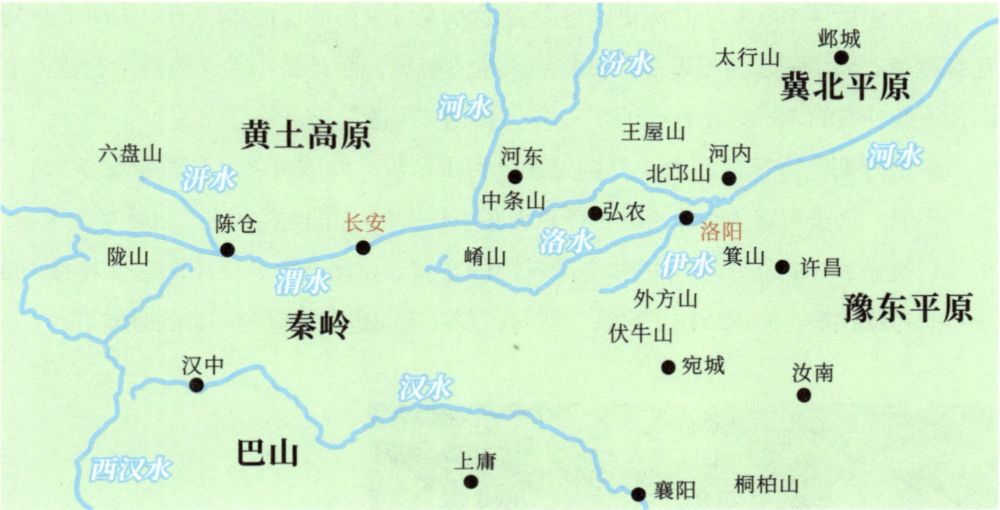

⊙ 长安及洛阳位置示意图

⊙ 东汉帝王系年表

1 光武帝 刘秀
在位年份：25—57

2 明帝 刘庄（光武帝子）
在位年份：57—75

3 章帝 刘炟（明帝子）
在位年份：75—88

4 和帝 刘肇（章帝子）
在位年份：88—105
继位年龄：10
亲政年龄：14
驾崩年龄：27

5 殇帝 刘隆（和帝子）
在位年份：105—106
继位年龄：1
亲政年龄：？
驾崩年龄：2

6 安帝 刘祜（章帝孙）
在位年份：106—125
继位年龄：13
亲政年龄：15
驾崩年龄：32

7 少帝 刘懿（章帝孙）
在位年份：125
继位年龄：1
亲政年龄：？
驾崩年龄：1

8 顺帝 刘保（安帝子）
在位年份：125—144
继位年龄：11
亲政年龄：14
驾崩年龄：30

9 冲帝 刘炳（顺帝子）
在位年份：144—145
继位年龄：2
亲政年龄：？
驾崩年龄：3

10 质帝 刘缵（章帝玄孙）
在位年份：145—146
继位年龄：8
亲政年龄：？
驾崩年龄：9

11 桓帝 刘志（章帝曾孙）
在位年份：146—167
继位年龄：15
亲政年龄：20
驾崩年龄：36

12 灵帝 刘宏（章帝玄孙）
在位年份：168—189
继位年龄：13
亲政年龄：18
驾崩年龄：34

13 少帝 刘辩（灵帝子）
在位年份：189
继位年龄：14
亲政年龄：？
驾崩年龄：15

14 献帝 刘协（灵帝子）
在位年份：189—220
继位年龄：9
亲政年龄：？
驾崩年龄：54

┈┈ 章帝旁系
—— 直系
？ 无史料记载

东汉中后期100多年的历史，可以说是外戚与宦官争权擅政的历史，两者之间互有胜负。到了桓、灵帝以后，宦官愈来愈占上风，而且是一种比较持续的势力集团，不像外戚的“一朝天子一朝臣”，会“树倒猢狲散”。

东汉时期，宦官曾经六次打倒外戚。到少帝时，外戚大将军何进欲诛杀宦官，计划不成，反遭宦官杀害。当时担任京城军事长官的中军校尉袁绍、后将军袁术等，见何进被杀，一怒杀尽了宫中和洛阳城内的宦官。这场斗争，终于为东汉持续100多年的外戚和宦官的祸政拉下帷幕，然而，东汉王朝也到了奄奄一息的时候了。

西汉景帝汉阳陵宦官俑

从汉阳陵出土的宦官俑身高约60厘米，较同批出土的男俑矮小，可见宦官身体质素较一般男性为劣。此外，宦官俑的生殖器官残缺不全，没有睾丸且阴茎比其他男俑细小。形象刻画上，西汉工匠把宦官俑制作得显神态猥琐，把宦官的心理扭曲表露在面上；而且宦官俑眼梢下垂，似以自己的残缺而自卑。（王保平提供）

外戚、宦官

西汉已有“外戚”的用法，专指母系的家庭，即外家。西汉朝廷已有外戚的预政，例如吕后、王莽等。东汉中晚期由于继位者年幼，临朝的母后便倚重外家的势力，使外戚实权在握。反过来，幼帝成年后，多不满外戚的专横跋扈，自然会联合最亲近的宦官去铲除外戚。

“宦官”俗称太监。“宦”原本指在政府机关中从事学习的公务员，也指服务于豪门的门客。如果在皇帝名下内廷做侍奉，则称为宦官。西汉时的宦官未必需阉割，到东汉光武帝时始用阉人。此后宦官二字就成为宫中被阉割官员的专称，直到清朝覆灭宦官才消失，这一角色在历史上竟持续了2000多年。（参考吕思勉《三国史话》）

汉光武帝

汉光武帝刘秀享年62岁，字文叔，南阳郡蔡阳县（今湖北省襄阳枣阳市人），汉高祖刘邦的九世孙、景帝的后裔，王莽天凤年间在长安为太学生。王莽末年天下大乱，兄刘縯（字伯升）起事，要光复汉室，刘秀便在南阳举事响应，时年27岁。后兄弟二人辅助族兄刘玄称帝，为更始帝。兄縯因为更有声望，为更始帝嫉妒，借故处死。刘秀忍辱负重，得更始帝信任，后被授以破虏大将军职位，到北方绥靖各地，发展为自成一方的势力。公元25年刘秀在“诸将固请”与应“《赤伏符》天命”的情况下称帝，但直到11年后的公元36年，才最后剿灭割据四川成都的公孙述，统一全国，建都洛阳，以复兴西汉为目标，建立起东汉王朝。光武帝兼资文武，智略威德兼备，属一代雄主，甚为后世赞许。

⊙ 戚宦势力兴替表

皇帝早死 幼帝即位 ↓ 皇帝即位年龄	**君权旁落 外戚辅政** ↓ 太后及外戚	**诛杀外戚 联结宦官** ↓ 宦官		**宦官掌权 重用宦官** ↓ 结果
和帝 10	窦太后 窦宪	郑众		**永元四年（92年）** 窦宪密谋篡汉自立，事泄，和帝与宦官郑众等捕杀窦宪
安帝 13	邓太后 邓骘	李闰		**永宁二年（121年）** 宦官李闰与宫人合谋，诬告邓氏曾有立平原王刘胜之意，安帝追究邓氏，邓骘绝食而死
顺帝 11	阎太后 阎显	孙程	宦官胜	**延光四年（125年）** 宦官孙程等发起宫廷政变，拥立顺帝刘保，阎显被杀
桓帝 15	梁太后 梁冀	单超		**延熹二年（159年）** 桓帝联同单超、具瑗、唐衡、左悺、徐璜等五宦官捕杀梁氏
灵帝 13	窦太后 窦武	曹节		**建宁元年（168年）** 窦武和陈蕃拟消灭宦官，事泄，被曹节等人追杀，窦武兵败自杀
少帝 14	何太后 何进	张让	两败俱伤	**中平六年（189年）** 何进密谋铲除以张让为首的十常侍，事泄，为宦官所杀。中军校尉袁绍率兵入宫，杀宦官2000余人

专题01 “天下之中”洛阳

了解三国历史，绕不开它的中心舞台——洛阳。汉光武帝建东汉时定都洛阳，即今河南省的西部。这里是中原地区的中心，而中原地区是中国古文明的发源地和中华文明的核心。

古代的洛阳地区被视为天下之中，地理上极具优势。它北靠邙山，南对伊阙，东南面有嵩山为屏障，西面紧依崤函险隘，四面环山，而中部是狭长的盆地。其境内有伊、洛、瀍、涧四河流经。邙山北麓临近黄河，伊阙以南岗峦起伏，与伏牛山相连。洛阳盆地东西二面为丘陵地带，中间有东西走向的隘道。自洛阳盆地东行到荥阳后，渐开展成扇形的平原，连接着华北大平原。西行越过潼关则是八百里秦川。所以洛阳平原处于两大平原的中间。战略上，此地为冲要之地，扼四方通道的咽喉。西边函谷关又是中原地区与关中地区的锁钥，为兵家必争。

洛阳作为都邑的历史悠久，地位也重要。近代著名历史地理学家谭其骧认为，洛阳在中国历史上作为国都的地位，仅次于长安和北京。甚至早在夏、商时代，已有国都设在洛阳附近。《史记》就说：“昔三代之（居）皆在河（黄河）洛（洛水）之间。”西周成王、周公时始建雒邑，东周正式建都在洛阳。

自东周至五代，定都洛阳的总计有周、汉、魏、晋、北魏、隋、唐、武周、后梁、后唐及后晋共十一朝，长达880年。

今日洛河

洛河又称洛水或洛川，水文上的名称为南洛河，流经洛阳的东南，汇流入黄河。曹植在文学名篇《洛神赋》中说“黄初三年（222年），余朝京师（指洛阳），还济（渡过）洛川”，又说到“余从京域，言归东藩，背伊阙，越轘辕，经通谷，陵景山”，描写自己出京师洛阳的东南，返回封地甄城（今山东省甄城市），以及沿途跨越伊阙山、大谷山、轘辕山和景山的情况。洛阳之南，还有伊河（又称伊水），其与南洛河在偃师汇流后合称伊洛河，全长447公里。洛河较长，可视为伊洛河的正流。

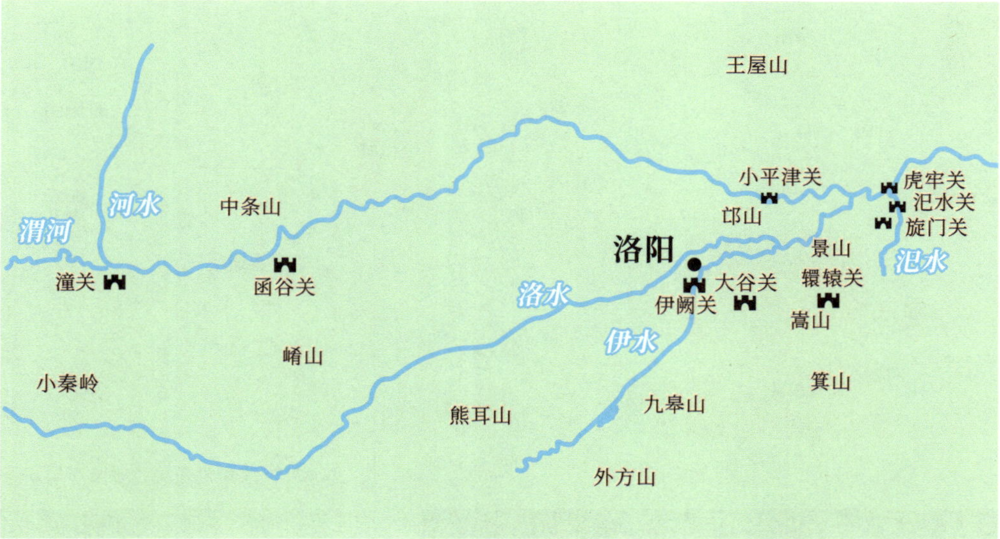

⊙ 洛阳位置及地理环境示意图

(1) 规模盛大的新旧城邑

洛阳城因在雒水（洛河的古称）之北，战国时始称雒阳，西汉时称洛阳。东汉定都洛阳后，因五行忌避，火德避水改为雒阳。到魏文帝曹丕再改为洛阳。

洛阳虽为十一朝的首都，但各朝在具体的都城位置上略有变化。东汉、魏及晋时的洛阳城，是沿用周、秦及西汉洛阳城的旧址，经修葺改造而成。东汉、曹魏、西晋及北魏四代王朝沿用同一城址达330年。

东汉班固的《东都赋》、王充的《论衡》等著作，可帮我们了解当时洛阳城的盛况。东汉时的帝陵建于北面的邙山，而太学、辟雍、明堂、灵台和南市等均建在南郊。但东汉的洛阳城因董卓西迁长安被焚毁。后曹丕建魏，置都洛阳，经其与后来的魏明帝大力经营，曾经荒芜的洛阳恢复了大都邑面貌。新都规模宏大，南北长九里。宫殿也非常壮观，以北宫的中心宫殿德阳殿为例，陛（台阶）高可达约二丈，殿外可容纳万人。

曹魏重建邺城、洛阳两城殿，令其成为中国都城城殿建筑史上的里程碑。日后闻名世界的唐代长安城，乃沿袭邺城与洛阳城的格局建成。（参考周长山《汉代城市研究》、谭其骧《长水集续编》等著作）

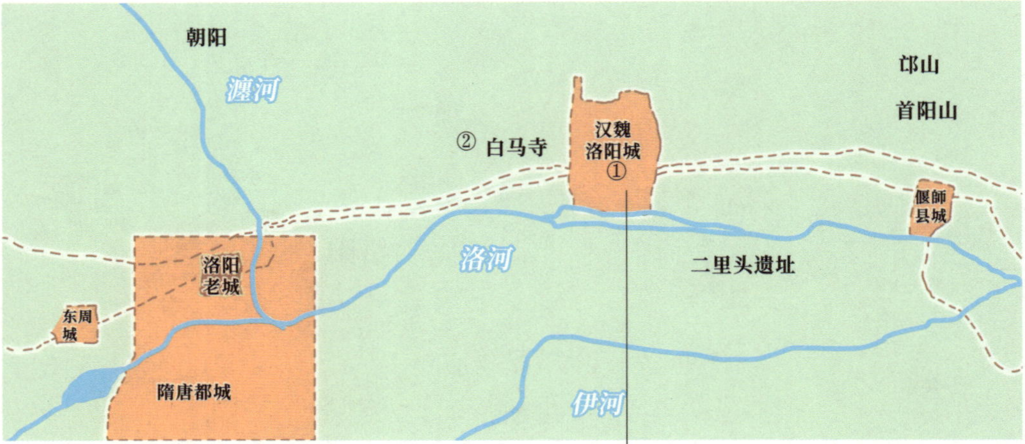

汉魏洛阳城位置及布局示意图

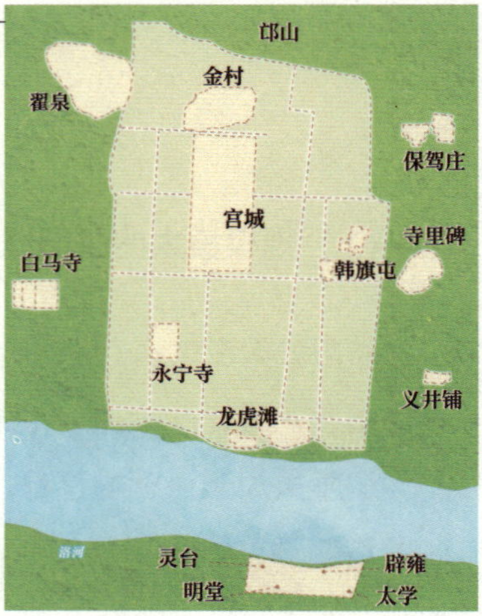

航拍汉魏洛阳城国家遗址考古公园（局部）

汉魏洛阳城遗址是东汉、曹魏、西晋、北魏的都城遗址，位于隋唐洛阳城的东侧。（IC photo）

汉魏洛阳故城遗址

旧日洛阳城规模宏大，南北长九里，宫殿壮观。（刘炜提供）

造像圣地龙门石窟

洛阳周边与佛教相关的历史留存不只有白马寺。位于今洛阳城南13公里处伊河两岸的龙门石窟也是闻名世界的宗教遗址。此处两山对峙，伊水中流，形如门阙，故古称伊阙，后称龙门。石窟始凿于北魏孝文帝时期，聚集了佛教众多宗派的造像，也从侧面折射着不同历史时期的政治动向、社会态势。

（2）地上建筑遗留：城西白马寺

原汉魏都城洛阳留下的唯一地上建筑，是位于城西的白马寺，此寺始建于东汉永平十一年（68年）汉明帝时期，距今近2000年，也是佛教传入中国后营建的第一座佛寺，是中国佛教的“祖庭”和“释源”。

东汉时期，大多数佛经的经译是在洛阳进行的，而白马寺是最重要的译场。当时著名的印度高僧摄摩腾和竺法兰，便是在白马寺共同编译出了最早的汉文佛经《四十二章经》。到东汉末年，僧人们在白马寺共译出佛经290部395卷。自白马寺称寺后，中国的佛教建筑便通称为寺。

白马寺的建筑形制也成为中国和周边国家如韩国、日本古代佛教建筑的形制。日本著名的飞鸟寺和四天王寺，就是仿白马寺而建，可见白马寺历史地位之重要。日本著名华人作家陈舜臣撰写的风行一时的小说《秘本三国志》，便是以白马寺为引子。

白马寺山门
山门前有马儿石雕。东汉时人们感念白马驮经有功，取寺名为白马寺。

白马寺
洛阳白马寺号称“中国第一古刹”。

(3) 洛阳东汉帝王墓葬及“神兽”

已发掘的洛阳东汉帝王墓葬，帮我们看到属于那个年代的威仪与想象。

根据文献及考古发掘，东汉各帝王陵的地理位置，主要位于汉洛阳城西北和东南两片区域。西北区即邙山上，已确定的帝王陵是光武帝原陵。东南区则在今偃师市，位于伊洛河南岸，其陵垣遗迹尚待考探。

据统计，截至2016年年底，洛阳地区已发现两汉墓葬约3440座，已公布的约占一半（1601座），主要分布在河南省洛阳市（孟津区、偃师区）和巩义市等地。

东汉安帝王陵神道上的石刻天禄
天禄，古代传说中的瑞兽。石刻天禄在神仙思想盛行的东汉，常被作为墓前神兽使用，并与辟邪配对。

东汉“成奴作”石刻天禄
该石天禄出土于洛阳西郊，保存更完整，颈背刻有“缑氏蒿聚成奴作”。（韩敬宇/IC photo）

东汉桓帝宣陵镇墓石虎
东汉是陵园墓前石雕发展的繁盛时期，当时石人、石羊、石虎、石辟邪等是必备的镇墓石像。

东汉桓帝宣陵镇墓石羊
此为东汉桓帝宣陵镇墓石羊，宣陵在今河南省洛阳市偃师区境内。石羊有双翼，乃吉祥“神羊”。

洛阳杏园东汉墓发掘现场（刘炜提供）
❶❷ 墓穴拱门 ❸ 汉墓壁画 ❹ 墓室门口

第二节　豪门世家　士族名士

汉末三国时期，兼具财阀、官宦与士族三种身份的世家豪门，在政治、经济、社会和文化的各方面，依旧处于垄断性地位。如果留意一下，汉末三国时期活跃于历史舞台上的显要人物，大都出身于世家、豪门、士族或稍后形成的名士群体，如“四世三公”背景的袁绍等。

势力对抗，朝野动荡

世家豪门在西汉已经出现，到东汉更有了进一步的发展，甚至演变成豪门大族、官僚世家和儒教士族三位一体的权力现象。豪门大族是财富势力，官僚世家是官宦，儒教士族掌控文教，三者集于一门，可见世家豪门的煊赫。这种现象，往后再演变成为两晋南北朝的“门第社会”，对中古历史影响深远。

豪族以势力兼并土地及侵占山林财货，垄断了社会的财富。士族因为“累世经学”的家学传承，因垄断知识学问而世代为高门望族。士族再以累世经学优势，凭借州郡的地方察举和中央的征辟两种取士制度，几乎垄断了仕途，而致政治上出现了“累世公卿”现象。豪族、士族、官宦三者间互相为用，互为表里，形成了政治、经济、社会和文化上的特殊阶级。这个势力强大的特殊阶级，带有世袭和垄断的性质。社会日见不公平，是造成东汉中后期政局不稳、社会动荡的另外一个重要因素。

东汉后期著名思想家仲长统（180—220年）在他的时论《昌言》中，毫不讳言地指斥了“豪人货殖，馆舍布于州郡，田亩连于方国……荣乐过于封君，埶（势）力侔于守令。财赂自营，犯法不坐，刺客死士，为之投命。至使弱力少智之子……冤枉穷困，不敢自理。虽亦由网禁疏阔，盖分田无限使之然也”（《后汉书·仲长统

表现讲经场景的东汉画像砖
该画像砖出土于四川省德阳市，现藏于四川博物院。（IC photo）

传》）。汉末叛乱所以爆发，不能不说如仲长统所言，是由社会不公平现象造成。

东汉士族势力的形成和壮大，主要归因于朝廷和帝王的提倡、民间儒学的普遍发展、地方察举和公府征辟的任仕制度三者，而且三者有密切的连带关系。后来更因太学清议的流行，聚集京师的士族名士与朝廷大臣，为反抗宦官集团垄断和败坏朝政，互通声气，横议朝政与主政人物，形成政治和社会上一种强大的舆论势力。其中偏向激烈的朝中大臣和清议名士，与代表皇室的外戚或是宦官势力对抗，彼此水火不容，加剧朝野的政治动荡，终于断送了东汉王朝。环顾当今中外，垄断造成的政治、经济和教育上的不公平随时随地可见，岂独历史上的东汉魏晋而已矣！

形成士大夫竞武新风尚

除了上文所说的政治和社会现象外，要了解三国时期的历史，东汉末年的另外两种社会现象也很值得留意。首先是，东汉开国以来奖励教化，士人崇尚气节，讲求特立独行。对这种风气，宋代大史学家司马光、明末清初大儒顾炎武、近代学者劳干等，都为之推许和赞美。但是，这种风气也衍生出了种种弊端。近代大史学家钱穆指出，东汉士人表现的所谓美德高行，如“让爵”“推财”“避聘”和“久丧”等，大多侧重于形式主义和囿于褊狭的家庭道德。不少士人更各怀私心，旨在为自己博取名声，最终目的是借助声誉，通过察举进入仕途。至于末流所及，更形成了“名士”间互相标榜以取虚誉的现象，其行为的虚矫到了不近人情的地步。所谓“名士”的标榜以邀誉，观察现在，似是“于今为烈”。

其次，由于戚宦把持了权势和仕宦之途，有志气的士大夫为博取功名，转而乐习兵事和武艺，希望拥兵戮力于边徼，驱芟盗贼于中原。所以东汉末和三国时期，社会也形成了竞武的新风尚。这是汉末三国之所以“英雄辈出”的社会背景。

表现习射场景的东汉画像砖

该画像砖出土于四川省德阳市，现藏于四川博物院。（IC photo）

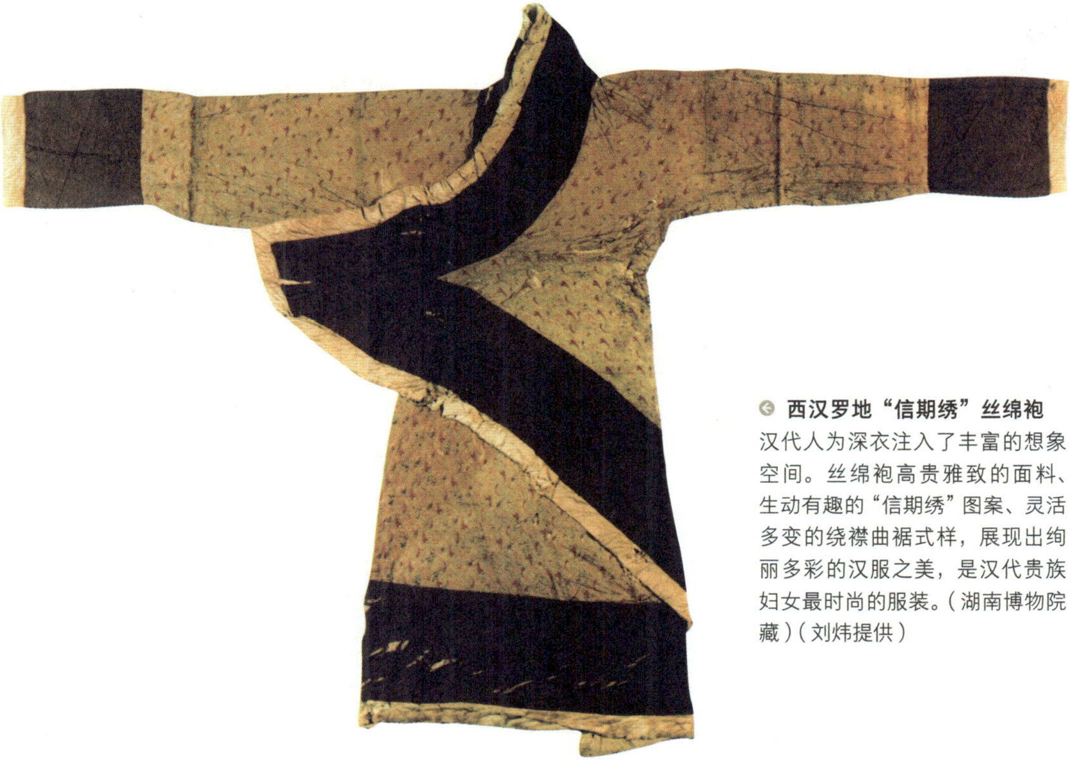

西汉罗地“信期绣”丝绵袍
汉代人为深衣注入了丰富的想象空间。丝绵袍高贵雅致的面料、生动有趣的“信期绣”图案、灵活多变的绕襟曲裾式样，展现出绚丽多彩的汉服之美，是汉代贵族妇女最时尚的服装。（湖南博物院藏）（刘炜提供）

东汉菱纹“阳”字锦袜
古人称夏天穿的袜子为“暑袜”，质地轻薄，透气性好。冬天穿的袜子比暑袜款式更多，一般是多层袜，夹层中纳入保暖材料。至汉魏时袜子的制作已贴近脚形，与现在的袜形相似，可见已是生活必备衣物。（刘炜提供）

汉代漆纚纱帽
漆纱在汉代被称作“纚”，是一种成型的编织品，西汉时主要被用作裹发的巾帻，后世被广泛用于制作纱冠，一直是冠饰的专用材料。古代男子在20岁行完象征已成人的冠礼之后，从此一生不离冠。我们经常可在壁画、画像石上见到这类衣饰。（刘炜提供）

专题02 豪族日常

东汉末年，随着财富向着豪族高度集中，失去土地的百姓和流民依附、隶属于豪族的情况变得严重。无论是在都城还是在边壤，权力阶层都过着高高在上的奢享生活，这可以从他们的庄园布局、砖石画像等建筑装饰材料的使用、出行仪仗及设施安排、歌舞百戏形式、厨饮内容、农牧业管理各方面体现出来。

汉代的中原和边壤都有豪族庄园林立的现象，筑建庄园是西汉以来因土地兼并所形成的一种经济生产与社会生活的方式，东汉末因政局不稳，豪族还会在庄园里建“坞堡”以作戎卫保护。

在河北安平县逯家庄发现的东汉大型砖室墓壁画，以及在内蒙古和林格尔县新店子镇发现的墓葬壁画，都反映了汉魏时期贵族阶层在庄园和坞堡内外的具体生活状况。

从和林格尔墓葬壁画可以看到，豪族拥有大量土地并租给佃农经营，佃农会在仓库内向地主缴付粮食等实物地租。被供养的豪族们则于豪宅内外享受着觥筹交错的饮宴、筹备万全的巡游田猎生活。

安平砖室墓的壁画分布于各墓室，显示了墓主人出行的盛大阵仗及人员，下属官吏治事、谒见的样貌，还有墓主生前的生活。其壁画用黄色格线自上而下分开为四层，表现了墓主的四次出巡，象征其经历了四次重要的升迁。从墓室的形制结构和出行图来看，墓主地位极尊崇，属二千石的高级官吏，有学者推测，墓主或是东汉灵帝宦官赵忠家族的成员。墓中实物不但如实反映了豪门贵宦的派头，也从侧面印证了汉末“天下仕宦，无一非宦官之兄弟姻戚”的事实。

许昌地区出土的大量汉魏砖石画像，也全面体现了当时的艺术创作及审美水平、豪族的物质生活与精神欲望。

安平汉墓展现贵宦出行豪华场面的壁画

安平汉墓壁画局部

画中可见赤帻黄衣伍伯执弓、黑帻黑衣伍伯执梃杖辟车。伍伯即兵卒，辟车指令行人避开王及诸侯之车。

安平汉墓中室西壁出行壁画复原图（胡淑玲绘制）

↑→ **安平汉墓中室西壁出行壁画复原图**（杨建霞绘制）
❶ 白盖轺车 ❷ 辟车伍伯 ❸ 执矛走卒 ❹ 皂盖安车
❺ 执棨戟伍伯 ❻ 后从骑吏 ❼ 执便面走卒

（1）出行仪仗、设施及人员

轺车是当时常用的交通工具，由战车演变而来，使用较广也较轻快。轺车是靠一匹马驾驶的轻便车，由车轮、车舆、车轴和伞盖等组成。车在组装完成后涂漆，车厢无幔帐，四面敞露，中间竖有车盖，用来遮雨。后来人们又指奉使者和朝廷急命宣召者所乘的车为轺车。晋代会以驾车马匹的数量、装备等区分官、民车的不同。刘备幼时与刘母织席贩履为业，生活艰苦，但屋舍东南有一桑树高五丈余，树冠宛若车盖，往来皆言此树非凡，荫其贵人。刘备与同族孩童树下玩乐时，便指桑树说自己将来会乘坐这样的轺车，族人皆异。

皂缯盖朱轓轺车及安车复原图 ↓
安车为坐乘之车。图为皂缯盖朱轓轺车及安车，盖边有飘带和缨络。

安平汉墓中室北壁出行壁画复原图（杨建霞绘制）

❶ 执璅弩缇骑　❷ 骑吏　❸ 执棨戟伍伯　❹ 白盖轺车

赤盖轺车复原图

图为赤盖轺车，盖上有红色飘带，乘者头戴红冠，身穿红袍。（李嘉玲绘制）

壁画中的赤盖轺车

壁画中的皂缯盖朱轓轺车

安平汉墓门下功曹图

门下功曹是掌人事及参与一郡政务的郡国佐吏，负责记功过、赏罚升降。图中功曹着黑色长袍，双手持笏，腰间佩剑。（李嘉玲绘制）

⬅⬆ **安平汉墓出行贵族图**

❶ 骑督　❷ 执棨戟骑吏　❸ 贵族
❹ 仪仗骑　❺ 后从骑吏

⬅ **安平汉墓下级官吏谒见图**

门下小史是衙内处理各种事务的低级官吏，他们身穿宽袍，手持笏板，毕恭毕敬跪在地上，在迎奉主人或向主人复命。他们颈项前伸，身体微微前倾，低眉侧目，情态卑微而恭谨。这亦反衬了墓主人的显贵地位。（参考《中国墓室壁画全集——汉魏南北朝》）

⬇ **安平汉墓辟车伍伯及门下小吏图**

图为辟车伍伯及门下小吏。部分属吏跽坐，部分属吏站立，衣冠和姿势也各异，更能衬托墓主尊贵的身份。（杨建霞绘制）

（2）庄园及坞堡生活

楼房在东汉大量出现，相信与铁等工具的出现有关。权贵之家都有多重院落和门阙，其门楼有五脊四坡庑殿顶及几层檐亭阁等多种样式。东汉的《古诗十九首》中说“西北有高楼，上与浮云齐。交疏结绮窗，阿阁三重阶”，就是对当时的实在写照。

综合内蒙古和林格尔墓葬壁画、河南南阳许阿瞿墓画像石、湖南长沙马王堆一号墓奏乐俑等各地文物，我们将看到东汉贵宦在庄园内异常丰富的生活图景。

▶ 庄园盛景

和林格尔汉墓壁画中的宁城盛景

内蒙古和林格尔县新店子镇发现的东汉墓，墓葬中有50多幅壁画和250多项文字榜题，墓主是当时的护乌桓校尉。壁画中的幕府图全面展现了这位高级地方官在宁城内的生活，可见当时的建筑样式（城门、衙署、马厩、库房、庖舍等）、宴会、市场、人物等。（孔群提供）

❶ 库房：存放武器
❷ 阁式仓房（储谷）
❸ 司马舍（管理军务及属官）
❹ 营曹（管理军务及属官）
❺ 斋室（斋戒祭祖） ❻ 营门
❼ 宁市中 ❽ 校尉 ❾ 武官
❿ 校尉夫人 ⓫ 乌桓部族人物
⓬ 甲士 ⓭ 乐舞杂技 ⓮ 马厩
⓯ 庖舍 ⓰ 城双阙

④
⑤
⑥
⑦
⑨
⑯
⑯
⑮
⑭

和林格尔汉墓墓主出行图

此壁画表现了墓主人从繁阳令迁“护乌桓校尉”，赴宁城途中经过居庸关的情景。（孔群提供）

❶ 墓主人坐皂盖主车，皂盖左上方题写着“使君从繁阳迁度关时” ❷ 一叶扁舟行于波涛之上，船艄有黑衣人划单桨，船中正面而坐者推测是墓主夫人 ❸ 墓主所经的桥下榜题“居庸关”，提示此关位居山谷溪水之上

汉墓出土彩绘木轺车（刘炜提供）

和林格尔汉墓桂树双阙图

❶ 门阙 ❷ 仆人射鸟

▼ 舞乐百器

和林格尔汉墓百戏图

内蒙古和林格尔县东汉墓室中室北壁的百戏图可以帮我们了解汉代乐舞的重要信息。汉代乐舞由楚乐舞、中原乐舞及西域乐舞相互影响发展而成，是结合舞蹈、音乐、体育、杂技、幻术及舞剧等多种文化形式的综合演出，展现出汉代先民精湛绝伦的技艺、丰富多彩的艺术形式和热情奔放的风貌。（孔群提供）

❶ 贵族身穿不同色彩的袍服，跽坐于席上，席前摆有饮食器具，一面宴饮作乐，一面观看百戏　❷ 一男子与一执飘带的女子蹁跹对舞　❸ 飞剑：表演者跃起把剑抛起来　❹ 弄丸：表演者同时抛掷五个弹丸　❺ 舞轮：表演者立在踏鼓上，抛耍巨大的车轮　❻ 倒提：表演者倒立在器物之上　❼ 橦技：一人仰卧地上，手擎橦木，橦头安横木，中间骑一人，横木两端各一人，作反弓倒挂状，即“跟挂倒投”动作

东汉丸剑宴舞画像砖

此出土于四川大邑县的画像砖，生动再现了东汉贵族宴席上包括弄丸在内的歌舞表演。（IC photo）

东汉许阿瞿墓童戏图画像石

河南南阳出土的许阿瞿墓志铭画像石，也为我们贡献了难得的关于东汉上流阶层日常娱乐的信息。画像中的小主人许阿瞿，出生于东汉灵帝建灵年间，5岁不幸死于瘟疫。

❶ 幼童许阿瞿正端坐榻上观看童戏表演 ❷ 三个头梳双髻、赤身穿护裆的儿童正在做游戏供许阿瞿观看取乐。前面的儿童右臂前伸手玩一鸟，鸟从手中向上飞 ❸ 中间的儿童左手牵引一鸟，鸟体左右有两轮，名谓“鸠车”，是一种儿童玩具 ❹ 后面的儿童右手执鞭驱赶鸠车 ❺ 侍从手执便面站立侍奉 ❻ 侍女捧盘 ❼ 表演者单腿跪地，双手掷飞二剑跳四丸，巧妙非常 ❽ 女伎双髻长袖表演盘鼓舞，盘鼓舞是汉代豪富吏民宴客时采用的助兴乐舞。舞人在盘鼓上纵跃腾踏，击出有节奏的鼓声，并要完成复杂的动作 ❾ 左面的表演者鼓瑟，右面的表演者以排箫伴奏

东汉吹笙红陶俑

此俑两眼合上，面颊丰满，嘴唇前突，双手捧笙做吹奏状，形象生动。

西汉奏乐木俑

湖南长沙马王堆汉墓一号墓出土的奏乐俑，以演奏两瑟和三竽乐器的人物组成乐队。制作上采用浮雕手法，人物跪坐，梳盘髻，身穿色彩艳丽的右衽袍服。

❶ 表演者在鼓瑟 ❷ 表演者在吹竽，其中一人头部和上半身稍微向前倾斜

东汉七盘舞陶俑

河南洛阳七里河东汉墓出土。

❶ 表演者吹奏埙 ❷ 表演者吹奏排箫 ❸ 两个舞者身穿长袖罗衣，正踏着两个扁鼓，按照乐曲的旋律，环绕六个盘子穿梭起舞。舞者亦可在盘子上踏来踏去，用踏出的声音作为舞蹈的节奏 ❹ 俳俑拍打双手作为节奏

东汉吐舌说唱陶俑

四川绵阳河边乡出土。此东汉红陶俑头部圆大，前额头笑出皱纹，口吐舌，上身袒露，以双手抚摸肚腹，穿短裆长裤且光脚站立。（刘炜提供）

东汉踏鼓舞女陶俑

河南洛阳出土。此东汉时期的彩绘女俑头梳三髻，上穿长袖襦衣，绘朱彩，下穿宽裤，腰系短裙。动作设计方面目视前方，身向前倾斜，两手前后弯举，衣袖飘绕，双腿作弓步，右足直伸靠右，左腿曲脚踏鼓，这些都生动反映了踏鼓舞者的形象。

东汉击鼓说唱陶俑

四川成都天回山出土。该东汉时期的彩绘陶俑伸头耸肩，眉开眼笑，动作夸张，前额头笑出了皱纹，将说唱艺人的神态表现得淋漓尽致。（中国国家博物馆藏）

东汉彩绘三人倒立杂技俑陶樽

河南洛阳涧西区东汉墓出土。两个杂技人以双手倒立，并各向后倾斜，各以一腿对接成拱形，另一腿则踢向空中作平衡，然后另一杂技人用双手倒立于二人的腿上。相比一般的据地倒立表演，这套由三人配合的倒立节目，要求更高的平衡力和合作性，表演难度更大。（河南洛阳博物馆藏）

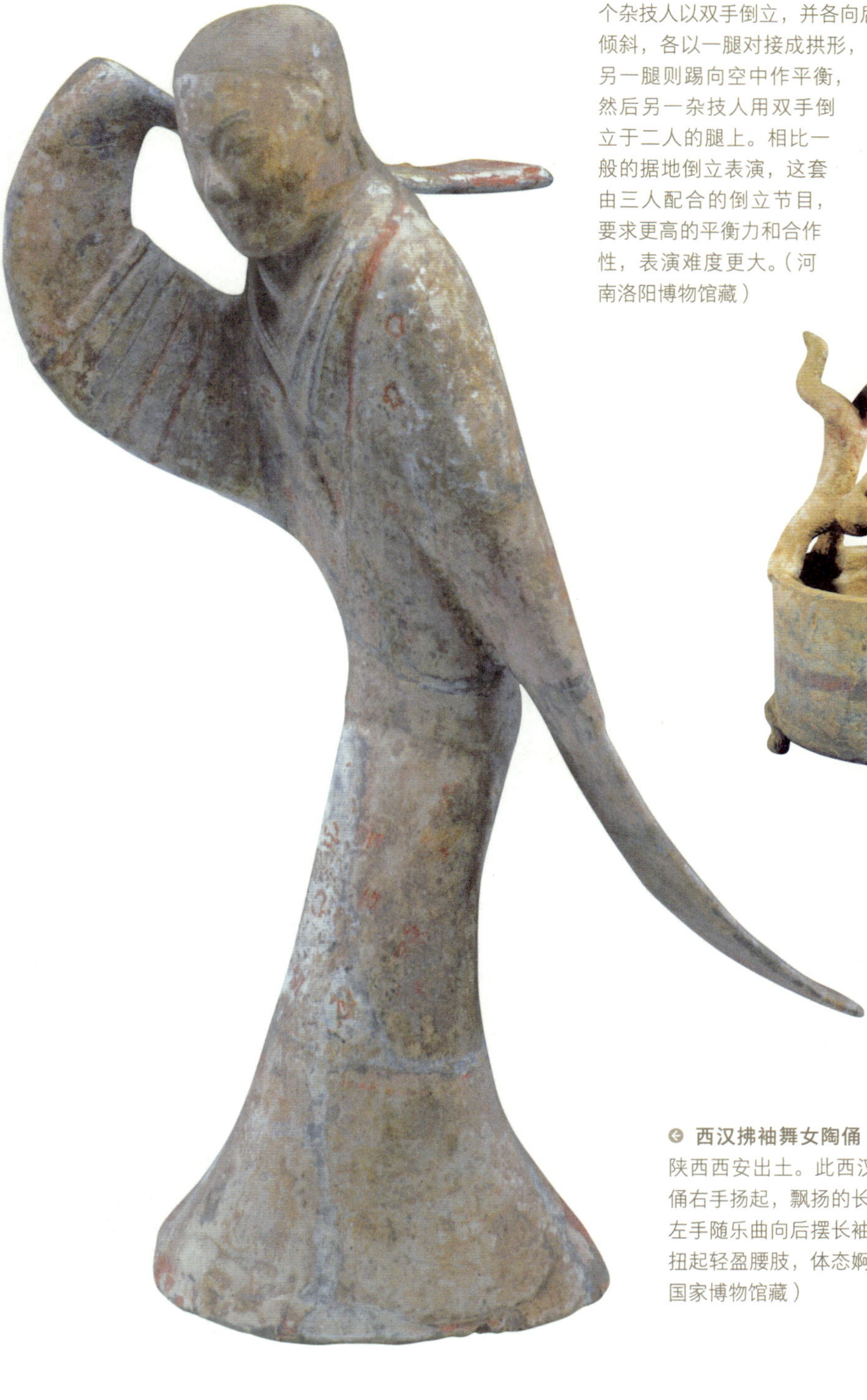

西汉拂袖舞女陶俑

陕西西安出土。此西汉时期的舞女陶俑右手扬起，飘扬的长袖落在右肩上，左手随乐曲向后摆长袖，双腿踏鼓点，扭起轻盈腰肢，体态婀娜多姿。（中国国家博物馆藏）

▶ 农牧日常

◎ **牧牛**

内蒙古和林格尔东汉墓壁画。上部绘两马车和一单骑出行。下部是牧人单骑，驱赶缓步行走的牛群。

❶ 轺车　❷ 单骑　❸ 辎车

❹ 牧人单骑驱赶缓步行走的牛群

◎ **牧马**

内蒙古和林格尔东汉墓壁画。上部有两侍者骑马随两车出行。下部有一侍者赶着六匹骏马，稍远处有随意奔跑的马匹，排场惊人。

❶ 两侍者骑马随两车出行

❷ 三匹放牧的马

❸ 侍者赶着六匹骏马

坞堡马车及牧羊

内蒙古和林格尔东汉墓壁画。左方绘的是东汉豪强大户屯聚财物及粮食用的坞堡，周围是屯戍用的防御工事。坞堡外一马车正载着主人出行，周围遍布羊群，并有牧羊犬散布羊群中间，以防豺狼。这坞堡处于山峦环抱和疏林掩映之中。

❶ 牧羊人注视羊群
❷ 坞堡中屯聚粮食
❸ 墓主人乘坐皂盖轺车出行
❹ 三只牧羊犬护卫羊群防备豺狼

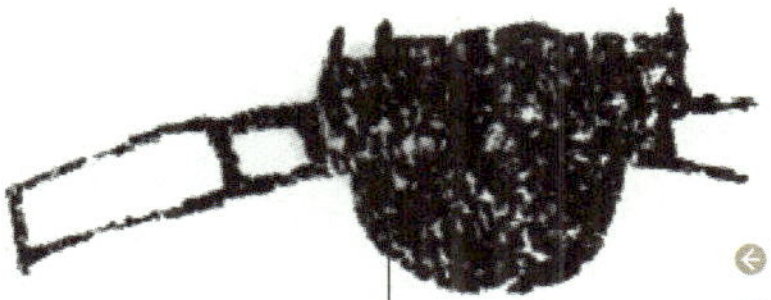

耕车

这种车不适合载人，是拉运农耕用具的车辆。

交租图（四川成都博物馆藏）（刘炜提供）

❶ 主人逐一与佃农处理租务
❷ 骑从射鸟
❸ 宅阙有二至四层，用作高空监视及保卫
❹ 佃农们在排队，以农作物交租

农耕

内蒙古和林格尔东汉墓葬壁画。左右有农人驾二牛耕作。远处有已耕毕成田垄及尚未种植作物的土壤。近处有三牛车运送粮食，地上散放着斗、斛等量具。

❶ 农夫驾二牛耙地
❷ 空置车棚
❸ 粮囤
❹ 牛车运送粮食
❺ 粮堆

灰陶仓

此为甘肃嘉峪关文殊镇汉墓出土的陶制明器。汉代墓葬中出现的大量陶仓反映了当时农业经济的繁荣。（甘肃嘉峪关长城博物院）（IC photo）

亭式陶井

依据这一东汉时期的陶井明器，可以想象东汉人取水劳作的样子。（河南洛阳博物馆藏）（IC photo）

❶ 往粮袋中装粮
❷ 双手执箕
❸ 手持佩剑
❹ 斗和粮堆

粮仓陶楼

这是反映汉代庄园储粮仓楼样式的明器。其装饰图像里共4人，其中两人正往粮袋中装粮，身边有斗和粮堆。旁边另有两人，一人双手执箕，一人手持佩剑。明器生动反映了汉以来豪族拥有庄园并收租的情景。（刘炜提供）

▶ 庖厨饮食

庖厨画像砖

该东汉画像砖出土于四川省德阳市，表现了当时人们在后厨忙碌的情形。（韩敬宇/IC photo）

和林格尔汉墓壁画中的后厨景象

画中正在工作的厨人达17人之众，厨房面积很大，挂满和摆满各式各样的食物，反映了豪门望族的奢华生活。

❶ 各式各样的食物如鱼、走兽及禽鸟被悬挂在钩上

❷ 庖正（掌厨）和下人正在整理餐具和安排食材

气派楼阁

安平汉墓壁画中的瞭望楼

瞭望楼位于庭院后部，楼身为方柱形。顶楼是庑殿顶，四角立柱，周围设平座，于西后角处竖一旗。旗杆顶有一黑色长尾的鸟形物，风起时鸟随风转，是辨示风向的相风鸟。旗则是测风力用的测风旗，图中长长的朱红旗正迎风高高飘扬。东汉后期出现了为战争而建的楼观，这座瞭望楼正体现出庄园经济发展、武装力量增强的趋势。（参考《中国墓室壁画全集——汉魏南北朝》）

❶ 相风鸟 ❷ 朱红旗
❸ 瞭望楼 ❹ 屋舍林立

豪族庭院陶楼模型

此东汉绿釉陶楼形象地再现了当时豪族庭院的门阙样式。（河南洛阳博物馆藏）（IC photo）

豪族庭院陶楼模型

此陶楼模型是东汉的随葬明器。当时的豪宅和庄园都建有高大的门阙和瞭望楼，有门人把守与部曲驻扎。楼高多为三四层，甚至有五层的。

（3）豪华装饰：砖石画像

汉代砖石画像是一种附在墓穴建筑的壁面、门楣、碑阙上的装饰性艺术品，西汉中晚期开始出现，后流行于东汉。其图像创作多采取写实手法，题材广泛，内容非常丰富，记录了各种现实生活的场面与思想文化，是后人认识当时历史状况的难得材料。这里所示文物大都在洛阳和许昌出土，反映了当时都城及豪宅建筑的一些情况。（参考中国农业博物馆编《汉代农业画像砖石》）

汉“宜子孙富番昌乐未英”铭文砖

乐未英同“乐未央”，未央是没有终止的意思，表达出墓主人希望子孙永久幸福、家族富贵昌盛及国家永世安定的美好心愿。（河南许昌博物馆藏）

汉“上人马食大仓”画像砖

此画像砖表现了乘坐轺车的上等人士正欲从高耸门阙中间经过的情景。其上题有“上人马食大仓”，模拟了天国神仙世界的天仓图景。两汉时期神仙思想非常流行，人们相信死后灵魂可升入仙界。（河南许昌博物馆藏）

汉“万岁”砖

此砖表达了古人希望长生不老的美好愿望，推测是王室御用之物。（河南许昌博物馆藏）

汉双阙人物画像砖

古代的高规格建筑会在大门外两侧设阙，阙是一种夯土墩台，中央缺开，留出通道，没有建筑物相连。有的台上有屋，可供人登临远观，有利防御，又称“观”。在汉代，阙是高贵的礼仪性建筑，在宫殿、祠庙、府第、茔域之前均可建立。图中的单阙是两层重檐，推测属于一般官僚。中间有一贵族戴冠，手捧丝绸，踏着高台，左右均有卫士守卫。现在我们还是可以在寺院、道观、景区、广场、公园等地方看到石雕汉阙的摆设。

汉画像砖上的庭院

画像上的树木突出，松柏整排排列，反映出汉代庭院植物整齐有序的配置形式。

❶ 楼阁中居住的人 ❷ 楼阁 ❸ 松柏
❹ 骑马守卫 ❺ 孔雀

汉豪门生活石刻及复原图

此石刻印证了当时豪门生活的盛况，石上刻有豪门建筑的外观和守卫，并表现了人们出行、狩猎、宴乐的情景。

❶ 双阙大门与门卫图

❷ 宴乐图

❸ 狩猎行乐图

❹ 出行图

汉龙凤人物铺首衔环画像砖墓门

铺首是安装在大门上衔门环的一种底座，是传统大门装饰，呈兽面纹样，状似饕餮。饕餮被当时的人们视为凶恶的神兽，可镇守墓门，镇邪辟凶，类似护佑平安的门神。（河南许昌博物馆藏）

②

③

④

第三节　清流预政 党锢之狱

东汉末年，除了有宦官与外戚祸政，同时出现了官僚结合士人的集团，他们与宦官集团发生激烈斗争，令政局愈发动荡不安。东汉立国之初，大力弘扬文化教育，奖励儒学经术，这是中国历史上罕见的重视文教立国的措施；还实行“察举制度”，为朝廷遴选中央和地方的管治人才。而当时所以实行这样的措施和制度，与创建者光武帝和一班开国文武重臣不无关系。

造就汉末三国文化盛况

东汉不少开国重臣是太学生出身，大多熟习经术，有儒者气象。钱穆说，西汉的创业者组成的是“平民政府”，而东汉创业者组成的是“士人政府”，因为后者的开国重臣多是士人。最为后世津津乐道的光武帝和明帝，甚至和帝，不仅自己勤修经术，还不时亲自为大臣和太学生们讲论经书。东汉又大兴太学和游学，最兴盛时，在京师洛阳的太学生和游学士人达3万之众。

东汉建立后，名臣将帅都喜欢修校办学。风气所至，私人办学也很兴盛。宿儒名师的学徒，往往多至数百上千人。东汉妇女也热心习学，所以多出女学者、文学家和书法家，班昭、蔡文姬和卫夫人等就是其中的佼佼者。不仅大都邑，甚至乡间，兴办教育也很普遍。东汉著名史学家、文学家班固就在《东都赋》中描述了当时“四海之内，学校如林，庠序盈门”的状况。当代学者王子今甚至用现代语言描述“东汉是一个学习型的社会”。[1]这种推崇文教、奖励学术、重视学习和尊重学问的现象，

[1] 王子今：《东汉的“学习型社会”》，《读书》，第一期，2010年。

是东汉历史的一大特点，其流风也影响到汉末三国时期。汉末三国虽然战乱纷纭、社会板荡、民不聊生，但在文学、哲学、书法、经学、医学、科学等领域，都有兴旺的发展和卓越的成就，对其后的中国影响深远，相信这是很多人意想不到的。

造成社会的虚矫风气

三国时代的文臣不用说，不少武将也都熟习经术和艺文，于是儒将特别多。日本近代著名学者桑原武夫评说三国时就曾感慨“日本虽然是崇武之国，但日本只出现攻城略地的野战勇士，重实践，缺乏像中国如周瑜、吕蒙的儒将……（他们）既是武将又是文人”[1]。这是东汉一代人才的特点，流衍到三国，仍有此遗风。推行教育和遴选人才，是中外古今治理国家最关键的制度之一，可以帮助政府“润物无声”地实现长治久安。

可惜这点往往不为古今某些为政者所认识；即使有所明白，却又没有真切的了解，认识不深；要么推行的措施不周延，政策多急功近利。北宋大儒司马光在《资治通鉴》中就说过：“教化，国家之急务也，而俗吏慢之；风俗，天下之大事也，而庸君忽之。夫惟明智君子，深识长虑，然后知其为益之大而收功之远也。”（《资治通鉴·汉纪六十》）这段话大有通古鉴今的睿识，他也不愧为一代政治家。司马光的《资治通鉴》本意是让帝皇借鉴，事实上他的看法至今不失为为政者的参考，值得他们深切思考。

太学与游学

“太学”与“游学”，是汉代两种主流的求学方法。太学，是自汉武帝开始在京师设立的全国最高教育机构。太学设五经博士以教授“太学生”，太学生又称“博士弟子”。太学生毕业后要继续深造，远游各地从师学习，即为“游学”。这种教育体制为东汉培育了不少有用人才，东汉光武帝自己就是太学生出身。建朝后，光武帝下令在洛阳重建太学。东汉的太学遗址在洛河南岸，面积很大，由光武帝到顺帝，经历足足100年才全部修建完成，得见东汉对教育之重视。一如欧洲建教堂动辄费时百年，反映出对宗教的重视。

---

［1］桑原武夫・落合清彦(1984)『三国志の魅力』聖教新聞社。

中国最早的官定教科书——《熹平石经》

熹平四年（175年），汉灵帝命蔡邕等人订正七经的文字，刻石46块，立于洛阳城南开阳城门太学讲堂前（今属河南省洛阳市偃师区），作为士人学习的标准范本，这也是历史上最早官定的儒家经典范本，亦即中国最早的“官定教科书”。汉献帝初平元年（190年），董卓焚烧洛阳宫庙，石经被毁。

《熹平石经》残片

石经文字由蔡邕以当时标准的八分隶书体写成，也被奉为书法的典范。

东汉立国的文教政策，产生了另外的影响，助长了西汉汉武帝以来因崇尚儒家经术逐渐形成的士大夫官僚阶层，令其进一步巩固和壮大。此阶层以“世家大族”的官僚阶层与在野“士人”阶层两种面貌出现，是维持东汉政治和社会的力量之一。东汉重文教，朝野尊崇儒学，褒扬忠义，表彰名节，一方面造成了士大夫以“天下苍生为念”的儒家理想；另一方面，末流所及，也导致了以“名士”相号召然后妄立名目、互相标榜、结为朋党、横议盛行的弊端，虚矫风气腐蚀了社会的士风。

《三体石经》残片

曹魏正始二年（241年）在洛阳太学开刻，用古文、篆书、隶书三种字体刻成。

清流浊流壁垒分明

桓、灵之际，宦官与外戚祸政残民的活生生现实，激发了清廉自守的官僚阶层、以苍生为念的士人和太学生忧虑政局的意识，他们议论朝政，抨击宦官，并有意识地结成社会和政治上的“清流”力量。甚至更有一部分，走上了激烈抗争的道路，对抗被视为“浊流”的竖宦势力。社会和政坛上清流、浊流的直接对抗，诱发了桓、灵二帝时期由宦官势力制造的三次“党锢之狱”。对于这种局面，时人诸葛亮和稍后的史学家范晔等，都清清楚楚地指出：桓、灵之际是东汉衰落的转捩点。诸葛亮说“先帝（指刘备）在时，每与臣论此事，未尝不叹息痛恨于桓、灵也”。三国时代，刘备、诸葛亮、曹操、荀彧等为政者，常检讨历史以镜得失。范晔更分析了其中的原委，说“逮桓灵之间，主荒政缪，国命委于阉寺（指宦官），士子羞与为伍，故匹夫

抗愤，处士横议，遂乃激扬名声，互相题拂，品核公卿，裁量执政，婞直之风，于斯行矣”。（《后汉书·党锢列传》）

三次党祸诛杀、囚禁和驱逐了不少作风正派耿直、忠于朝廷的“清流之士”，经此打击，政治和社会的正气为之摧残，朝政更形腐败了。清、浊流的生死博弈也令士流风气愈益褊隘，只逞横议之能，甚至结为朋党，无视现实大局。当政治和社会散涣堕落，东汉末的政局愈发无可挽救了。

西汉龙纹漆几

此几可拆卸，有如现代可组装的家具，应是当时颇受上层阶级喜爱的陈设。（湖南博物院藏）（刘炜提供）

凭几

古人跽坐一久会感到累，因此出现凭几。使用者可将膝纳于几下，肘伏于几上。图为三国东吴名将朱然墓出土漆面凭几的复制品。（安徽马鞍山朱然家族墓地博物馆藏）

跽坐及席镇图

汉代画像砖上，常见人们在集会、宴饮或传经讲学等正式场合，采取两膝着地的“跽坐”姿态。因席角日久易卷曲，于是用青铜铸成的席镇或其他材料压于座席四隅。但在叫“胡床”的坐具传入中原后，人们变为垂脚而坐，席镇被改作写字作画时使用的书镇。图中的汉代鸟形青铜席镇实物出土于山东黄岛土山屯汉墓。

察举征辟

“察举”和“征辟”是汉代选拔官吏的两种方法。察举指由地方官员在自己管辖的地区内发掘出人才，并以“孝廉”或“茂才”等名推荐给政府。茂才即秀才，东汉时为避光武帝刘秀名讳，改作茂才。征辟则指由朝廷直接征召有才德的人士担任要职。其中，由皇帝征召的叫“征”，由朝廷大宦征召的叫“辟”。这两种方法原本要让出身寒门的百姓也有机会任官，打破传统的世卿世禄制，可是到东汉中后期，无论是中央的征辟还是地方的察举，都为世家大族和名士所操纵、垄断。

石刻问学及复原图

汉以来的讲经图，经师和学员皆是戴进贤冠，着宽袖长袍。
❶ 前排首位学生手执简牍，第二位学生弯腰低头。八位学生依次席地跽坐，恭听教诲 ❷ 两位经学老师戴冠着袍，扶几端坐

累世经学

西汉时武帝听从大儒董仲舒的建议，推行“罢黜百家，独尊儒术”的治国思想。自此朝廷钦定儒学经典著作为“经书”，将《诗》《书》《礼》《易》《春秋》称为“五经”，并设立“太学”，以五经教授学生。太学是官学，也是士人入仕的途径，“经学”不仅成为专门的学问，也是两汉居统治地位的思想。因东汉开国皇帝光武帝极重视经学，研习经书成为一朝风气以及入仕的重要途径，自然也被世家大族重视，经学的研究成为其世代传承的重要资本。世家大族几乎每代都有杰出人物入朝为官，并在长期发展中为自己建立了庞大智囊团。（参考赵翼《廿二史札记·后汉书》）

石刻讲学及复原图

一位长者在台上授课，台下有七位弟子列跽听课，手中各捧简牍。讲者旁站立一位执扇的侍者，一边为老师扇风纳凉，一边维持学堂秩序。经师依榻凭几，其上有遮蔽灰尘的“承尘”。

❶ 台下的七位弟子席地跽坐听课，手中各捧简牍

❷ 侍者站立，左手握便面为老师扇风纳凉，右手操棰以镇学规

❸ 经学老师戴冠着袍，依榻凭几，右手伸出，似正侃侃而谈

凭几而坐的西汉玉人

此玉人出土于西汉中山靖王刘胜之墓。

东汉跽坐陶俑

跽指原本坐着，但为表敬意或出于警惕，抬起臀部直起身子，两膝着席不挨脚跟的状态。

重修汉文范先生陈公庙碑记

陈寔谥号“文范”，此碑发现于河南许昌鄢陵县，立石于明代，表现了民间对这位汉代名人的景仰。（河南鄢陵县文物管理所藏）

汉陈元方残碑

陈元方名纪，为名士陈寔长子，也是东汉末大名士。（河南许昌博物馆藏）

大名士陈寔

“名士”是习见于东汉的一种称呼。名士的活动对当时的政治影响相当大，对选举几乎起决定性作用。范晔定名士为“刻情修容，依倚道艺，以就其声价”，以“经明行修”而为社会景仰，陈寔便是东汉晚期名士典范。陈寔（104—187年），字仲弓，颍川许县（今河南省长葛市）人，出身寒微，非门第士族，曾任太丘长。中平元年（184年）大将军何进解除党锢，时陈寔年已81岁，退隐丘山，不愿接受征召出仕。是时陈寔与两个儿子陈纪（字元方）及陈谌（字季方）“并著高名，时号三君”。当时的大名士陈登（字元龙）曾说：“闺门雍穆，有德有行，吾敬陈元方兄弟。”陈寔中平四年（187年）卒，年84岁，赴葬礼者3万人，蔡邕为之作碑，称“陈太丘碑”，谥为文范先生。孙子陈群是汉魏重臣，制定“九品官人”的选拔人才法，是魏晋“九品中正”的滥觞。（参考唐长孺《魏晋南北朝史论丛续编·魏晋南北朝史论集拾遗》）

第四节　苍天已死　黄天当立

东汉末年，自桓帝时开始，不断发生旱、涝、瘟疫等自然灾害。表面上是天灾，其实也是人祸——因为人为失政，造成农田水利等设施长期失修、失防，等天灾到来，失救、失援便成常态。灾害更导致全国流民四起，爆发大大小小的造反和动乱，这其中最直接动摇东汉朝廷统治的是灵帝中平元年（184年）的叛乱，由创立“太平道”的张角等人号令发起。说到三国历史，不少学者以黄巾之乱作为开始。

关东出相，关西出将

天灾是大自然的现象，无可避免。天灾发生后，是否会造成更大的灾难，视乎当时官府是政通还是政失。即使到了现代社会，如遭遇自然大灾难，能否进行及时妥善的救援，也反映了政治和社会管治的好坏，当前因天灾再酿人祸，致草菅人命的情况还是触目可见。东汉末年因朝廷和地方政府失政，加重了天灾的祸患，最终造成“地广而不得耕，民众而无所食”的惨况。创立太平道的叛乱者张角提出“苍天已死，黄天当立”的口号，这一口号的影响几乎遍及全国。张角叛乱的目标就是推翻汉王朝的统治，历史上称此叛乱为“黄巾之乱”。古代中国有一个显著的历史现象——叛乱多起于农民。这很显然是由于中国一直以农立国，农业是主要的经济生产方式，农民也是主要的人口，民生的好坏变化，受影响最大的自然是农民。以农民为主的流民叛乱组织，多靠宗教信仰与简单口号作号召和维系。

黄巾之乱的叛变主力，集中在冀州巨鹿（今河北省平乡县）、豫州颍川（今河南省许昌市）及荆州南阳（今河南省南阳市）三个地方。冀州，由张角三兄弟率领；颍

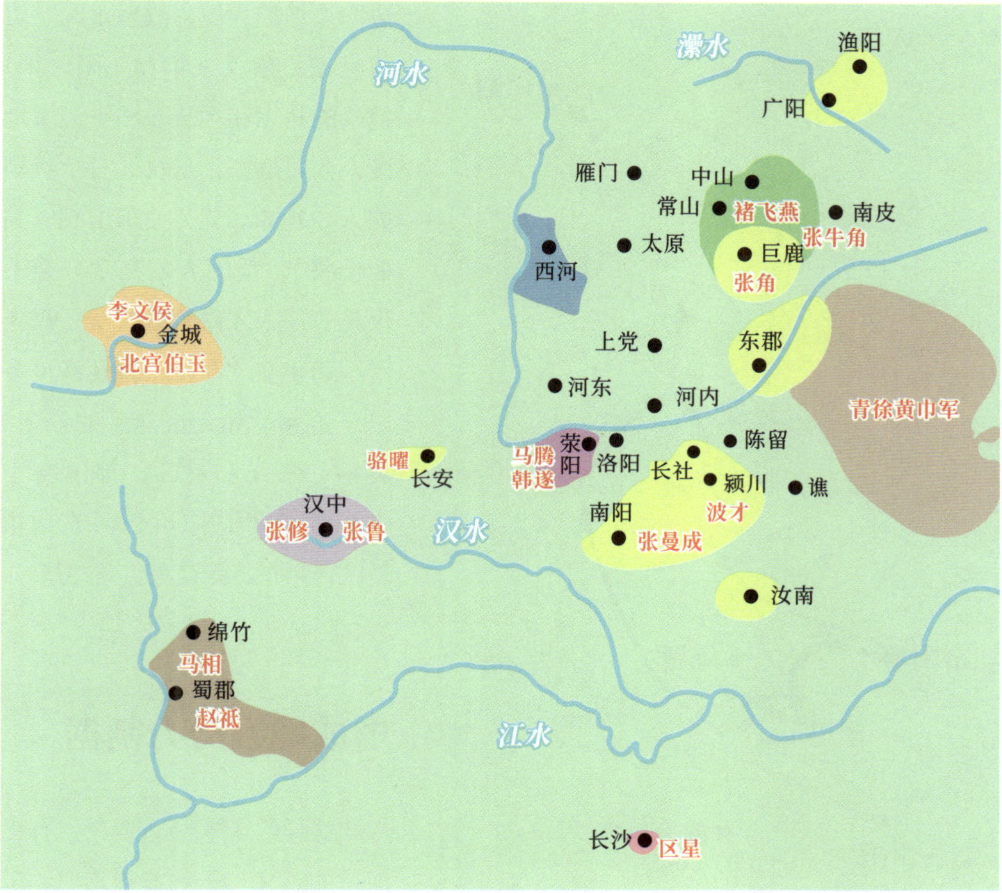

⊙ **各方起事形势图**

184 年黄巾军起事地区
184 年五斗米教割据地区
184 年羌胡叛乱区域
187 年黑山军起事地区
187 年马腾韩遂叛乱区域
187 年区星民变区域
188 年白波军起事区域
188 年黄巾军起事区域

川，由波才率领；南阳，由张曼成率领。而朝廷起用了皇甫嵩、朱儁、卢植三位重臣，分率军队镇压叛乱。

黄巾之乱前后历时9个月，黄巾军的主要力量最后被逐个击败。在征讨黄巾军的将领中，卢植因拒绝贿赂左丰而受其诬陷，遭撤职入罪。皇甫嵩所率军队最为强大，河北和河南颍川的黄巾军都是由他平定的。皇甫嵩是皇甫节（与边疆羌人作战的名将皇甫规的兄长）之子。皇甫节曾任雁门太守，而皇甫嵩曾任北地太守，都是边塞重地的大臣，故皇甫氏是边将世家。东汉末年和三国时期，擅战的将领和军队多出于边壤地区，久习战事。东汉又有个特别的人才现象，是“关东出相，关西出将”，全国人才文武分途不仅是东汉人才结构的实况，汉末三国著名的“军团”和战将也多出于边塞。如大家熟悉的刘备、关羽、张飞和赵云，都出身于“幽（今河北）并（今山西）”边壤地区，吕布、张辽等将领亦是。

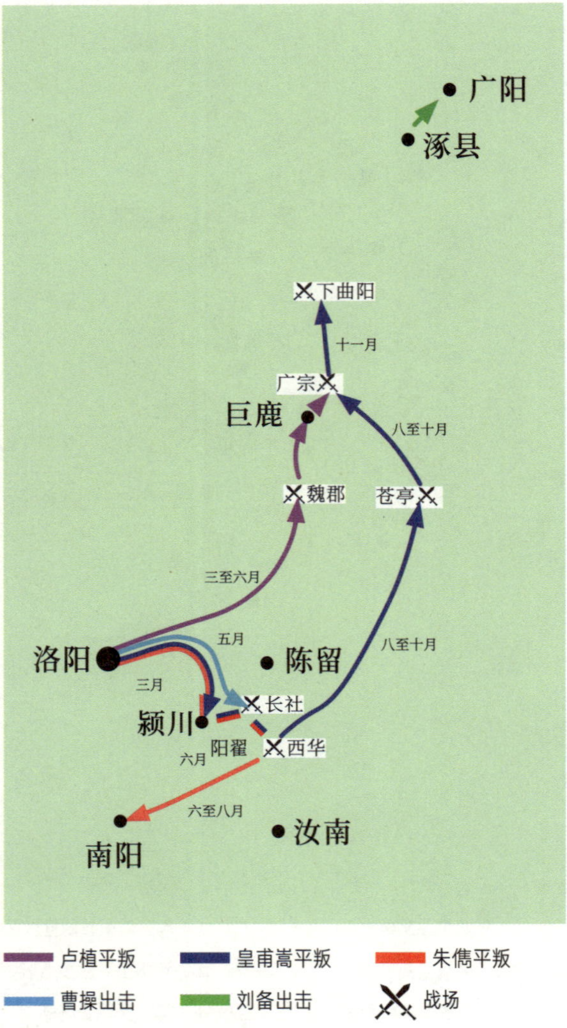

⊙ **中平元年（184 年）朝廷征伐路线示意图**

形成地方势力割据

这样的人才分途现象，有更深层的意义。正如钱穆指出，东汉时对朝廷的军事挑衅多出于边壤，长期对边衅征战也大大耗损了东汉国力。钱穆更从中国历史长远发展的视角去看，指出“黄河西部的武力与东部的经济、文化相凝合，而造成秦、汉之全盛。东汉以来，东方人渐渐忘弃西方，西方得不到东方经济、文化之润泽而衰落，而东方的文化、经济，亦为西方武力所破毁”[1]。

黄巾主力虽被扑灭，余部叛乱仍散于各地进行，尤其是青州、徐州、并州、幽州等地。除黄巾军之外，另有冀州的黑山等地，有黄龙、白波等不同名号的叛乱，

[1] 钱穆：《国史大纲》，香港：商务印书馆，2021 年。

⊙ 中平元年（184年）朝廷征伐年表

月份	征伐将军	征伐路线	讨伐黄巾军
三至六月	卢植	洛阳→魏郡→巨鹿→广宗	张角
三月	皇甫嵩、朱儁	洛阳→颍川→长社	波才
五月	皇甫嵩、朱儁、骑都尉曹操	长社	波才
六月	皇甫嵩、朱儁	颍川→阳翟→西华	波才
六至八月	朱儁	西华→南阳	张曼成
八至十月	皇甫嵩	西华→苍亭→广宗	张梁
十一月	皇甫嵩	广宗→下曲阳	张宝

并持续了相当的时日。黄巾之乱最后算是被扑灭，但经过几乎遍及全国的大小叛乱的破坏，东汉政权在地方上的统治已摇摇欲坠，分崩离析。在征讨黄巾军的过程中，也形成了大大小小的地方武装割据势力，拥兵自重。所以说到三国历史，不少学者以黄巾之乱作为开始，是有一定道理的。

| 皇甫嵩、朱儁、卢植 |

皇甫嵩（生年不详—195年），字义真，汉末名将。今宁夏彭阳人，生于将帅之家。自小习弓马，读诗书。后被举为孝廉与茂才，至灵帝时，迁至北地太守。中平元年黄巾起义爆发。朝廷慌乱，遣嵩领军平乱。初时，敌多兵寡，被困于颍川，军中慌恐。嵩观敌营依草而驻扎，趁夜火烧敌营。而时援兵恰至，遂共破黄巾主力，由此声名大振。后因性情不阿，不愿贿赂宦官张让，被皇帝降官爵。

朱儁（生年不详—195年），字公伟，汉末名将，今浙江绍兴人。出身寒微，与母相依，敬孝重义，乡里皆敬之。初为县门下书佐，后任主簿。被举为孝廉，升任兰陵令。时逢黄巾兵起，儁拜右中郎将，与皇甫嵩共战颍川、汝南、陈国诸地；后破黄巾渠帅孙夏，斩敌万余。由此，晋封西乡侯，迁镇贼中郎将。中平二年（185年）凯旋还京，任光禄大夫，改封钱塘侯。

卢植（139—192年），字子干，今河北涿州人。汉末将领，经学家，文武皆通。刘备、刘德然、公孙瓒皆为其门生。184年，植拜中郎将讨黄巾军，连战连捷。然被谗于宦臣左丰，险遭死罪。后黄巾被平，复任尚书。

专题03 神仙思想与道教兴起

现今发现的东汉墓葬、石刻等，大都表现出追求长生不老、羽化升仙的思想，这种倾向与当时流行的阴阳五行理念一致，后者是东汉道教出现的思想土壤，而东汉末年出现的太平道和五斗米道是道教中的重要宗派。

东汉末年，社会上流行最广的宗教是道教，又称“天师道”。道教是中国的本土宗教，渊源可追溯到战国以来的“方仙道”与秦汉时期的“黄老道”。不过，发展为有组织的道教，则在东汉顺、桓二帝时期。天师道的道旨，以阴阳五行为主，而渗以巫觋杂语。

五斗米道亦称天师道，其出现标志着中国最早的本土宗教——道教正式创立。五斗米道的创始人是沛国丰（今江苏省丰县）人张陵

汉代铜镜上的四灵 四灵分别为：青龙、白虎、朱雀、玄武。（IC photo）

（34—156年，又称张道陵），其于东汉顺帝汉安元年（142年）创立五斗米道。张陵于今四川大邑县境鹤鸣山宣导五斗米道，奉老子李耳为教主，以《道德经》为主要经典，用符水念咒行医治病，号召救世济人，并教人奉道悔过。其广收徒众，宣称得道便得长生。入道者和病者要出五斗米，所以称"五斗米道"。后人称张陵为天师，其子张衡、其孙张鲁称为嗣师、系师。到张鲁占据汉中后，实行政教合一的统治，包括设立义舍，义舍备有米、肉等粮食供人自由取食，又大力扩建教团组织。当时张鲁的道徒已遍布巴蜀，影响远及洛阳。建安二十年（215年）张鲁投降曹操，大量信徒流入北方和江南一带，五斗米道逐渐向全国发展。[1]

太平道创始人是巨鹿（今河北省平乡县）人张角，于东汉灵帝熹平元年（172年）创立，活动地域在河北一带，因信奉《太平经》而得名。

西汉卜千秋墓壁画升仙图

河南洛阳的卜千秋墓壁画以大量篇幅及神怪元素表现了卜千秋夫妇"升仙"的主题，其内容新奇，保存完整，是研究汉朝壁画文化艺术的珍贵资料。（刘炜提供）

❶ 一说是麒麟，古代神话中的神兽。首似羊、形如马、状比麐（獐子），口能吐火。雄谓麒，无角。雌谓麟，有一角。相传它只在太平盛世或有圣人时才出现，所以被称为瑞兽。另说是飞廉，传说中的风神，鹿身、雀头、短尾似蛇，毛色为豹子特有的斑点纹。巨口大张，状如簸箕，从口中簸扬出滚滚风气。当其在飞行时不断扇动双翼，便产生了风。风与民生有密切关系，能引雨滋润农作物生长，也能造成自然灾害

❷ 青龙，四大神兽之一。位于东方，青色，五行属木。古人认为龙能飞腾九天、入潜深渊、喷云吐雾、兴风作雨，还能载人升天，本领极大。它不仅能镇墓辟邪，还能导引墓主卜千秋升仙所乘之坐骑

[1] 唐长孺：《太平道与天师道——札记十一则》，《唐长孺文存》，上海：上海古籍出版社，2006年。

东汉日月同辉画像石

汉人将日月视为升仙得道的归宿，希望日月同辉，寓意阴阳和谐，天人合一。（河南南阳市博物院藏）

❶ 左刻一日轮，日轮中间刻三足乌

❷ 右刻一月轮，月轮中间刻蟾蜍与玉兔

东汉伏羲女娲画像石

石刻正中位置为伏羲女娲交尾，执华盖，拥日月。被视为华夏始祖兼日月神的伏羲和女娲，作对偶神二尾相交，蕴含了阴阳交合、夫妻和谐的象征意义。（河南南阳市博物院藏）

东汉白虎星座画像石（河南南阳市博物院藏）

❶ 北斗七星，由七颗耀眼的星曜组合而成，形状令人联想起古代舀酒的斗形，故称为“斗”。由于在北天，被称为“北斗”。北斗随地球自转而围绕北极旋转，斗柄指向东南西北，便是春夏秋冬

❷ 白虎，四大神兽之一。位于西方，白色，五行属金。古人认为白虎乃御凶食鬼的百兽之王，有它在侧，可以扫除升仙路上的障碍

苍天已死，黄天当立

“苍天已死，黄天当立”是黄巾起事时所用的口号。“苍天”是指东汉，“黄天”则代表太平道。这种以颜色划分朝代的说法，是根据战国时期“阴阳家”邹衍的“五德终始”学说而来。五德终始学说认为朝代兴替是根据天道循环的，主张“金、木、水、火、土”五行循环的运行，不但主宰万物的变化，也主宰了朝代更替。根据五德终始的相生相克说法，以火为德、崇尚赤色的汉王朝，会为以土为德、崇尚黄色的太平道代替（火生土），这是天命所归。两汉以来，阴阳五行理论、符瑞图谶、占卜之风在社会上广为流行，黄巾起事之前，西汉时王莽篡汉、刘秀创建东汉，以及东汉末的起事和篡夺，都利用了阴阳五行、符瑞图谶和占卜制造篡夺政权的舆论。

⊙ **太平道的组织架构图**

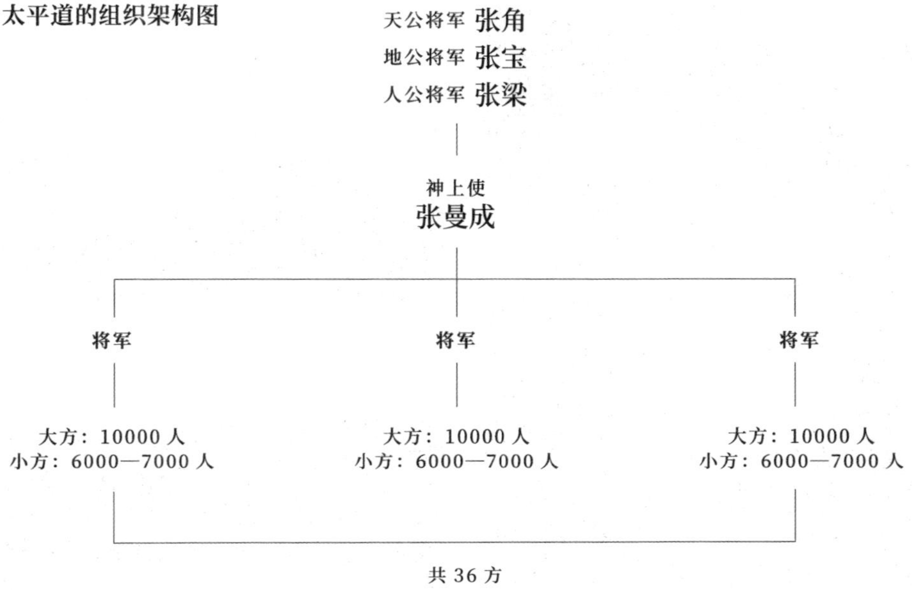

传道方法是以符水、符咒为人治病，广招弟子，并派遣弟子八人奔赴各方。短短十余年间，全国十二州中有八州的百姓加入太平道，道徒数达10万人。因其以土为吉，崇尚黄色，也称“黄巾道”“黄老道”。他们甚有组织，张角为天公将军，其弟张宝为地公将军，张梁为人公将军，人员遍布青、徐、幽、冀、荆、扬、兖、豫八州。信徒以“方”为单位编成教区组织，全国共设36方。大方有万余人，小方有六七千人，各方均设渠帅总领其事。

在四川大邑县城西18公里处的三丰村，有座鹤鸣山，为岷山山系一部分，被公认为中国道教发源地、世界道教的朝圣地。鹤鸣山又名鹄鸣山，并有道国仙都、道教祖庭之誉。在汉末张陵创教之前，鹤鸣山一直是异人的修炼之地。张陵学道于鹤鸣山，造作道书，自称太清玄元。张陵死后，子张衡传其业，张衡死，子张鲁传其业。鲁字公祺，以鬼道见信于益州牧刘焉。

历代众多著名道士，如唐末五代的杜光庭、北宋的希夷祖师陈抟、明代张三丰等都曾在鹤鸣山修道。一些皇帝也曾到鹤鸣山祭祖，如明成祖朱棣曾亲手书御旨迎张三丰到鹤鸣山，明代嘉靖皇帝御命鹤鸣山为五大醮坛之一。与鹤鸣山相距不远，同属岷山山系的青城山是张道陵的羽化之地，这使青城山成了中国四大道教名山之首。

道教祖庭鹤鸣山上的张三丰手植柏树

柏树由张三丰植于明洪武年间，传说曾有千只云鹤栖息于古柏顶部之第四层枝上，怡然挺立。

鹤鸣山今景

传说东汉天师张道陵曾布道于此，创立道教。

鹤鸣山迎仙阁

迎仙阁为鹤鸣山道观的山门，上下三层。迎仙阁后是延祥观。

鹤鸣山道观天师殿

张道陵在鹤鸣山开创五斗米道后，历任教首均为张裔子孙，并在元代获封“世袭留国公”，统领三山符箓。张道陵则被奉为祖天师，在各地天师道观中均有供奉。

青城山上清宫

青城山上清宫的宫门为石砌券洞，上有门楼。当代国画大师张大千曾在此寓居四年多。(IC photo)

道教重地青城山

青城山是中国道教名山，传说张道陵晚年显道于青城山，并在此羽化，此后，青城山成为天师道的祖山，全国各地历代天师均会来青城山朝拜祖庭。(IC photo)

第五节　董卓乱政 关东军起

灵帝生前，已有“废嫡立庶”[1]的打算，即要废掉由何皇后所生的太子辩，改立王美人所生的儿子协，因朝中大臣反对未能实行。灵帝将死，于是向大宦官和八校尉[2]之首蹇硕嘱咐后事，着蹇硕拥立王子协做皇帝。但国舅大将军何进势力大，灵帝死后，何进还是拥立太子辩为皇帝，称为少帝。何进后听从袁绍进言，召董卓进京，结果引狼入室。

凉州兵团与并州兵团

在东汉末和三国时期出现了不少地区性的兵团。其中以“凉州兵团”和“并州兵团”等边壤地区兵团战斗力最强。董卓进入洛阳后迅速控制朝廷，全凭他所拥有的军事优势——掌控了当时最强悍的凉州兵团和并州兵团。

东汉末年的主要军事力量，全是属于边壤地区的胡兵或胡汉混合的兵团，“且天下之权勇，今见在者不过并、凉、匈奴屠各、湟中义从、八种西羌，皆百姓素所畏服”。(《三国志 · 郑浑传》)

[1]“嫡”和“庶”是周代创设的宗法制度之核心，以血统来界定一个人的权位继承。中国古代实行一夫多妻制，然而妻子们的地位并不平等。嫡即正妻所生的儿子；庶则是其他妻子生的儿子。按制度，王位由嫡长子继承。

[2]灵帝时为削弱外戚大将军何进的兵权，设立属内宫掌管的内军，主要负责防御洛阳的军事。西园八校尉的领军首领、“上军校尉”由宦官蹇硕担任，其余七位校尉分别是：“中军校尉”袁绍、“下军校尉”鲍鸿、“典军校尉”曹操、“助军左校尉”赵融、“助军右校尉”冯芳、“左校尉”夏牟及“右校尉”淳于琼。

凉州又称西州，即今日甘肃省西南部，并州即今山西。当时两地都是胡汉杂居的边塞之地，生活习惯是“鞍马为居，射猎为业”，军队将兵由秦（汉人）胡（非汉族人）组成。东汉末群雄竞争中，不少重要战将出身于这两个兵团。身属董卓的凉州兵团的将士，有牛辅、李傕、郭汜、张济、樊稠、李蒙、王方、胡轸、杨定、段煨及徐荣等人；身属丁原的并州兵团的有吕布、张杨及张辽等人。

黄河阻隔了并州和关中及陇西的联系，使并州地区在地理上与凉州截然分开，容易形成东西分裂。王允和吕布是并州人，故此两人密谋诛杀董卓。董卓死后，凉州兵团中的李傕、郭汜水火不容。都强悍善战的并州、凉州军之间也存在严重隔阂。

袁绍能力不如曹操

何进欲治蹇硕死罪，并想趁机诛杀宫中宦官势力，但何太后受了宦官的唆摆，反对诛杀宦官。何进听从八校尉之一的袁绍的进言，召令“并州军”的丁原和“西凉军”的董卓进京相助，以威迫何太后。对何进此举，当时朝中有识之士如曹操等都持反对意见，认为无疑引狼入室，可惜不为何进与袁绍接纳。从处理这件事的政治识见和历练，也可见袁绍不如曹操。

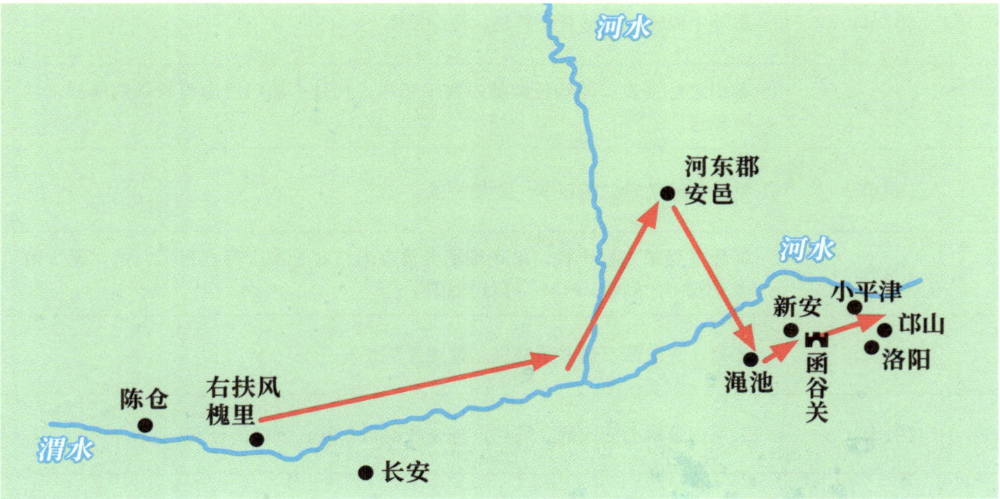

⊙ 董卓进京示意图

得到消息的宫中宦官骗取了何太后的懿旨，传召何进入内宫，并将其击杀。袁绍和堂弟后将军袁术等闻讯后，在宫中和城中尽数搜杀宦官。少数宦官挟持少帝仓皇逃走，在黄河边上的小平津（今河南省孟州市），碰上应召率兵入京的董卓，在董卓的胁持下，少帝一行折返京师洛阳。

以军力震慑大臣

董卓率领到京的西凉兵，原本不过3000人，人数虽然不多，但因在边壤久经征伐，既强悍又野蛮。董卓本人更以性情残暴著称。进京后，董卓首先吞并了原来属何进及其弟何苗的“部曲”，然后运用诡计安排士兵乘夜出城，日间再入城。这样不断进进出出，造成士兵源源不绝进城的假象，以示军力雄厚。

⊙ **董卓生平年表**

年份	事件
? 年	出生于凉州陇西郡临洮县（今甘肃省岷县），汉胡混血
167 年	跟随中郎将张奂征并州有功，任命郎中
184 年	黄巾之乱爆发，朝廷任命董卓为中郎将，代替卢植与黄巾首领张角作战，兵败免官
188 年	朝廷任命董卓为前将军，封斄乡侯
189 年	朝廷征董卓为并州牧，卓不奉诏。董卓前往北芒迎少帝回宫。九月，废少帝改立刘协为献帝。十一月自封相国
190 年	二月，关东军反董联盟成立。董卓迁都长安
191 年	二月，董卓出任太师。同月，孙坚败董卓军队。董卓还长安
192 年	吕布刺杀董卓，结束其三年的乱政

董卓又诱使原属并州军、以骁武著称的吕布，叛杀了原在京师、拥有最强军事实力的并州军首领，吕布的义父丁原，并威迫袁绍和鲍信，夺取二人在中央的兵权。经过这样的种种部署，董卓便拥有了军事优势，以此震慑朝中文武大臣及地方大官，成功把持了朝政。不久，他废掉少帝，改立协为献帝。董卓独揽大权后，随意虐待杀戮大臣，纵容军队四处抢劫掳掠，到了无恶不作的地步。

董卓虽然也收买和笼络了一些清流名士和官僚大员，任命其为中央或地方大员以装门面，但大部分被笼络和怀柔的人士，并不愿意与他合作，或因忌忤而被杀，或相机出逃京城。只有一部分人，如王允、蔡邕、何颙、荀攸、周毖、伍琼、郑泰及荀爽等官僚和名士，留在朝廷委身降志，曲意奉承，以求保存汉室。

曹孙刘参与讨董

董卓独揽朝政的所作所为，可以用无法无天、穷凶极恶形容。董卓的暴行也激起了由洛阳避走关东诸州郡的官僚和名士的愤怒。献帝初平元年（190年）年初，先是东郡太守桥瑁，诈以京师三公移书给州郡，痛陈董卓罪恶，期望义兵以解国难。然后，广陵功曹臧洪响应，首先揭竿起义，动员力量，以图军事反抗董卓。一时关东大小地方势力纷纷响应，集结起来，由臧洪主持会盟，再遥推袁绍为盟主，组成了“关东讨董盟军”，声势不小。

当时个人声望和势力并不大，日后却奠定了魏、蜀、吴三国鼎立局面的曹操、刘备、孙坚三人，都曾参与其中。对刘备其时的作为，史书记载不详，相信是担负一些跑跑龙套的角色，不像《三国演义》所说的一出场就成为主角。孙坚与曹操却有亮眼的表现。关东盟军在洛阳的北、东、南三面形成包围态势，而董卓军队在洛阳外围部署防御阵线，据关对抗。

结盟的关东军原本声势不小。不过，其中包括了一些地方割据势

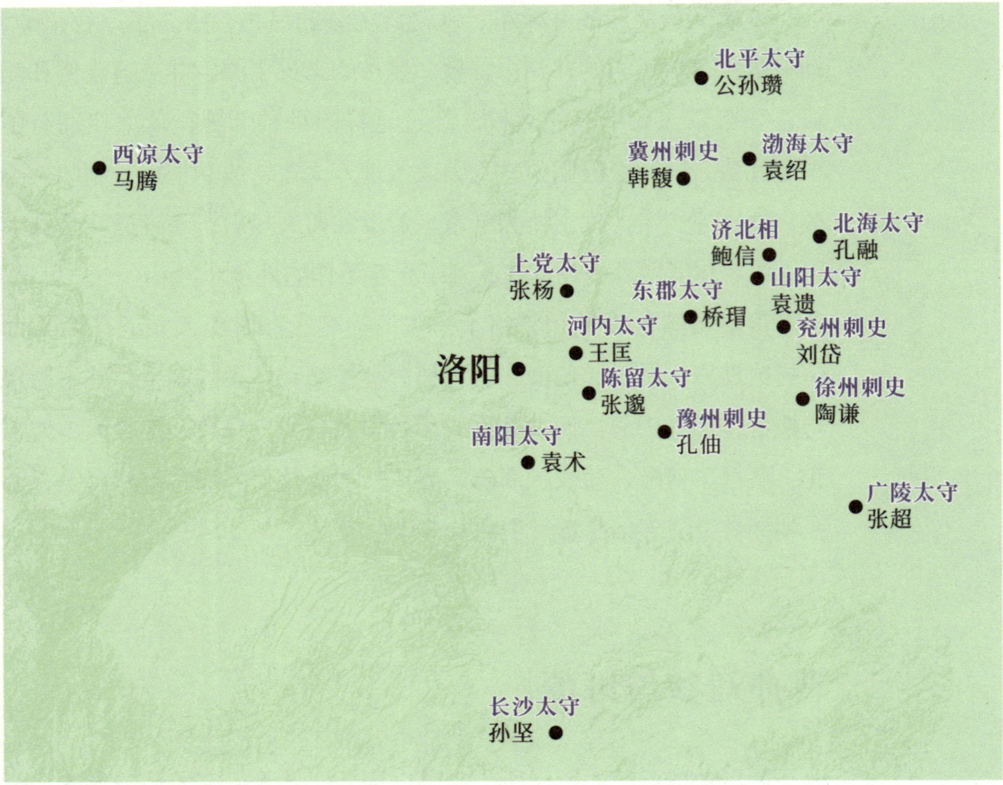

⊙ **割据势力分布示意图**

力，不过是目睹东汉王朝行将崩溃，各怀私心自有盘算，想借讨伐董卓壮大自己的军事力量和地盘，等实际遇上讨伐行动时，却虚张声势按兵不动，只为保留实力。所谓盟军，只整日“置酒高会”，并无多少行动。讨董态度积极的曹操，曾针对这种情况写下《薤露行》和《蒿里行》两首诗，反映当时讨董军队的真实状况，也表达了心中的激愤之情。《蒿里行》曰：

> 关东有义士，兴兵讨群凶。初期会盟津，乃心在咸阳。
> 军合力不齐，踌躇而雁行。势利使人争，嗣还自相戕。
> 淮南弟称号，刻玺于北方。铠甲生虮虱，万姓以死亡。
> 白骨露于野，千里无鸡鸣。生民百遗一，念之断人肠。

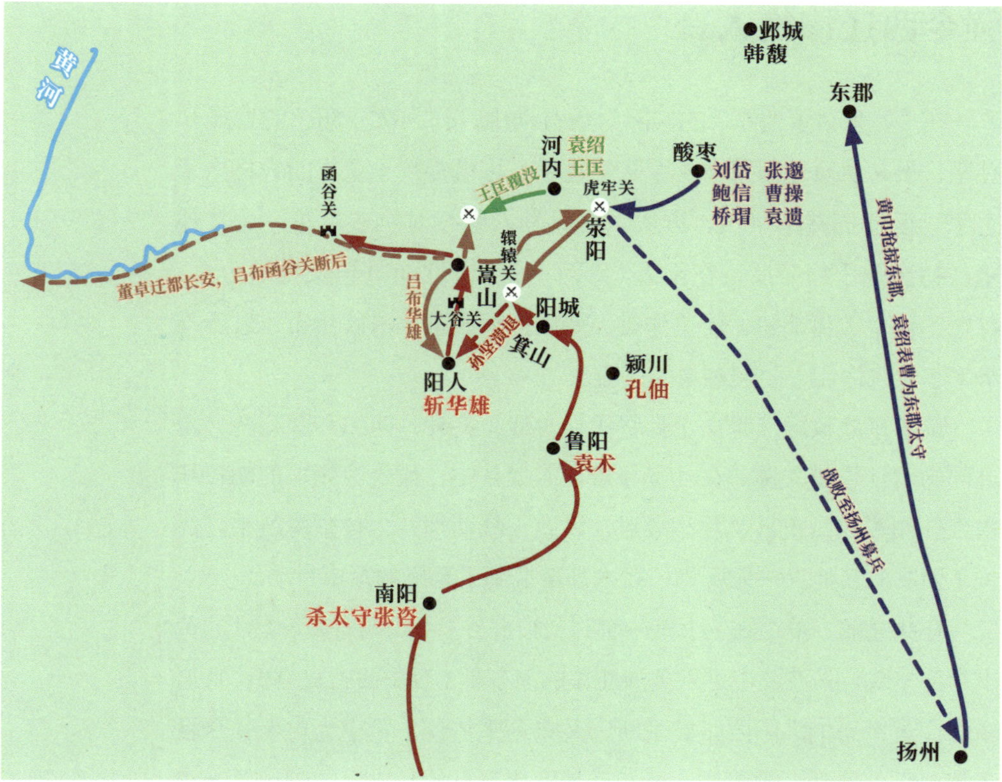

⊙ **诸侯讨董卓示意图**

孙坚进军　孙坚溃退　董卓进军
曹操进军　曹操退军　王匡进军

虎牢关

虎牢关，又称汜水关、成皋关。虎牢关是洛阳东边的门户和重要关隘，因周穆王在此圈养猛虎而得名。虎牢关北靠黄河，南近嵩山，东接汜河，西连巩义，山岭交错，自成天险，是通往关中的要道，有“一夫当关，万夫莫开”之势，素有“锁天中枢、三秦咽喉”之称，也是历代兵家必争之地。只要拿下虎牢关，便可以直取洛阳。《三国演义》中绘影绘声的“三英战吕布”其实是虚构情节，历史的真实是，曹操在荥阳汜水镇败于董卓手下中郎将徐荣，虎牢关就在现在的汜水镇。

虎牢关隘遗址

虎牢关不远处便是黄河。（刘炜提供）

强令西迁惨绝人寰

在“关东讨董盟军”的实际讨伐行动中，作为次要角色的曹操和孙坚，倒是认真地跟董卓的军队交过手，可惜都败于董卓的大将徐荣之手。但他们并不气馁，再次召集兵马，继续对抗董卓军。尤其孙坚，初次败于徐荣后，在阳人（今河南省汝阳县东）再次挑战董卓，打败了董卓大将胡轸，斩杀华雄，然后挥军西进，击破吕布，最后乘势率军攻入洛阳，引起董卓的恐慌。

董卓军战败固然是由于孙坚勇猛善战，另外，西凉和并州两兵团之间的内讧也是关键。在孙坚与董军的战斗中，代表凉州军的胡轸和代表并州军的吕布甚至互相敌对，以致不战而溃，为孙坚军所乘。而关东盟军的其他人一无所为，袁术甚至抵制了孙坚的军事行动。

在此之前，董卓因为女婿牛辅讨伐白波谷（今山西省襄汾县）的黄巾余部失败，白波黄巾进入黄河北岸的河东郡（今山西省夏县），直逼崤函。董卓恐怕洛阳西路被截断，又见孙坚势锐，董卓为自保强令献帝和群臣由首都洛阳西迁，至接近其凉州老巢的长安，同时部署大军固守崤函。董卓大队动身时，焚毁洛阳方圆二百里内的宫庙、官府和居室，挖掘诸帝和公卿的陵墓，掠夺官府富户的财宝，强迫数百万人迁徙。董军沿途还鞭打迁徙者，以致积尸满路，惨绝人寰。考虑到当时的交通工具和交通情况，数百万人扶老搀幼出行的惨况可以想象。

亲历其景的东汉三国女性文学家蔡文姬，写下《悲愤诗》，记下了董卓强迫官民西迁途中惨绝人寰的实况：

| 蔡文姬 |

蔡文姬即蔡琰，为汉末大儒蔡邕的女儿，生卒年不详。蔡文姬一生传奇，其事迹一直是中国文学艺术创作的常用主题。蔡文姬博学多才，精通音律，十六岁嫁河东卫仲道，夫死无子，归母家。汉末大乱，为董卓部将所掳，归南匈奴左贤王，居匈奴十一年，生二子。曹操念蔡邕无后，遣使以金璧赎回，再嫁同郡董祀。有《蔡文姬集》一卷，已亡佚。存世有五言《悲愤诗》、骚体《悲愤诗》和《胡笳十八拍》。一般认为五言《悲愤诗》为蔡作，骚体《悲愤诗》是晋人伪作。

汉季失权柄，董卓乱天常。志欲图篡弑，先害诸贤良。
逼迫迁旧邦，拥主以自强。海内兴义师，欲共讨不祥。
卓众来东下，金甲耀日光。平土人脆弱，来兵皆胡羌。
猎野围城邑，所向悉破亡。斩截无孑遗，尸骸相撑拒。
马边悬男头，马后载妇女。长驱西入关，迥路险且阻。
还顾邈冥冥，肝脾为烂腐。所略有万计，不得令屯聚。
或有骨肉俱，欲言不敢语。失意机微间，辄言弊降虏。
要当以亭刃，我曹不活汝。岂敢惜性命，不堪其詈骂。
或便加棰杖，毒痛参并下。旦则号泣行，夜则悲吟坐。

明摹宋本《胡笳十八拍文姬归汉图（第二拍）》

王允吕布诛杀董卓

西迁长安以后的董卓，自立为太师，仍不改野蛮专横作风，行事残暴不仁。初平三年（192年），司徒王允和司隶校尉黄琬密谋后，串通董卓的心腹大将兼义子吕布，诛杀了董卓。董卓被杀的消息传出，长安城中百姓歌舞于道，喝酒吃肉，热烈

吕布与貂蝉相会凤仪亭（董培新绘）

吕布与貂蝉

貂蝉是《三国演义》中的第一美人、司徒王允的义女。《三国演义》中王允利用貂蝉施展美人计，使吕布与董卓为貂蝉反目成仇，最后更酿成吕布刺杀董卓。正史中只一言半语透露吕布与董卓的侍婢有私通，并无只言片语提及貂蝉的存在，貂蝉只是一个虚构的文学人物。吕布杀董卓，一是怀恨董卓向他掷戟一事，二是吕布私通董卓的侍婢，恐为董卓追究。但由于《三国演义》这段故事广泛流传，且成为中国各传统剧种、曲目的热门题材，貂蝉竟与西施、王昭君、杨贵妃一起被誉为“中国四大美人”，四人中只有貂蝉是虚构人物。真说到三国历史上的美人，倒是大小二乔、甄夫人、秦夫人和杜氏几位。

庆祝。可见董卓的暴政残民，已到了令人发指的地步。

董卓死后王允执政。王允为汉廷消除了最大祸患，本可稳定朝局，但可惜忠于汉廷、敢于冒险犯难的他，却是一个刚愎自用、气量狭隘的官僚，不懂政治策略，也不擅权谋。其主政后，对曾亲近董卓的，决意诛杀；连同被迫依附董卓的，也不放过。如享誉甚隆的著名学者、蔡文姬的父亲蔡邕，他听闻董卓被诛，只是叹息了一声，竟被下狱致死。王允又不懂安抚和处理仍然手握重兵的董卓部下，终于引发董卓部将李傕、郭汜的反叛。他们领兵十余万攻打长安，击败吕布，杀掉王允。此后两年多，董卓原来的部将李傕和郭汜等掌控了朝廷，中央再次陷入以西凉兵为主的军阀争权的仇杀中。观王允的作为，其谋事之忠与行事之勇固然难得，可惜没有相配的能力，又居一时高位，终致败事，令东汉局面更不可收拾。

演义与正史

正如清代史学家章学诚所说，“《三国演义》则七分实事，三分虚构”。《三国演义》写关东诸雄讨伐董卓可谓情节跌宕，但与正史所载却有不少出入。前者内容中有添造的，有张冠李戴的，不一而足。以下就几个广为人知的故事澄清一下，以辨历史与小说之别。

曹操欲杀董卓：《三国演义》第四回中说，曹操在洛阳时，向司徒王允借了“七星宝刀”，要去刺杀董卓。正要下手之际，董卓忽然从镜中看到曹操拔刀在手，急问曹操要做什么。曹操将计就计，将宝刀献给董卓，并以试马为由，逃出洛阳。这段描述尽显曹操的机智，但正史并无相关的记载。罗贯中或参考了孙盛著作《异同杂语》，移花接木。在《异同杂语》中，曹操刺杀的是宦官张让，而非董卓。

关羽斩华雄：《三国演义》第五回有关羽“温酒斩华雄”的情节。描述董卓废少帝刘辩立陈留王刘协为帝后，执政残暴不仁。袁绍、曹操等人组成讨董联盟，其前锋孙坚在进汜水关时被华雄击败。当潘凤等大将接连被华雄斩杀，关羽请缨去战，并在温酒未冷却的极短时间内斩杀了华雄。故事虽然引人入胜，但在真实的历史上，华雄并非为关羽所杀，杀华雄的反倒是《三国演义》中败于华雄手下的孙坚。

三英战吕布：故事出自《三国演义》第五回。当时曹操联合十八路诸侯一同攻打董卓，然而董卓麾下猛将吕布武术高超，天下无敌，接连杀伤盟军大将多人，最后张飞、关羽及刘备三人夹攻吕布，才把吕布杀退。然而，正史如《三国志》没有提及此事。《三国志 · 武帝纪》里，当时参与讨伐的诸侯中并无刘备所投靠的公孙瓒，前述故事纯属后人杜撰。

第六节　迁都长安　纷乱不止

东汉都城是在洛阳。初平元年（190年），董卓迫于关东讨董盟军的威胁，胁持献帝和朝廷，西迁到长安。在长安的董卓实际上已成为孤立的势力，朝廷对全国的统治完全失控，王令不行。地方州郡大员拥兵自重，各行其是，甚至到了不经朝廷，自授或私相授受州郡将军名号的地步。东汉王朝走到这一步实际上已经崩溃，只看其如何收拾残局而已。两年后的初平三年（192年），董卓被司徒王允和吕布设计诛杀后，各地割据势力更加肆无忌惮地相互兼并和混战，全国陷入全面分裂的局面。

朝廷沦落西凉将领手中

董卓虽然被诛杀，但身处长安朝廷、原属并州军的吕布抵抗不住属董卓西凉军的将领李傕和郭汜，只好逃出长安，远遁关东。朝廷又为李傕和郭汜等人把持，他们擅权暴虐，扰乱朝纲，朝中混乱的情况比董卓时更严重。到了兴平二年（195年）二月，西凉军的将领之间也发生了内讧，相互攻伐。首先是李傕杀死右将军樊稠，再与郭汜混战了好几个月。到了六月，李傕的部将杨奉叛变，而镇东将军张济、河内太守张杨等将领之间也相互攻伐。在长安的献帝和大臣相继被胁持，辗转沦落于这些西凉将领手中，成为他们的傀儡和人质。

受着不同将军的胁持，献帝与随行大臣由长安迁徙到新丰（今陕西省西安市临潼区东北），再向东转到弘农（今河南省灵宝市北），最后渡黄河就驻于安邑（今山西省夏县西北）。君臣颠沛流离，惶惶不可终日。

⊙ **西北凉州混战时序图**

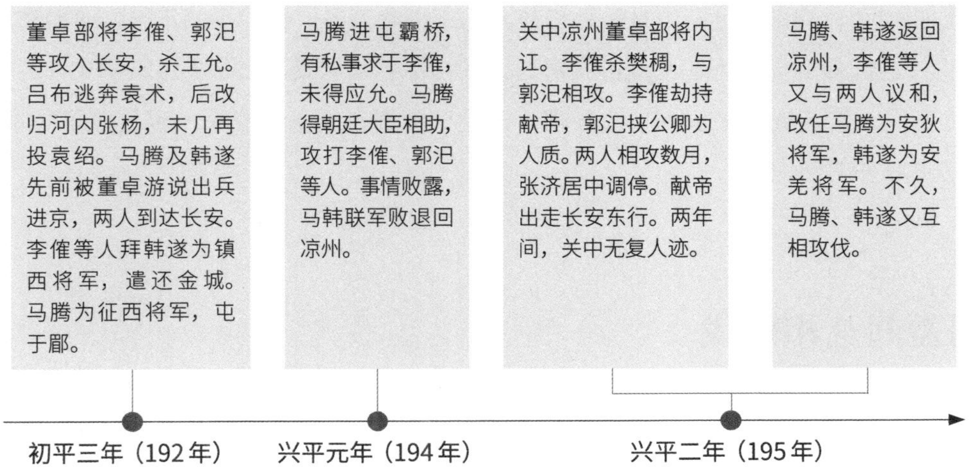

建安元年（196年）七月，献帝和随行大臣终于在杨奉的护送下，回到已残破不堪的旧都洛阳。当时的皇帝和朝廷虽然自身不保，岌岌可危，但名义上到底还是王朝权力的最高象征，只是已沦为无关大局的摆设。

袁绍和曹操脱颖而出

在朝廷西迁长安后的几年，全国各地的割据势力，任意以各种名目和借口互相征伐。关东地区称雄争霸者尤其多，征战频繁。“群雄”此起彼落，分合兴替，有如走马灯，令人眼花缭乱。经几年混战，最后剿灭群雄脱颖而出的，是雄霸黄河南北的袁绍与曹操。群雄竞争初期，黄河以北地区最具实力的原是袁绍、公孙瓒和刘虞。

初平二年（191年）袁绍使计，骗了原冀州牧韩馥的职位，取得全国最重要的冀州。初平四年（193年）公孙瓒攻杀刘虞，占有幽州。黄河以北便形成了袁绍和公孙瓒两雄对峙的局面。袁绍与公孙瓒两人的争持，不局限于黄河以北地区，而延伸到黄河以南地区；也不局限于两人之间直接对抗，而是在大河南北各自结盟，相互抗衡。

河南地区，属于袁绍阵营的是曹操。与公孙瓒结盟的是袁术，还有倾向公孙瓒阵营的徐州牧陶谦，且有原是公孙瓒属下的田楷和刘备。自初平二年起，曹操在袁绍直接或间接的支持下，积极扩张势力，在初平三年到兴平二年（192—195）的短短3年间，接连战胜了袁术、公孙瓒、田楷、陶谦和刘备等联军，也打败了张邈、陈宫和吕布等势力。

同盟间互相攻伐

群雄所谓同盟阵营，也非铁板一块，会因利益冲突时常反目，互相攻伐。建安元年曹操迁献帝于许昌，改元建安，汉末局势进入了新阶段。经过五六年的战争淘汰，这时的全国形势是：在北方的袁绍，据有冀、青及并三州，势力最大；公孙瓒

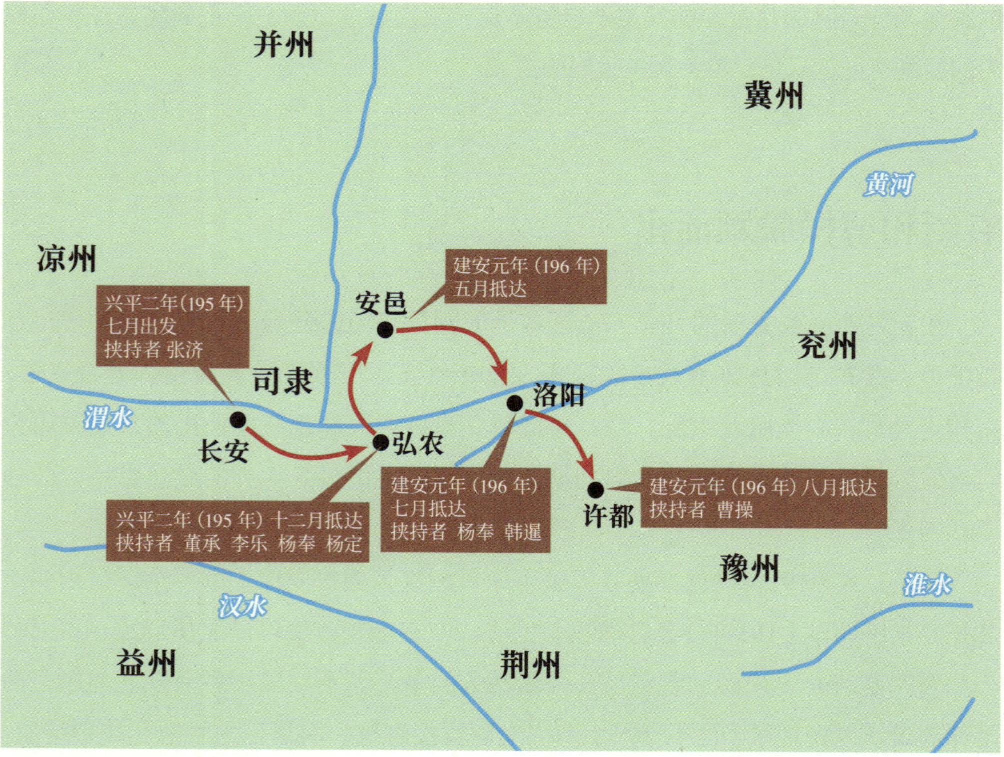

⊙ 王室东返路线示意图

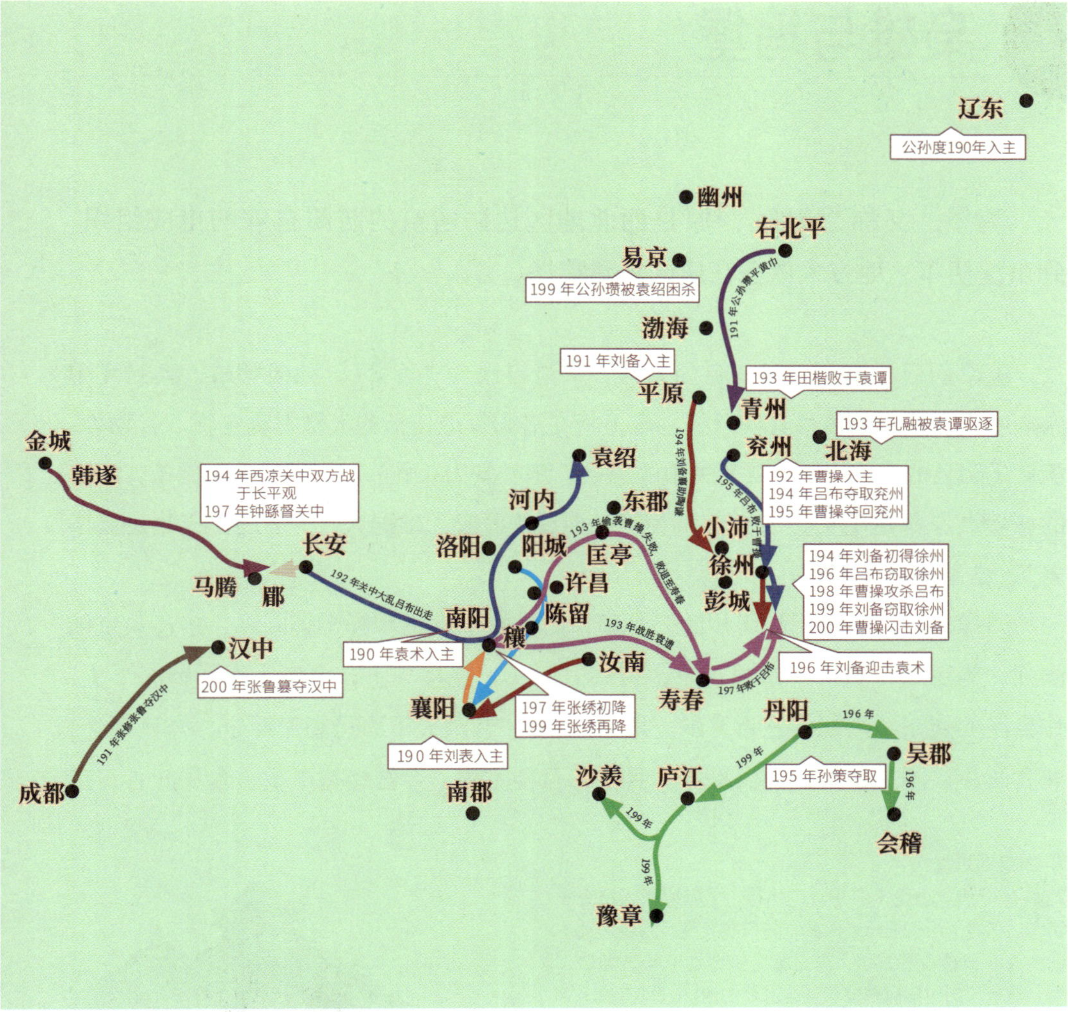

⊙ **190 年到 200 年群雄争霸形势示意图**

刘备　袁术　吕布　刘璋
刘表　孙坚　孙策　诸将
公孙瓒　关中诸将

据有幽州，而公孙度割据辽东，据隅与袁绍对抗。在黄河以南的曹操，据有兖州和豫州，势力也最大；而袁术占扬州，张绣据南阳，也是负隅抵抗曹操。除此以外，据益州的刘焉、据荆州的刘表、据关陇的韩遂和马超、据汉中的张鲁，也成各据一方的势力。这段时期最耀眼的是异军突起的“江东少年英雄”孙策。年轻孙策不到几年即迅速崛起，称雄江淮。

专题 04

枭雄与坞堡

坞堡，又称“坞壁”，原是西北地区边防所筑的防障自守的屯戍组织。到东汉初年，地方大族多在庄园筑建坞堡。

董卓西迁汉室至长安，自为太师，又号自己为“尚父”，独揽朝政，大封兄弟宗族中人。这时的董卓其实已经心虚，将在洛阳等地搜括的大量财物宝货、谷物等，积储于郿县的郿坞中（今陕西关中的眉县，距长安250里），可用作30年储备。郿坞的城墙高厚都达七丈，与长安城相等。他说“事成，雄踞天下；不成，守此足以毕老”，结果却被夷三族。

同样，曾称霸幽州和冀州的公孙瓒，后数败于袁绍和鲜于辅联军，走还易京以固守，为围堑十重，于堑内筑京，皆高五六丈，建楼其上，中堑为京，特高十丈，作自己的居室，内积谷三百万斛。瓒自己说：“昔谓天下事可指麾而定，今日视之，非我所决，不如休兵，力田畜谷。兵法，百楼不攻。今吾楼橹千重，食尽此谷，足

东汉陶坞堡

此明器1956年出土于广东省广州市，系模拟豪强坞堡制作。其方形结构显示当时的坞堡四周有高墙围绕，且四角设有角楼以观敌情，总之紧密结合住宅和防御功能，揭示了当时阶级对立和社会动荡的情况。真实的坞堡初为边疆防御用途，后为豪族自保所用，甚至南方亦出土有相关文物。真正的坞堡并非一个院落或建筑群，而是略小于县城大于烽燧的规模。坞堡的城墙、城壕、马面及角楼等防御设施齐全，可供合宗聚族，屯险自守，以避戎狄寇盗之难。（中国国家博物馆藏）

❶ 角楼：固守四角，外向的两侧有长方形箭窗。执兵器的站岗武士可以随时下瞰和望远

❷ 厅堂：主人接待客人及执行公务的地方。内有主人和跪伏朝拜的吏役

❸ 宅门：正上方有向外敌射箭或投石用的门楼。楼的前后有窗，以望远和下瞰

❹ 厢房：分布在主厅左右两侧的建筑物

❺ 围墙：围住宅筑的版筑土壁。外侧墙壁每隔一定的距离开有箭窗

魏晋坞壁图

此图发现于甘肃嘉峪关新城墓。虽是魏晋时期的产物，从中却也能一窥东汉时期的坞堡生活。（刘炜提供）

❶ 坞堡　❷ 栅栏内有羊群和牛群

❸ 朱书榜题“坞”字　❹ 半掩的坞门

❺❻ 树下拴马匹　❼ 树下拴耕牛

东汉墓壁画中的豪宅

该壁画出自河北安平县东汉墓。从中可见典型的坞堡图景：栋宇森罗、院落毗连、墙垣环绕、望楼高耸、防御森严。

东汉陶坞堡俯视图

东晋佚名庄园生活图

此图出自新疆吐鲁番阿斯塔那东晋墓所藏纸画。据此可想象汉末坞堡的生活场景。墓主被绘于画面中央，头戴高冠，身穿条纹袍服，手拿团扇端坐于榻上乘凉。身旁侍婢着红裙梳双髻，毕恭毕敬。❶ 太阳 ❷ 北斗星 ❸ 凤凰 ❹ 阡陌分明的田地，田边放着犁、耙、杈等农具 ❺ 月亮 ❻ 马夫手执马鞭站于马后，状似等候主人出行 ❼ 梧桐树 ❽ 厨房摆放了石臼、磨盘、酒坛及烤炉等厨具、炊具。炉火正旺盛，厨婢在烹煮饭菜

知天下之事矣。”结果为袁绍掘地道，突破楼堑。瓒尽杀其妻子而自杀殒命。

枭雄如董卓和公孙瓒，真以为有可保万全的“安乐窝”，想借筑坞保住富贵和性命，未免自以为是，过于天真。势去力衰，铁打的坞堡殊不管用。但东汉以来全国各地豪强建筑“坞堡”还是很普遍。三国史上除了董卓和公孙瓒，田畴、许褚等地方豪强也将筑坞作为武装自保手段。在政治及军事上，坞主行使行政权及指挥军事防御，坞民则成为部曲家兵，坞堡可提供安定的居住环境，有稳定社会的功能。在经济上，坞主与坞民（佃客）也有上下级关系，坞主管理生产，佃客服力役及缴纳佃租给坞主，寻求自给自足，发展生产。

坞堡近似欧洲中世纪封建时代与日本战国时期出现的城堡制度，都是乱世中地方割据势力求自保的产物。所以世界历史的发展，不时有其共通和近似的地方，因历史的发展，有某种程度的共同规律。

汉代陶坞堡

此明器1956年出土于广东省广州市，模拟了当时四面高墙、设有望楼的防御性坞堡。

三国吴陶坞堡

此明器出土于湖北省鄂州市。说明当时南方的将军豪宅同样看重防卫，四边设围墙，四角有望楼。（中国国家博物院藏）

西班牙城堡

兴建于山丘上的堡垒宫殿建筑群——阿尔罕布拉宫，同样有很强的防卫作用。

苏格兰城堡

有防卫功能的城堡建筑在世界不少国家都有出现。此于苏格兰爱丁堡卡尔顿山丘上据险而筑的城堡，也是保主人安全的碉堡城楼。

第七节　袁绍崛起 称霸北方

在“群雄并起，中原逐鹿”局面的初期，论崛起之快、势力膨胀之迅速，袁绍一时无两。作为讨董盟军群雄之首的袁绍，论朝廷资望和官位虽然不算很高，但在东汉末年直接影响政局的几桩政治事件中，曾扮演过相当的角色，头角已露。

东汉重视“门第家世”

袁绍曾配合外戚、大将军何进，图谋清除宦官，虽然何进被宦官所杀，袁绍等终究诛尽内廷宦官；又如董卓入京后专权擅政，袁绍奋起抗衡，被迫出走；再如在关东，袁绍曾四出征伐和击败过不少黄巾军，树立了军事上的声威——以上都让朝野注目。至于“关东讨董盟军”组成后袁绍被推举为盟主，一部分原因是以上表现，另一部分原因则与其家世相关。

发动和组成“关东讨董盟军”的群雄，核心主要是一些以“任侠”相尚、享有“名士”声誉的青年俊彦。袁绍在洛阳以“任侠”“名士”为朝野所重，政治上也成为拟有所图的一众青年俊彦的领袖。因董卓专政由京城出走到地方的，不少就是此辈中人。出走到关东的袁绍，自然成为他们众望所归的领袖。袁绍能被推举为盟主，与其家世有很大关系。家世之能影响一个人的出身地位和前途，中外古今皆然，在已形成稳定体制的社会，尤其如是。东汉的政治和社会情态，有一很大的特点便是重视“门第家世”。

游侠、豪杰与任侠

东汉末年的出色人物身上，皆有一个现象——年轻时常被冠以“游侠”之称，如袁绍、曹操、张邈、何颙、袁术、许攸、伍琼、卫兹等。东汉末年著名的政论家荀悦（148—209年）谓“游侠”是“立气势，作威福，结私交，以立强于世者”。并指出“游侠之本，生于武毅，不挠久要，不忘生平之言，见危授命，以救时难而济同类，以正行之者，谓之武毅，其失之甚者，至于为盗贼也”。意思是指东汉末年所谓游侠，具体是“以救时难而济同类”为宗旨，“救时难”是立志挽救危机四伏的朝政，“济同类”是救急扶危于反宦官的人。

东汉末又会称一些人物为“豪杰”。豪杰一词在当时有特殊含义，指出身于豪族的杰出之士。袁绍不仅被目为豪杰而且“善养士，能得豪杰用”。除以上所述诸人外，东汉末年和三国时期以游侠和豪杰见称的人物着实不少，如王匡、桥瑁、审配、田丰、沮授等，都是较高等的豪杰和游侠。社会上也有出身于不同阶层被称为“气侠”或“轻侠”的，孙坚、公孙瓒及刘备皆属之。不夸张地说，东汉一众出色而有武人性质的人物多属此类。（参考方诗铭《论三国人物》）

豪门子弟受习性羁绊

袁绍出身于东汉中晚期最显赫、被誉为“四世三公”的汝南袁氏。由于袁氏“四世三公”的家世，“门生故吏遍天下”，袁绍从小已兼有声誉和人脉。这是袁家子弟（包括他的堂弟袁术）在政坛、在社会早露头角的凭借。凭借这样的家世，袁绍20岁就当上了濮阳长，很快升为掌握实际兵权的中军校尉。在洛阳又以“任侠”相号召，结交了一批青年俊彦，其中著名的有张邈、曹操和鲍信等，隐然结成一个政治团体，

| 门生故吏 |

门生不是我们现在一般理解的、纯属学生的角色。汉代所谓门生，除真正的学生外，也包括了一些慕势而投拜达官成为门下的人。官愈大名望愈显的人，门生也愈多。不仅文官有门生，武官也有门生，甚至炙手可热的宦官也有门生。（参考徐德嶙《三国史讲话》）

并成为他们的领袖。

董卓入京以后，他因冒犯董卓而出走。虽然如此，董卓仍然忌惮袁绍的家世，任命他为渤海太守，作为安抚。渤海太守之职是袁绍一下子能在地方上取得割据势力的基础。在关东地区的讨董盟军中，资历比袁绍深的大有人在，关东“群雄”却推举他为盟主，可见他的资望得益于家世。不过历史经验和社会现实也告诉人们，“家世”固然可恃，也常常吊诡地成为他们成功的负累。在三国群雄的竞争过程中，出身于“四世三公”的袁绍和袁术，表现虽有区别，但同样囿于豪门子弟的习性，终于一败涂地。

乱世出英雄的异数

东汉末，地方陷于尾大不掉的地步，皇室调宗室到州郡主政，以稳定刘家江山。可惜，刘氏宗室的地方大员，虽有贤能忠心的，却应付不了动荡的局面。如幽州牧刘虞，《后汉书·刘虞传》说，“虞虽为上公，天性节约，敝衣绳履，食无兼肉，远近豪俊夙僭奢者，莫不改操而归心焉”，但他“不习军事”，平日不训练士兵，应付不了勇莽的公孙瓒。其他曾是一方之雄的刘焉、刘表、刘璋、刘繇和弟刘岱等，都

⊙ 袁氏“四世三公”世系表

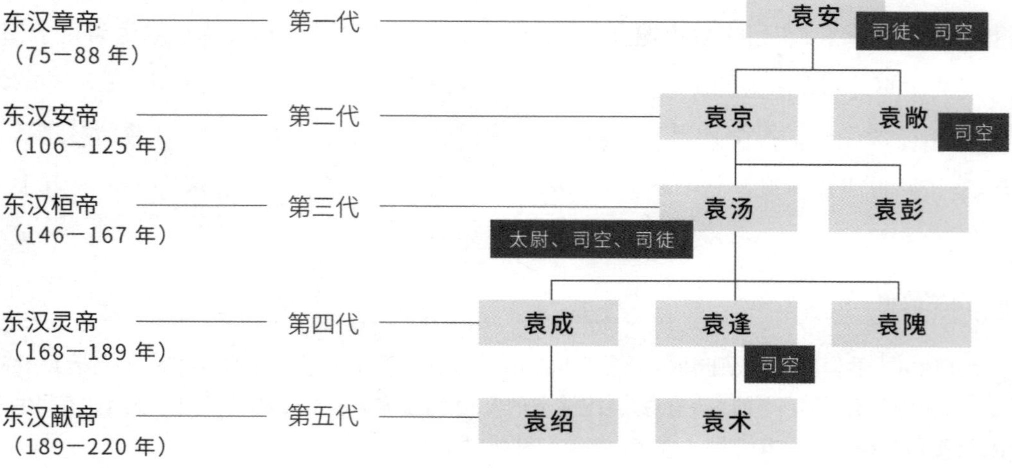

袁安碑

袁安是东汉末形成袁家“四世三公”的关键人物，在《后汉书》中有传，并在东汉章帝章和元年（87年）官至司徒。袁安碑碑身完整宽博，碑文（右图）记述了袁安的籍贯和生平经历，所记与史传所记大抵相符。袁安碑还是中国书法史上的重要作品，其书体介乎小篆和隶书之间，是由篆书向隶书过渡时期的重要文物。袁安卒于永元四年（92年）。（参考李如森《汉代丧葬礼俗》）

为不可突破的豪门世家子弟习性所拘限，同遭失败的命运。在东汉末年群雄的激烈竞争中，最后杀出重围脱颖而出并促成三国鼎立之局的，是出身于宦官家庭、被视为“浊流”的曹操；是虽号称刘氏皇裔，然而世系遥远、已沦为草民的刘备；是出身于江东地方土霸的孙氏父子。看来，中外古今的人生轨迹都有此种现象！尤其是处于乱世或重大变局时。

董卓逼迫朝廷西迁，讨董盟军一解散，地方上的各种割据势力毫不犹豫地立刻展开地盘和权位的争夺战。作为盟主的袁绍更迫不及待地发动了一连串扩张地盘的军事行动。初平二年（191年），他先扑灭了河北的几路“黑山军”，再迫逼韩馥让出冀州牧之官职和地盘，然后以冀州为根据地四出讨伐，扩张势力。次年，他在界桥（今

⊙ **汉末宗室地方大员**

姓名	生卒	占据地方	结果
刘虞	?—193年	幽州	攻打公孙瓒失败，被其所杀
刘焉	?—194年	益州	病死，儿子刘璋继领益州牧
刘表	142—208年	荆州	病死，儿子刘琮继位，并投降于曹操
刘璋	162—219年	益州	被刘备所败，被迫离开益州，为孙权收容，病逝于荆州
刘繇	156—197年	扬州	病逝于豫章，华歆代表其投降孙策
刘岱	?—192年	兖州	被青州黄巾军所杀

注：部分生卒无史料记载

河北省威县东）击破曾攻灭幽州牧刘虞的公孙瓒，建安三年（198年）终于将北方最大的对手公孙瓒斩杀于易京（今河北省易县）。8年之间，吞并了冀、青、幽及并四个中原最重要的大州，不仅制霸北方，而且一跃而成为全国地方割据势力的最强者。

袁曹之战一触即发

野心勃勃的袁绍，自然不会因此满足，早萌生了取汉室而代之的野心。既已制霸了北方地区，袁绍便积极部署，要挥军南下并吞全国。如此，不免会与曾依附于他，但经过艰苦卓绝征伐终于雄踞了黄河以南的曹操起冲突。袁、曹两人，从小已友善相交，曹操之能崛起，也得力于袁绍的襄助。从初平三年（192年）起，两人各在黄河南北兼并征伐，也一直维持着结盟的关系。不过袁、曹之间，因出身、个性、政见的歧异，已早生嫌隙。再因为双方各自扩张势力，终引起利益上的冲突，表面上仍维持结盟关系，实则不时出现龃龉和摩擦。建安元年（196年），曹操"挟天子以令诸侯"，迁献帝都于许昌，分据黄河南北的两雄间的冲突，终于白热化了。

⊙ **袁绍生平年表**

年份	年龄	事件
154年	1岁	出生于汝南汝阳
188年	35岁	被何进提拔为西园八校尉
189年	36岁	何进被宦官所杀，袁绍杀宦官2000多人。绍反对董卓废少帝改立献帝，逃往冀州。十二月，董卓欲安抚袁绍，封其为渤海太守
190年	37岁	反董联合军成立，袁绍担任盟主，进驻河内
191年	38岁	从韩馥手中得到冀州，任冀州牧
192年	39岁	正月，公孙瓒侵入冀州，两军对战界桥，袁军大胜
199年	46岁	三月，进攻易京大胜，公孙瓒自杀身亡
200年	47岁	袁绍与曹操于官渡对决，袁绍大败，逃至黎阳归冀州
202年	49岁	袁绍愧疚中发病吐血，五月病逝于邺城

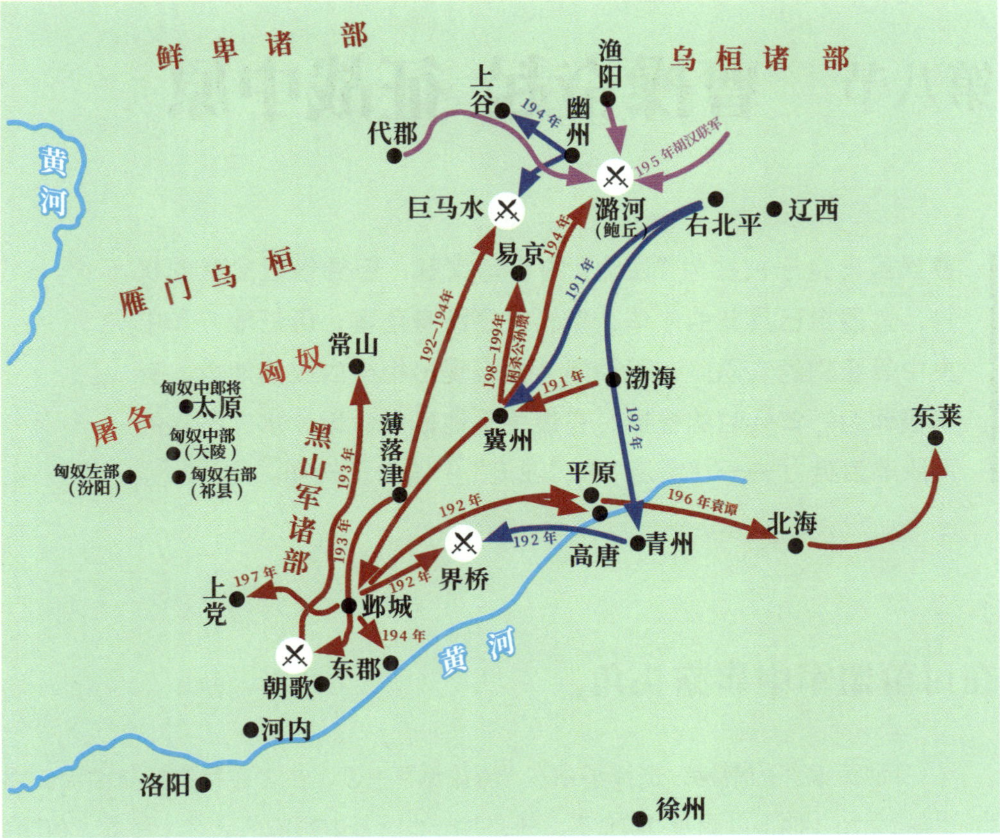

⊙ 袁绍征伐群雄及路线示意图

袁绍用兵　公孙瓒用兵
刘虞旧部与乌桓联军　战场

191年　公孙瓒出兵南袭冀州，韩馥战败退守邺城。冀州治下的渤海太守袁绍，派出说客说降韩馥，冀州易主。

192年　袁术与袁绍开战，袁术联合公孙瓒、陶谦共讨袁绍、曹操，派刘备、单经，屯高唐、平原，为袁绍军所破。

同年，参加讨董之战的公孙瓒之弟在袁氏兄弟争斗中身亡，正在青州镇压黄巾余孽的公孙瓒怒而向袁绍发起袭击，冀州动荡。袁绍亲率三军迎战，于界桥设伏，数败公孙瓒。协助公孙瓒的黑山军也被袁绍击败，双方结怨。同年，公孙瓒再次攻伐袁绍，至龙凑为袁绍所败，退守幽州。

193年　太仆赵岐受汉廷之命劝和公孙、袁双方停战。

同年，黑山军、屠各匈奴、雁门乌桓齐攻袁绍，邺城失陷，袁绍由朝歌战至常山，斩首敌兵数万，双方退军。

194年　历时一年，袁绍平定了臧洪的东郡之叛。

同年，公孙瓒吞并幽州刘虞。

195年　刘虞旧部招引乌桓攻打公孙瓒，袁绍派出军队合兵，于鲍丘大败公孙瓒，公孙瓒退守易京，固守自保。

196年　袁绍命袁谭进取青州，得青州北部疆域。

197年　袁绍命高干进取并州，得并州上党疆域。

198年　袁绍亲率大军攻取幽州，所向披靡。围困公孙瓒于易京。

199年　公孙瓒终被困杀，袁绍尽得幽州。

第八节　曹操奋起 征战中原

曹操虽出身于被视为“浊流”的官宦家庭，但凭借祖父辈的权势，也因自己具备的才华，年轻时已跻身仕宦，历任地方和中央中等级别的官职。在职期间，他表现出相当的政治能力，有积极作为。年轻时的曹操，在最关乎他日后命运、水火不容的两股政治势力——“清流”和“浊流”中做出了抉择。

在讨董盟军中崭露头角

出身浊流家庭的曹操，选择了站在“清流派”一边，在言在行都抵抗浊流。因为这样的立场，他得以厕身“游侠”之列，并令当时最有影响的大名士桥玄、何颙、许劭等人为之揄扬，进而为名士群体接纳。既属游侠又为名士的曹操还结交了袁绍、张邈等在洛京以任侠相尚的青年俊彦，更成为其中领袖之一。曹操在中央洛阳任职时，也以讨黄巾、抗董卓等行动赢得一定名声，崭露头角。

因反叛董卓出走关东地区的曹操，主要依靠曹氏和夏侯氏的宗亲子弟，组成自己的军队骨干，并以骨干的家丁部曲和招揽的壮丁，拉扯起私人武装。曹操虽然积极参加“关东讨董盟军”，但由于资望和武装力量尚且不足，在盟军群雄中只算是次要角色。可在讨董军事行动中，他出的谋献的策，大不同于群雄，同僚上下不少人对他印象深刻。尤其在各路诸侯各怀鬼胎、迟疑不进的情势下，曹操果敢地以自己单薄的军力跟董军交战，是盟军中少有的真正与董军交过手的领军人物。虽然失败，但他的胆略和勇气让人侧目，各路有不少人物，希冀资望不深、实力不厚的他能收拾残破的局面。关东盟军散伙后，曹操借助在京时的“任侠之友”，如张邈、卫兹、鲍信、陈宫等人的帮助，逐步扩充了武装。由于没有任命朝廷地方官职的资格，军事力量不足又缺地盘，曹操在相当长的时间内是靠依附势力日强的袁绍而发展的。

首个地方官职——东郡太守

初平二年（191年），青州的黄巾军和河北的黑山军，联合进攻河北冀州的邺城（今河北省磁县南）与属兖州的河南东郡。袁绍委派曹操率兵入东郡，围剿黑山军。曹操在濮阳（今河南省濮阳市）镇压了黑山军的白绕部后，袁绍任命曹操为东郡太守。担任东郡太守是曹操拥有自己地盘和地方官职的开始。

初平三年（192年）四月，青州黄巾兵攻入兖州，杀死前来截击的兖州刺史刘岱。陈宫游说曹操出兵攻取兖州，谓兖州"资之以收天下，此霸王之业也"。曹操"遂设奇伏，昼夜会战"获胜，取得青州黄巾降兵30万、民众百万。在好友鲍信等人的帮助下，兖州地方人士迎接曹操担任兖州牧。兖州下辖八个郡，不仅壮大了曹操的地盘，还地处南北要津，是兵家必争之地，土地亦较富庶，成了曹操日后崛起的根据地。

曹操将收降的黄巾兵精选编制成"青州兵"，这也是日后他依赖甚重的一支武装力量。同时曹操也收纳了一批拥有武装力量的地方豪强和武将，著名的有山阳巨野（今山东省巨野县）的李典、任城（今山东省济宁市）的吕虔、泰山巨平（今山东省泰安市）的于禁和典韦等。以兖州为基地后，曹操武装力量陡然大增，隐然晋身为雄主之一。但兖州毕竟是兵家必争之地，四面八方的割据雄主纷纷想要染指，曹操

| 部曲 |

汉末三国时期，地方豪强以宾客、宗亲和家丁为基础打造私人武装力量的情况很普遍。这些豪强的私人武装加入了军队编制，称为部曲。部曲甚至由子侄承传。由于宗族和乡里关系，在当地拥有政治、经济力量的大姓、冠族的代表人物，常常成为有能力组织起武装力量的豪帅。这种现象在战乱时期尤其盛行，如冠族的卫兹、鲍信、王匡等就是其中代表；豪强则以任峻、李干、李通、吕虔及许褚为代表。协助曹操起兵的曹氏家族之曹仁、曹邵，及谯县的许褚、中牟的任峻、巨野的李典、任城的吕虔等地方豪强，都分别率领宗族、部曲数百人或数千人加入曹操的武装力量。（参考唐长孺《魏晋南北朝史论拾遗》）

为兖州与进犯者进行了艰苦往复的保卫战，其中不少战役关系到个人生死，最终稳住了兖州。关于兖州，大谋士荀彧早有献策，要曹操据有和力保兖州为争天下的根据地，理由是，“昔高祖（指刘邦）保关中，光武据河内，皆深根固本，以制天下。进可以胜敌，退足以坚守，故虽有困败，而终济大业”。《后汉书·郑孔荀列传》中，荀彧以西汉刘邦之据关中、东汉刘秀之占河内加以比喻，可见曹操稳据兖州作为根据地的重要性。荀彧与曹操关于兖州的对话，是关乎曹操崛起的“兖州对”，也是曹操关键性的发展谋略。此后曹操以兖州为根据地，或配合袁绍，或得袁绍的支持，于四五年内与张邈、吕布、陶谦、袁术、张绣、刘备等人进行了多番生死之战，终于一一剿灭其他竞争者，称雄黄河以南。

胜利基于战略非战术

军事力量日渐壮大的曹操，同时也努力招揽了一批重要的谋士文臣。人才是制胜的根本，在东汉末“群雄”中，曹操无疑是最重视人才、善用人才的雄主。袁绍在为盟主征伐董卓时，就曾询问过曹操，如果讨伐董卓失败，日后该如何发展？袁绍自己先说：“吾南据河（黄河），北阻燕、代，兼戎狄之众，南向以争天下。”曹操回答说：“吾任天下之智力，以道御之，无所不可。”意思是说，他重视收罗天下人才，以道术驾驭之，则无事不可为。

日后两人基本上都按自己设定的谋略以争天下。两人在对话中所说的是战略，战略与战术有很大的区别。重大的成功和胜利，必基于战略而非战术，政治、军事和企业经营皆然。汉末三国，最终能成鼎立之势的曹、刘、孙三人，都能有远大的战略部署，而且它们大多出自大谋士的献策，善于谋略的曹操亦然。既定的战略部署会因主客观形势变化，不一定如初衷所愿，或因人谋不臧而失败，但如无宏远的战略，必定不成。这也是三国历史给我们的启示。

讨董军的行动一结束，袁绍就制定了先占据北部，然后南下的策略，黄河之北是传统中国最重要的中原地区。曹操在黄河以南也开始讨伐争霸，并积极贯彻招揽人才以争雄的策略，这一策略和行动贯穿了曹操的一生。“群雄”之中数曹操最积极招揽人才，也最长于辨识人才、运用人才，尤其擅于“因才授职”，使麾下人才各擅

⊙ **曹操招揽谋臣武将表**

重要事件	年份	文臣	武将
任东郡太守，割据兖州，伐陶谦与吕布，奉迎天子	191年	荀彧、荀攸	李典
	192年	程昱（刘岱旧部）、毛玠、戏志才	于禁（鲍信旧部）、吕虔
	193年	娄圭	徐晃（杨奉旧部）
	194年	郭嘉、薛悌	朱灵（袁绍旧部）
	195年		许褚、满宠
	196年	钟繇、杜袭、杨沛、刘馥、张既、卫觊、董昭、孙资、温恢、凉茂、徐奕、国渊	李通
伐张绣，讨吕布，灭刘备。官渡之战败袁绍，招揽河北人才	197年	贾诩（张绣旧部）、严象	张绣、赵俨
	198年	陈群、郑浑、王朗、何夔、武周、袁涣	张辽（吕布旧部）、臧霸、孙观
	199年	刘晔（刘勋旧部）、蒋济、仓慈	王忠、刘岱、田豫（公孙瓒旧部）、胡质
	200年	华歆 *、刘劭 *、许攸 *、徐宣 *、刘廙、杜畿、陈矫 *	苏则、张郃*（袁绍旧部）、阎柔*（刘虞旧部）、贾逵*、鲜于辅*（刘虞旧部）

颍川奇士：荀彧、荀攸、戏志才、钟繇、郭嘉、陈群、赵俨、杜袭
荀彧推介：荀攸、戏志才、郭嘉、钟繇、杜袭、严象、陈群、陈矫、赵俨
汉室官吏：毛玠、杜袭、杨沛、董昭、温恢、严象、仓慈
五子良将：于禁、徐晃、张辽、张郃
吕布旧部：武周、袁涣、张辽、臧霸、孙观

＊河北人才

其胜，各安其位，各尽所能。曹操之能崛起，麾下众多的文臣武将，成为他最大的政治和军事资本。曹操日后屡屡自我表白说：“吾起义兵诛暴乱，于今十九年，所征必克，岂吾功哉，乃贤士大夫之力也。”（《群书治要·卷二十五》）衡量用人的艺术和能力，曹操是三国领袖中最出色的，他有一套用人的艺术和权术，值得当今政商各界借镜。用人的本领，不是今人必然胜于古人，如有这种想法，实在太自以为是。用人，也并非只是一种管理技术，而是关乎管治者的眼界、胸襟、修为、气宇和识见，无古今之分。

夺得政治“话语权”

曹操超越大多数“雄主”、取得争霸主动权以及其日后发展的关键，是建安元年（196年）他“挟天子以令诸侯”的行动。虽然有个别学者轻视这个行动的实际意义，谓董卓、郭淮等其实早已“挟天子”，但其实他们的行动并不成功。所谓“运用之妙存乎一心”，相比之下，曹操如臂使指，最能发挥他“挟天子以令诸侯”的企图。历史的事实充分证明，“挟天子以令诸侯”这把“尚方宝剑”，对曹操其后争霸的作用巨大。以现代的政治术语来说，是他取得了政治上的“话语权”，站在了政治斗争的“道德高地”。看曹操招揽的人才，建安元年及其后，明显各方大才群集，可见挟天子以令诸侯的实际效果。

初平三年曹操任兖州牧时，他的重要谋臣毛玠已建议曹操“奉天子以令不臣”。此建议为曹操所采纳，他更开始着意接近朝廷，后来经朝中主政的张杨的属下骑都尉董昭出面疏通，加上黄门侍郎钟繇协助，朝廷正式承认了曹操兖州牧的地位。当时的皇帝虽然是傀儡，不能自保，但到底仍是王朝最高的权力象征。以许昌为大本营的曹操，见献帝已经回旧京洛阳，首先派曹洪领兵西行，迎接献帝。后经朝中大臣董

曹操擅用运兵道

地道内部

曹操善于利用地道战，曹军在许昌、亳州和郸城都筑有规模宏大的战用地道，用于满足藏兵、转兵、用兵、纳粮等需求。

亳州运兵道是当前中国发现的最古老、规模最大、保存最完整的地下军事设施。亳州运兵道以大禹首为中心，向四面延伸，通至城外，已发现的长度为8000余米。其建构有土木结构、砖土结构、砖木结构及全砖结构。布局分单行道、平行双道、上下两层道及立体交叉道等，盘错相连。道内布置有猫耳洞、掩体壁、障碍券、绊脚板、陷阱等，再有通气孔、灯龛等设施。以近2000年前的物质和工具条件，地道的工程水平的确令人赞叹。此运兵道至唐宋时期仍是重要军事设施。南宋嘉熙四年（1240年），黄河决口亳州城被淹，运兵道被灌淤塞，自此深埋地下未被发现。

曹操多次用地道战取胜。如建安三年（198年），曹操在穰（今河南省邓州市）安众，为张绣和刘表军前后包截。曹乃“夜凿险为地道，悉过辎重，设奇兵，会明，贼谓公为遁也，悉军来追。乃纵奇兵步骑夹攻，大破之”。建安五年（200年）官渡之战他也采用了挖地道的战术。

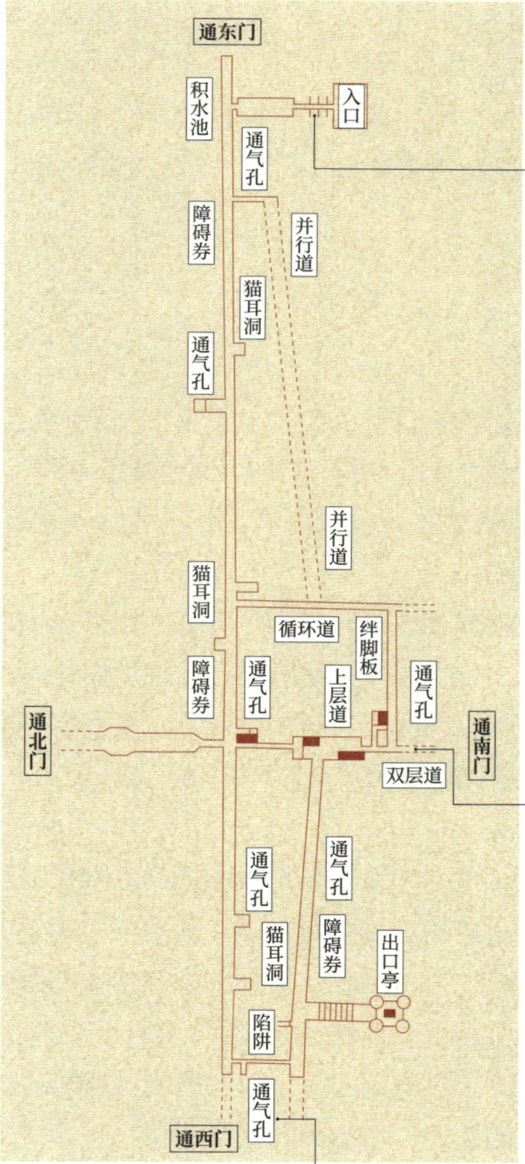

⊙ **曹操亳州运兵道平面图**

地道入口处

双层道

利用砖石块料间的侧压力砌筑的跨空承重结构称为“发券”，此处以砖券将地道隔成了上下两层，一般上层地道较矮。

地面上的通气孔

地道备有换空气的设施，不然在内的士兵会缺氧。

承及董昭等人疏通，献帝下诏召曹操进京，曹操亲率军队到首都洛阳朝见献帝。献帝遂任命曹操为司隶校尉，录尚书事，参与朝政。不久，曹操又得董昭献谋，移迁献帝和一众大臣到许县，建为许都（后改为许昌），改年号为建安。献帝任命曹操为大将军，封武平侯，曹操从此开始总揽朝政，开始其“挟天子以令诸侯”的新局面。

武力扫平割据势力

自建安元年曹操奉献帝移都许昌，到建安五年（200年）其与袁绍进行官渡之战，是曹操势力迅猛扩张的时期。总的来说，他的策略是对势力大的袁绍虚与委蛇，尽力维持表面友好，对周围的割据势力则远交近攻、先弱后强、逐个击破。其间虽然有胜败的反复，但策略的实施是很成功的。

大体而言，从初平二年到建安五年的10年间，黄河以南是一种大小割据势力相互讨伐、混战的局面。曹操以钟繇稳住关中最有势力的马腾和韩遂，然后逐一扫平了据宛城（今河南省南阳市）的张绣、徐州的陶谦和吕布、淮南的袁术、新占徐州的刘备等。如此，曹操雄踞河南，成为黄河以南现存割据势力中最有能力直接面对及抗衡袁绍的力量。

在东汉末群雄中，曹操无疑是最出色的军事家和谋略家。即使在马不停蹄地以武力角逐天下的同时，也表现出其政治家的眼光。在许都的几年，他在中央朝廷强化自身实力，推动了不少有效的政策和部署，在政治上的远略也非其他群雄可以比拟。大名士许劭（字子将）评说他“子治世之能臣，乱世之奸雄”，真是有知人之明。即使在乱世，曹操也是集“奸雄”和“能臣”于一体的人物。在许都推行的政策和措施中，有几项对曹操实力和势力的壮大，起到了很关键的作用。

率先屯田稳定社会

首先是屯田。建安元年，为解决军队缺粮问题，曹操接受了羽林监枣祗和骑都尉韩浩的献策，在许下（今河南省许昌市）募民屯田，并任命任峻为典农中郎将。

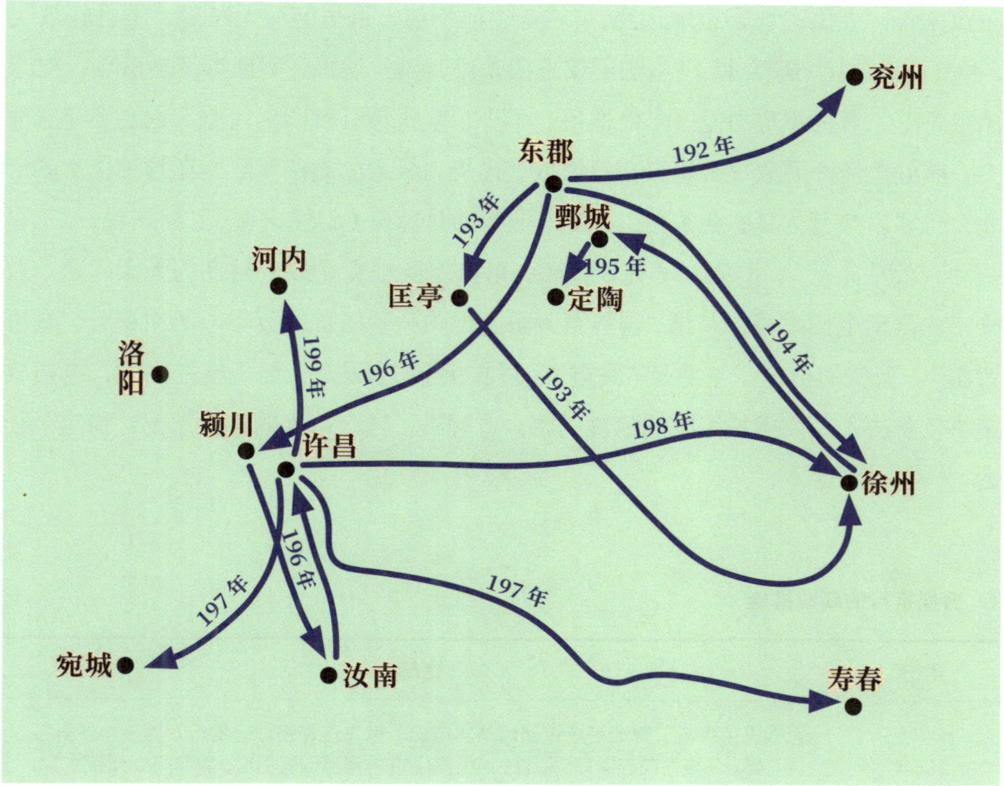

⊙ 曹操征战路线示意图

192年 黑山军肆虐兖州斩刺史刘岱，曹操趁机入主兖州，并逼降近30万黄巾余部，收其精锐组建“青州兵”

193年 宛城袁术移驻封丘，与同盟公孙瓒南北夹击曹操与袁绍。曹操率部下在匡亭大败之，袁术退据寿春自称扬州牧。同年，徐州牧陶谦乘乱北上袭扰兖州南部，曹操反击夺徐州十余城

194年 曹操父亲曹嵩途经徐州境被杀，曹操举兵复仇，杀戮徐州众城。同年，曹操的杀戮引起后方不满，留守的官员迎吕布入主兖州。曹操回击，因蝗灾罢战，只剩鄄城可守

195年 曹操数战吕布，最终在定陶设伏，步骑夹击，吕布溃散逃往徐州，曹操重新夺回兖州。

196年 曹操进军豫州，平定颍川、汝南、许县等地黄巾，豫州遂定。十月，曹操迎奉汉献帝，都许昌

197年 曹操为消除宛城的肘腋之患，于淯水、舞阳、湖阳、舞荫及穰城，数战张绣及刘表。同年，袁术僭越称帝，曹操攻击寿春，袁术南逃淮南

198年 袁术联合徐州吕布抗曹，曹操围击吕布，最终斩之，徐州遂定

199年 曹操派军击破张杨旧部眭固，取得河内郡，把势力范围扩张到黄河以北。同年，曹操再次招降了张绣，解决了官渡之战前的后患。同年，曹操命刘备截击北上的袁术，袁术最终败亡。刘备乘机斩杀车胄，再次占据徐州

200年 曹操乘刘备立足未稳，闪击徐州，刘备战败而逃

东汉末年，人民逃亡，土地荒弃，“名都空而不居，百里绝而无民者，不可胜数”。（仲长统《昌言·理乱篇》）全国不仅农田荒废，饿殍遍野，军队亦严重缺粮。对于储粮备草，各拥军势力无一年的准备。不少军队饥饿时就四出寇略，饱食则弃之而去，四处漂流，无敌攻击也会自行溃散。连势力最大的袁绍军队，在号称饶富的河北，也要以桑葚为食；袁术在江、淮，取给的是蒲蠃（蚌蛤之属）。俗语说，“三军未动，粮草先行”，要强兵必先要饱食，解决军队粮食是战争时期的天大问题。曹操率先推动屯田政策，结果“得谷百万斛。郡国列置田官，数年中所在积粟，仓廪皆满”。曹操的屯田，主要是“民屯”，后扩大到“军屯”，但规模并不大，屯田政策不仅解决了长期困扰军队的粮食问题，也解决了辖下百姓的生存需要，稳定了社会，一举而两得。

⊙ **曹操推行的新政措施**

年份	措施
196年	曹操采用枣祗、韩浩等建议开始落实屯田。首先在许都地区推行，第一年便得谷百万斛。任峻为典农中郎将，督领屯田事，在各州郡例置田官，数年间令仓库充实。加强中央集权，安排亲信文武大员占据朝廷重要职位
199年	采纳卫觊的建议，恢复盐官和食盐专卖，利用卖盐得到的钱买耕牛供给百姓，同时，嘉奖重农的官吏
200年	制定田租、户调、收租税绵绢的制度，由河南地区推广至统治全域，额定户调的额度
201年	曹操自谯至浚仪，亲自督治睢阳渠，以利屯田
203年	发布《修学令》，令郡国各修文学，于满500户的县，置校官，推行教育
204年	颁布《蠲河北租赋令》，免除河北一年租赋。颁布《收田租令》（又名《抑兼并令》），抑制兼并，禁止豪强转嫁租赋予百姓，要求各地长官检查
205年	颁布《整齐风俗令》，打击政治上的不法行为，禁止复仇和厚葬等
206年	颁布《求言令》，鼓励官吏提出建设性意见，且优奖嘉谋
207年	颁布《封功臣令》，评赏谋臣与武将，强调谋臣贤士夫的作用
208年	颁布《存恤吏士家室令》，存恤抚慰赤壁战中的死难吏士家室

新政策回应社会需要

其次是加强中央集权。曹操安排了亲信文武大员占据朝廷要职：荀彧为侍中，守尚书令；程昱为尚书、东中郎将，领兖州事；满宠为许都令；董昭为河南尹，兼洛阳令；毛玠为东曹掾，掌管选举；夏侯惇、夏侯渊、曹洪、曹仁、乐进、李典、吕虔、于禁、徐晃和典韦等，分别为将军、中郎将、校尉、都尉等，掌控军队。曹操以此控制了朝廷中央，有力行使和推动"挟天子以令诸侯"的各种政策和措施，同时在许都以自己为中心形成完整的权力中心。到了邺城，曹魏更成为真实的朝廷了。

在经济方面，曹操也实行了几项重要措施。在河北地区，将人头税改为按户征税，减轻农民负担；打击豪强土地兼并和赋税的转嫁；招揽、扶持各地流民回乡务

五铢钱

汉武帝于公元前113年开始铸造五铢钱。其造型为圆形方孔，重约四克，一面有小篆书写五铢，四周有廓，钱形整齐，铸工精细，颜色为红色。五铢钱是由汉武帝起至隋代的标准统一的合法货币，流通了六七百年之久，促进了汉代之后的经济发展，亦是中国货币发展史上的里程碑。

董卓五铢钱

董卓在长安时，破坏了铜人和钟虡（音同"巨"），再破坏现行使用的五铢钱，改铸更薄细的小钱，大小只得五分，无文字章号，内无轮廓，也不打磨，粗糙之极。这一举动令流通的这些五铢钱不值钱而物价愈发高昂，至谷一斛要数十万钱。（河南南阳博物馆藏）

汉魏五铢钱

俗语说"一个钱掰成两半花"就源于此。原本足重的五铢钱，让人剪成两半，大小和重量与董卓的小钱这样的劣币相当。内侧方孔称为"剪边五铢钱"（左），而外侧圆环则称"剪环五铢钱"（右）。

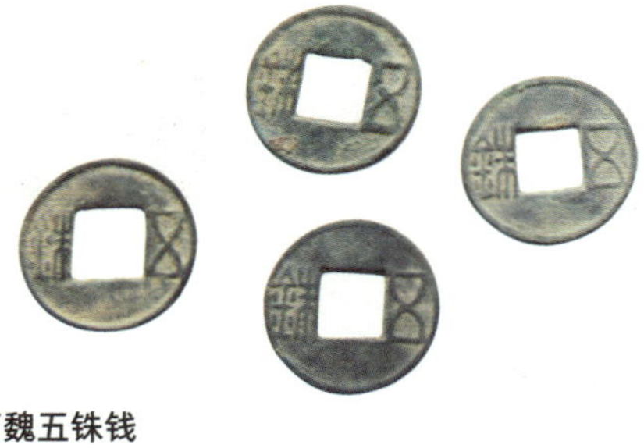

曹魏五铢钱

曹操时用五铢钱，质量比小钱优胜，并有足够空间铸字。

衣，开垦荒地，恢复生产。在社会政治方面，建安十年（205年）颁布《整齐风俗令》，打击不法行为，禁止违法复仇，禁止厚葬。教育上颁《修学令》，置学官。另颁《论吏士行能令》，以法治军，加强军队管理。建安十二年（207年）下《封功臣令》，祭祠阵亡将士等，以安抚人心。由此可见，曹操能适时所需，推行众多新政策，政策的考虑也周延而长远，若非政治家如何能做得到？

曹氏宗族与墓群

曹腾墓
谯县董园的曹腾墓规模宏大，墓的外形是一个大土丘，封土有7米高。

曹腾是曹操的祖父，曹嵩是曹操的父亲，曹嵩是曹腾的养子。曹腾早岁入宫当宦官，历事安帝、顺帝、冲帝、质帝和桓帝五个皇帝，历时30多年。因“年少谨厚”被选为皇太子刘保的陪读，顺帝即位迁中常侍。梁太后和梁冀迎立桓帝，曹腾参与其事有功，封费亭侯，曹操后曾袭此爵位。

曹氏家族自曹腾发迹之后便家世显赫，曹氏宗族的庞大墓群及出土文物也显示了这一点。墓群位于亳州古城南10公里，亳州市魏武大道北端路西董园。其中董园的一、二号墓葬分别是曹嵩和曹腾的墓葬，一号是大型砖室墓；二号是大型石结构墓室，墓的外形是一个大土丘，经历1800多年，封土仍有7米高。曹腾墓规模宏大，出土文物丰富，包括了银缕玉衣和铜缕玉衣等，墓内的壁画及彩绘、雕刻精美。

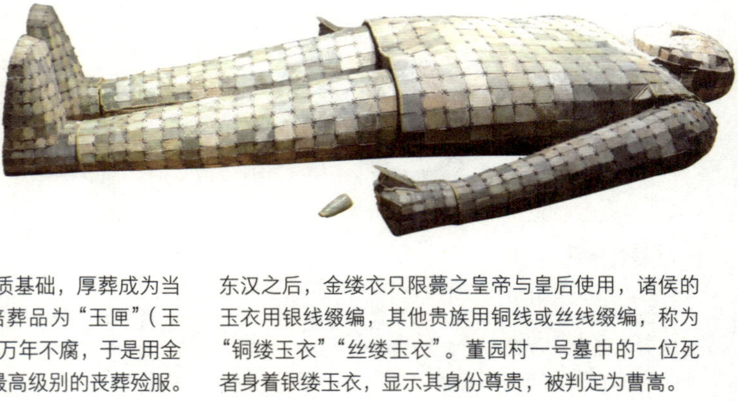

曹嵩墓银缕玉衣
两汉国力的强盛提供了雄厚的物质基础，厚葬成为当时的社会风气。其中最奢华的陪葬品为“玉匣”（玉衣）。古人认为用玉裹身可保身体万年不腐，于是用金丝和玉片串接成的玉衣成为当时最高级别的丧葬殓服。东汉之后，金缕衣只限薨之皇帝与皇后使用，诸侯的玉衣用银线缀编，其他贵族用铜线或丝线缀编，称为“铜缕玉衣”“丝缕玉衣”。董园村一号墓中的一位死者身着银缕玉衣，显示其身份尊贵，被判定为曹嵩。

⊙ 曹氏世系表

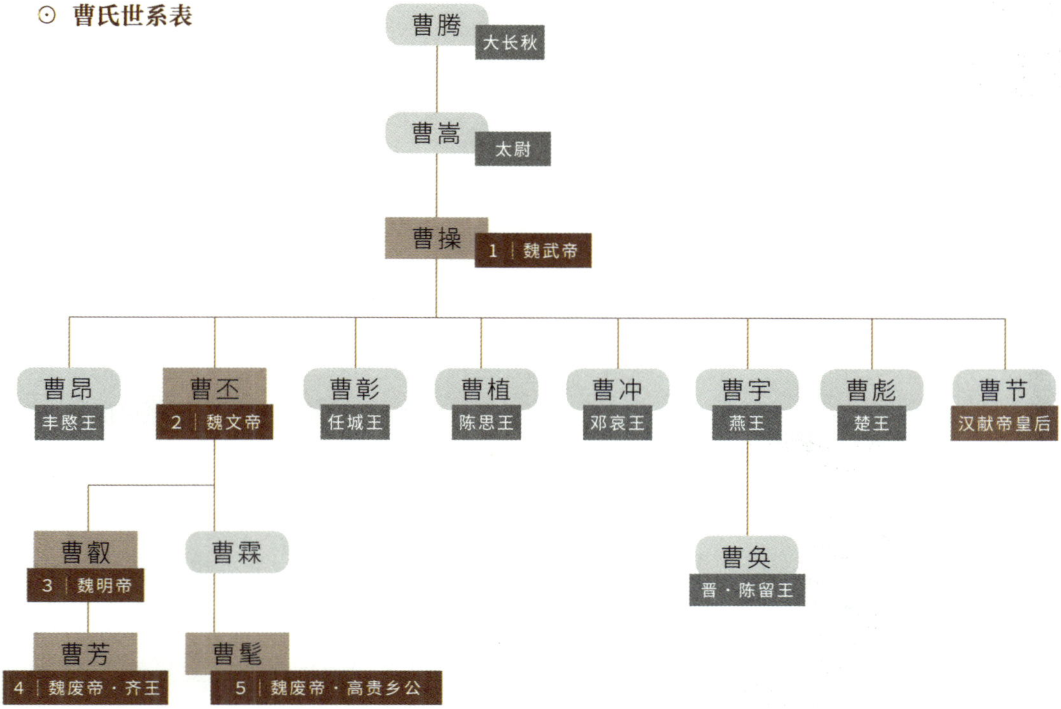

曹操故里亳州

亳州是历史文化名城，位于安徽省西北部，自商汤都于亳，距今已有3800年作为都邑的历史，谯县是今亳州市下辖的一个区。

秦末陈胜、吴广起义，及汉高祖刘邦提剑斩蛇起义，都在亳州。西汉时，亳州隶属豫州沛郡，东汉时改为沛国。东汉时，全国改十三州为十二州，豫州刺史部置于谯。魏武曹操时置谯为谯郡，魏文帝曹丕在黄初二年（221年）诏以谯县为曹魏“五都”之一。亳州与曹操和三国相关的遗迹不少，现存的古建筑有亳州城，位于亳州市谯城区，跨涡河（淮河的支流）两岸。（参考中村圭尔、辛德勇《中日古代城市研究》；周长山《汉代城市研究》；任晓民《亳州名城名胜》；王玉国、李德柱《三国名城镇江》；龚学孺《三国遗迹探秘》）

亳州郊外的农田

亳州位于富饶的中原地区。其地处平原，水运便利，经济发达。

专题05 汉献帝与许昌

在献帝东返洛阳时，袁绍谋臣沮授就劝袁绍迎献帝定都于邺，并分析其中的意义，认为除了可维持袁家“累叶辅弼，世济忠义”的声誉，更可借此“挟天子而令诸侯，畜士马以讨不庭，谁能御之”。(《三国志·袁绍传》)故此，人们多说“挟天子以令诸侯”。《三国志·武帝纪》也说另一谋士“田丰使绍早袭许，若挟天子以令诸侯，四海可指麾而定”。但是袁绍另外的两位谋士郭图和淳于琼却持不同意见，谓“秦失其鹿，先得者王”，何必奉挟献帝？这种说法，正中袁绍已有的取汉而代之的私心。谋臣沮授进而指出，袁绍“若不早图，必有先人者也”，这位先人者就是曹操。

曹操首要谋士荀彧劝曹操迎献帝，“奉主上以从民望”，是“大顺”，是“大德”，荀彧或真心希望曹操复兴汉室。其实之前的董卓和西凉将领，早已假奉天子之名而号令天下

汉献帝刘协雕像
（河南许昌博物馆藏）

了。曹操迎献帝于许都，主政朝廷，自此便“挟天子以令诸侯”，这对其日后的益处是明显而巨大的。自此，曹操无论是任命中央和地方官员，还是出军讨伐，都假朝廷名义“公器私用”，并且能站在政治的道德高地。

在曹操与对手的对抗中，时有人以逆顺之大名义而投服曹氏。曹袁官渡之战，桓阶说张羡“夫举事而不本于义，未有不败者也。故齐桓率诸侯以尊周，晋文逐叔带以纳王”。袁灭公孙瓒，田豫向太守鲜于辅说：“终能定天下者，必曹氏也。宜速归命，无后祸期。”贾诩以曹操挟天子以令天下，劝张绣受降于曹操。傅巽游说新继任荆州牧的刘琮，谓“逆顺有大体”，使曹操不费吹灰之力就得到了荆州。孙吴面对曹操的来犯，议论就以为“曹公豺虎也，然托名汉相，挟天子以征四方，动以朝廷为辞，今日拒之，事更不顺”，周瑜只好直斥说“操虽托名汉相，其实汉贼也”。凡此等事例，皆曹操“挟天子以令诸侯”在政治上的作用。东汉末不少迁寓各地的人才北返归顺，如颍川的赵俨、杜袭、繁钦、王朗、钟繇，以及诸葛亮在荆州的好友，皆因循于汉官情结。

袁绍与韩馥谋废董卓所立的献帝，改立幽州牧刘虞，遭到曹操的拒绝。建安元年献帝东返，曹操遣曹洪西迎，为袁术将苌奴和卫将军

曹操许都跪迎献帝图（河南许昌博物馆藏） ❶ 轺车 ❷ 献帝 ❸ 曹操 ❹ 大臣 ❺ 随行军马队伍

董承所阻，不得进。夏六月献帝返回洛阳，曹操遂率军到洛阳，以保卫京师。曹操移汉献帝都于许县，许县成为东汉首都，改名许昌，自此挟天子以令诸侯，专擅朝政。刘备曾与国丈董承等欲诛杀曹操，建安五年春，事破，董承等皆伏诛。

建安元年到建安二十五年（196—220）长达25年的时间内，曹操在许昌“挟天子以令诸侯，修耕植，以蓄军资”，在此建皇城，立宗庙，招揽人才，兴水利，办屯田，定制度，练兵强军。所以许昌是曹操崛起的基地，也是其日后与蜀吴抗争的根据地。

许昌的汉魏细节

许昌位于河南省中原地区腹地颍河边上，古代属豫州颍川郡，旧城址在今河南许昌张潘镇古城村一带，此地周围留下不少汉末三国的遗迹，有曹操丞相府景福殿遗址、汉献帝祭天的毓秀台、汉魏都城遗址、曹丕篡汉的受禅台，有曹操军事上用的“藏兵洞地道”、民屯和运粮河，有伏后墓、董贵妃墓、马腾墓、华佗墓、王允墓，也有射鹿台、青梅亭、张辽城、邓艾庙、与关羽史迹有关的春秋楼和灞陵桥。据不完全统计，全国有500多处三国古迹，许昌就有80多处。无怪乎考古学家郭沫若说“闻听三国事，每欲到许昌”。（参考中国农业博物馆编《汉代农业画像砖石》）

今人在许昌复原建造的“曹丞相府”建筑之一赋诗楼（IC photo）

许昌故城四神柱础

出土于许昌张潘镇的四神柱础，是汉魏许昌故城宫殿建筑的一部分，也是宫殿柱下的底座。在中国传统砖木结构建筑中，柱础有防止建筑塌陷及防潮的功能。不同朝代柱础上的雕饰也不同。这件汉魏时期的四神柱础上雕有青龙、白虎、朱雀及玄武（龟蛇），分别代表东、西、南、北四个方位，也有辟邪的意义。

许昌故城的装饰瓦当

图中左上角为1987年出土于汉魏许昌故城遗址的“千秋万世”瓦当，中间刻有一只蟾蜍，以四肢将瓦当表面分为四区，饰有篆书“千秋万世”，寓意功业长久。其余则为当时常见的云纹瓦当。东汉至魏晋时期，洛阳、许昌等地的瓦当纹饰以云纹图案为主，学者对云纹图案瓦当的意义有不同看法。最合理的说法当是，中国古代建筑以木结构为主，容易起火，而云纹瓦当象征流动的水，寄寓了当时人们镇火祛灾、祈求太平、永受嘉福的愿望。

许昌东汉名医华佗墓

东汉名医华佗的墓位于许昌城北15公里苏桥镇石寨村南石梁河西岸，墓高4米，占地360平方米。前有清乾隆十七年（1752年）所立石碑。华佗（约145—208年），沛国谯（今安徽省亳州市谯城区）人。据说其精通内、外、儿、妇、针灸等科，特别擅长外科，在世界上首创手术麻醉药“麻沸散”。（IC photo）

专题06 广屯田促经济

建安元年曹操迎献帝，更听从枣祗的建议，责成韩浩和任峻推行了屯田制度，后者是一种很成功的经济措施。

推行“民屯”是曹操势力壮大的关键，同时其也推行了“军屯”。当时军队缺粮严重，曹操布置大部分军队在周围“修耕植以蓄军资”；此外，曹操还招募流民，编制成屯田军，垦荒屯田。这种既守备又从事生产的措施，称为“军屯”。

见在亳州和许昌推行屯田成功，曹操陆续将屯田制度推广到各地，结果不仅使各地有了足够的粮食，还减少了繁重的运输。后来征灭蜀汉的邓艾，在魏正始二年（241年）建议驻在淮南和淮北的5万魏兵推行军屯，开辟河渠，灌溉漕运，六七年间积蓄粮食可供10万人5年之用，是日后魏攻破孙吴的重要基础。现今许昌和颍川两县交界地区，有一处占地约3000亩、以土夯建成的城墙遗址，称张辽城，便是当时张辽主持兵屯的兵营。

⊙ **曹魏军制**

兵种		世兵制为主，征兵及募兵为辅：骑兵、步卒、水军
军队体制	中军	武卫营、中领营、中户营、中坚营、中垒营、越骑校尉营、屯骑校尉营、步兵校尉营、长水校尉营及射声校尉营
	外军	征东将军、征南将军、征西将军、征北将军、镇东将军、镇南将军、镇西将军及镇北将军
	州郡兵	州置州牧、郡置都尉
屯兵制	军户屯田	未服役的士卒及服役士卒家属的屯田，按分成交租，战时应服役顶补士卒即从军
	军队屯田	在营军士分班轮种，耕战结合，不缴税

⊙ 屯田编制

类别	主官	级别	编制	田租
民屯	大司农	中央	按军事编制，50 人一屯，在屯司马的指挥下从事农业生产	持官牛屯田者，官得其六，百姓四分。私牛屯官田者，与官中分
	典农中郎将	大郡国		
	典农校尉	小郡国		
	典农都尉	县		
	屯司马	屯		
军屯	度支尚书		5 里置一营，一营 60 个佃户，且耕且战	
	度支中郎将			
	度支校尉			
	度支都尉			

东汉的农耕技术

自史前至清代，农业一直是中国最重要的产业，以农立国也是几千年中国文明的主调。所以，农政以及对农田水利、耕作工具的改进，极受历代王朝和社会的重视。汉代是农业技术的大发展时期，尤其在铁器使用方面。以下展示的各种出土文物，反映了其时第一产业（如渔、牧、耕田及养蚕等方面）的工作面貌和状况。这些农作工具和农作形式，在20世纪八九十年代的中国农村尚可见到，只是大同小异。中国到21世纪才真正有了工业化的文明，农业几乎伴随着整个中国历史。（参考孙机《汉代物质文化资料图说（增订本）》、王洪震《汉代往事：汉画像石上的史诗》）

▶ 水利灌溉

➲ 龙骨水车
水车又称翻车，是一种灌溉工具。由毕岚在东汉灵帝时发明，三国时的马钧又对其进行了改良。翻车是由手柄、曲轴、齿轮链板等部件组成。最先以人力为动力，后扩展为利用牲畜力、水力和风力。其制作简便，提水效率高，被沿用到现在。（河南许昌博物馆藏）

牛耕细节

关于牛耕何时出现，民间说法不一，最早也许可追溯至春秋时代。汉代出土的画像石中有二牛一人耕、一牛一人耕等多种情况，犁的主体构件亦齐备，分别有短辕犁、带犁盘的犁、曲木下接犁铧等。

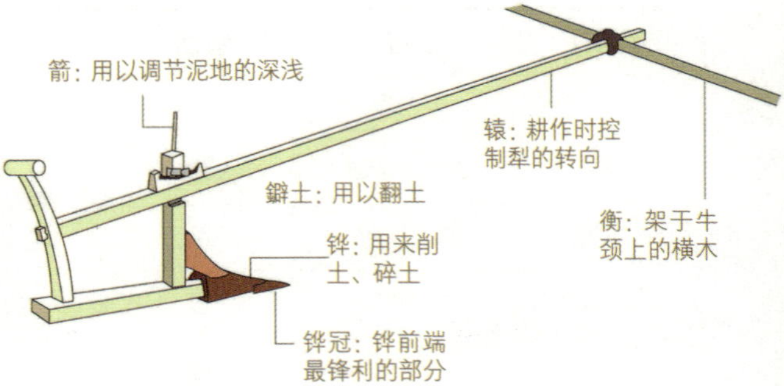

犁铧使用图

犁牛木雕明器

此木雕明器由一头木牛和一具木犁模型组成。木牛是牛犊，画有圆形牛鼻，牛鼻两孔间画了桊环，示意人们从牛鼻孔间打洞，穿以绳索或小木棍。（甘肃省博物馆藏）

❶ 桊环 ❷ 方形木犁

一人一牛耕地图

此画像砖出土于甘肃嘉峪关新城魏晋墓。

❶ 农民正驾驭带犁盘的牛

一人二牛耕地图

从此出土于甘肃嘉峪关新城魏晋墓的画像砖可见，来自中原的农耕技术已在河西地区有一定发展。20世纪八九十年代尚未普及机械化播种时，陕西渭水盆地及甘肃陇东黄土高原仍采用这种耕种方式。

❶ 农民驾二牛，二牛带枱扛式的犁

铁制农具与播种

在汉代，铁制农具在农业生产中已占有主导地位，值得注意的是与牛耕有关的铁犁铧的改进和广泛使用，这些工具不仅坚固耐用，还有助于提高生产效率。目前，中国广大地域都出土有汉代的铁犁铧及犁壁。

铁臿

铁臿又称耜铁铖，多为凹字形。可用来锄草及挖坑撒上种子，但不能翻土。（河南许昌博物馆藏）

铁犁镜

农民为犁装上犁镜后，更有利于翻土，提高作物产量。（河南许昌博物馆藏）

铁犁冠

铁犁冠常用在多沙石地区，对犁铧刃部起保护作用，可随时更换。（河南许昌博物馆藏）

铁铖

铁铖是一种用于起土、穿土及培土的工具，可以锄草及砍树。形状似斧头，前端锋利扁平，向后逐渐加厚。（河南许昌博物馆藏）

铁犁铧

出土的铁犁铧一般是中空的，前端部分较薄，向后逐渐加厚。小的铁犁铧可以犁熟地，较大的可开垦生荒地。（河南许昌博物馆藏）

东汉播种画像砖

农民通过牛和犁耕翻土，使土壤松软，有利于农作物生长。之后便播种，包括撒播、点播与条播三种。播下的种子出苗后，杂草亦生，农民用锄或钹去草。此出土于四川省成都市新都区的汉代画像石生动反映了上述生产程序。

❶ 农夫撒播 ❷❸ 农民用钹刈草

▶ 采摘、加工及饲养

采桑

中国是世界上最早饲养家蚕的国家。蚕丝是纺织品的原料，汉代已出产质地优良的蚕丝，养蚕业在黄河中下游地区最盛。饲养家蚕所用的饲料便来自桑树。此画像砖同样出土于甘肃嘉峪关新城魏晋墓，画中女子正手提篮子采撷桑叶、桑葚。男子为保护桑林，正弯弓射猎和驱赶雀鸟。

谷加工

收获后的粮食亦要进行去秕、脱壳及磨粉等加工工序，图中的陶米碓明器模型说明，汉代人们以足代手踏杠杆以举碓，工效提高。谷物被舂碓后，陶风车利用物理学原理制造风力吹走糠秕，借以取得精米。汉代石磨有磨粉用和磨浆用两种，目前发现的三国吴时期的青瓷磨及丁奉墓陶磨，估计是干磨形式，用作磨粉。

❶ 一人以足踏杠杆的形式举碓，进行谷加工

❷ 一人摇动风扇车吹走糠秕

青瓷磨

扬场

此画像砖出土于甘肃嘉峪关新城魏晋墓，从中可见农夫正将禾穗上碾下来的谷粒铲起，扬到空中，借风力把尘土和碎芒壳等吹掉，这一生产行为被称为“扬场”。农夫周围还有饲养的家禽。

养猪

从汉墓出土的陶猪圈明器可见当时养猪颇为普遍，最特别的是猪圈被置于居家厕所旁边，旨在收集人畜排泄物，用作耕种肥料。这种方法在中国传统农村一直存在，已行之千年。

❶❸ 居家厕所　❷❹ 猪圈

青瓷碓

三国时期
发生了数百场大小战役，
尤以官渡之战及赤壁之战
为以谋取胜的经典。

右图：出土于甘肃省武威市雷台汉墓的铜骑士俑（甘肃省博物馆藏）

第二章 转折之战

第一节 官渡之战 曹袁易势

发生在建安五年（200年）的“官渡之战”，是三国时期一场关乎袁绍、曹操两强兴衰，甚至是成败存亡的战役。官渡之战也是中国历史上“以弱胜强，以少胜多”，并以谋略取胜的经典战役。这场战役从部署到作战，过程起伏跌宕，智计频出。对后世来说，这场战役最有价值的地方在于，其充分演绎了政治和军事领袖的能力高下、质素优劣、智略长短是如何关系到团体的生死存亡，也透露了优秀领袖千古不易的质素所在。

官渡之战前哨战开锣

曹操与袁绍自青年时期已交往甚密，政治上也属同路人。自出走关东、讨伐董卓开始，曹操一直依附于袁绍。随着双方势力的扩展，两人之间的矛盾也愈来愈显露。官渡之战前，因为袁绍势力的强大，曹操即使“挟天子以令诸侯”，把持了朝廷，但仍不得不对袁绍虚与委蛇。为了不招惹袁绍更大的不满，曹操甚至让出大将军之位给袁绍，缓和两人之间的敌对气氛。袁绍早有取刘氏天下而代之的野心，要达成他的野心，势力正日益膨胀的曹操，就成了他最大的拦路虎。因而袁绍积极部署南下，想要进攻许都，一举击溃曹操。建安五年正月，袁绍发檄讨伐曹操[1]，正式向曹操宣战，两位昔日好友兼同盟公开摊牌。

袁绍的军事部署，先是以新归附的刘备屯守徐州，南面则联合荆州牧刘表，以

[1] 由陈琳撰写的《为袁绍檄豫州》是三国时代的著名檄文。《三国演义》甚至演绎说，正为头风痛楚不堪的曹操听了这篇檄文，连头痛都痊愈了。

期形成南北夹击的态势。深谙军事的曹操，在袁氏进行各种军事部署的时候，便乘隙以迅雷不及掩耳之势，出兵攻打徐州牧刘备。刘备一方面猝不及防，另一方面新领管治徐州，尚未掌控军民人心，很快为曹军所攻破。这是曹、袁官渡之战的预备战。曹操攻破刘备后，消除了来自东南地区的后顾之忧。

面对袁绍大军压境、箭在弦上的军事决战，曹操也做出了相应的军事部署。以卫觊镇抚关中，以魏种为河内太守，防范袁军从西面进犯。再派臧霸从徐州北出青州，在东边钳制袁军。大将于禁屯兵黄河渡口的延津（今河南省延津县），刘延把守延津东边的白马（今河南省滑县东），程昱守白马东边的鄄城。曹操自己率领主力部队驻守于官渡，正面对抗袁绍，强化许都北部的防守。

当年二月袁绍率兵10万，驻扎在黄河北岸的黎阳（今河北省浚县东北），作为前线军事的指挥部，并派遣手下大将颜良，攻击曹操

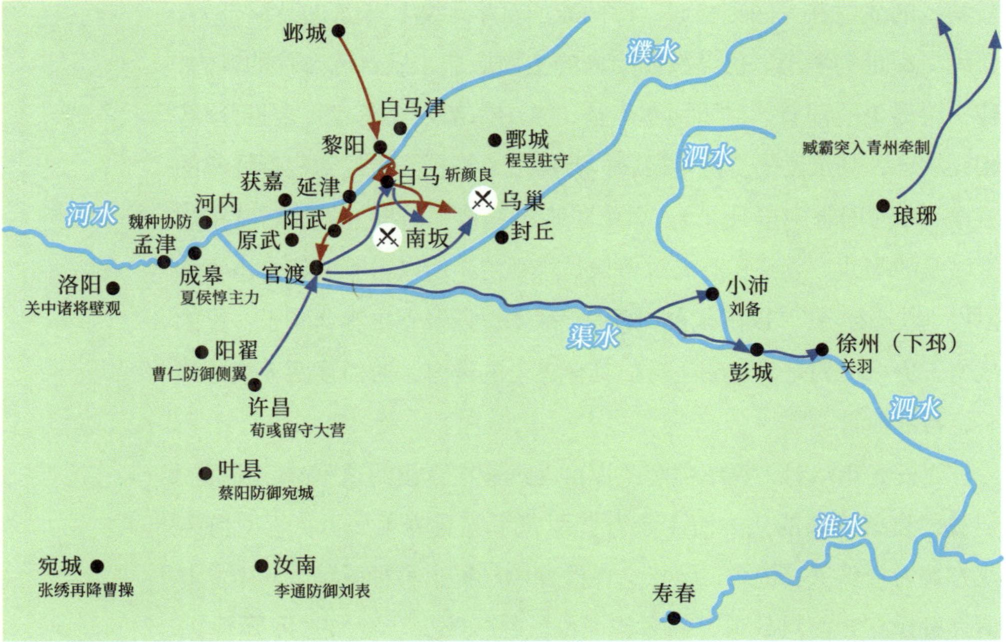

⊙ 官渡之战路线示意图

曹军　袁军

的将军刘延于白马。另派大将文丑，阻击由白马退军的曹操。曹操采用谋士荀攸的建议，以曹军“兵少不敌，分其势乃可”的战术，虚张声势，率兵直趋延津，假装由此渡河，抄袭袁军的后路。其真正目的是引诱袁绍分兵西来应战，然后集中兵力迅速进攻白马的袁军。这个战术很奏效，一下大败因始料不及而仓促应战的袁军。关羽斩杀了袁绍手下的大将颜良，遂解白马之围。曹操于白马之役取胜并向西撤退时，袁绍在黎阳派兵渡河截击曹军。曹操在延津之南，又施计在中途弃置辎重以饵敌，打乱袁军阵势，再行突击，大败袁军的刘备和文丑，最后击杀了大将文丑。

袁绍自满，弃用消耗战术

白马和延津两场战役，可视为官渡之战的前哨战。曹操取得两场前哨战的胜利，挫了兵强势大的袁绍的锐气，但袁绍对预备战和两场前哨战的战败并无深刻检讨，对两方的军事形势和未来的战略部署，也无更深远的考虑，仍然按照原来的主观愿望，以自己占优的实力，作一决雌雄的部署。对于两军形势，袁绍内部众谋士意见愈见分歧，相互攻讦，甚至诬陷。前哨战后，曹操迅速把军队撤退到靠近许都的官渡（今河南省中牟县北）。袁绍军队尾随曹军而推进，最后驻军邻近官渡的阳武。袁绍在心底对曹操是轻视的，所以未听取谋士田丰和沮授“以逸待劳”“以围代攻”的消耗战术，以及不求胜负毕于一役的战略。更可惜的是，袁绍还听信其他谋士的谗言，对前述两人或囚或杀，自乱阵脚。

建安五年八月，袁绍由阳武挥军以进迫在官渡的曹军。《三国志》记载，袁绍集结的兵力有十余万，而曹军的兵力不到万人。对陈寿双方兵力悬殊这一记载，裴松之在注释中已提出种种质疑。其中主要谓，曹操在官渡对战前，经多年征伐，胜多败少，增加的兵员不少，断不可能只出兵不到万人。尤其是大破青州黄巾，受降于曹操的兵卒

官渡之战袁曹综合实力比较

一、经济实力

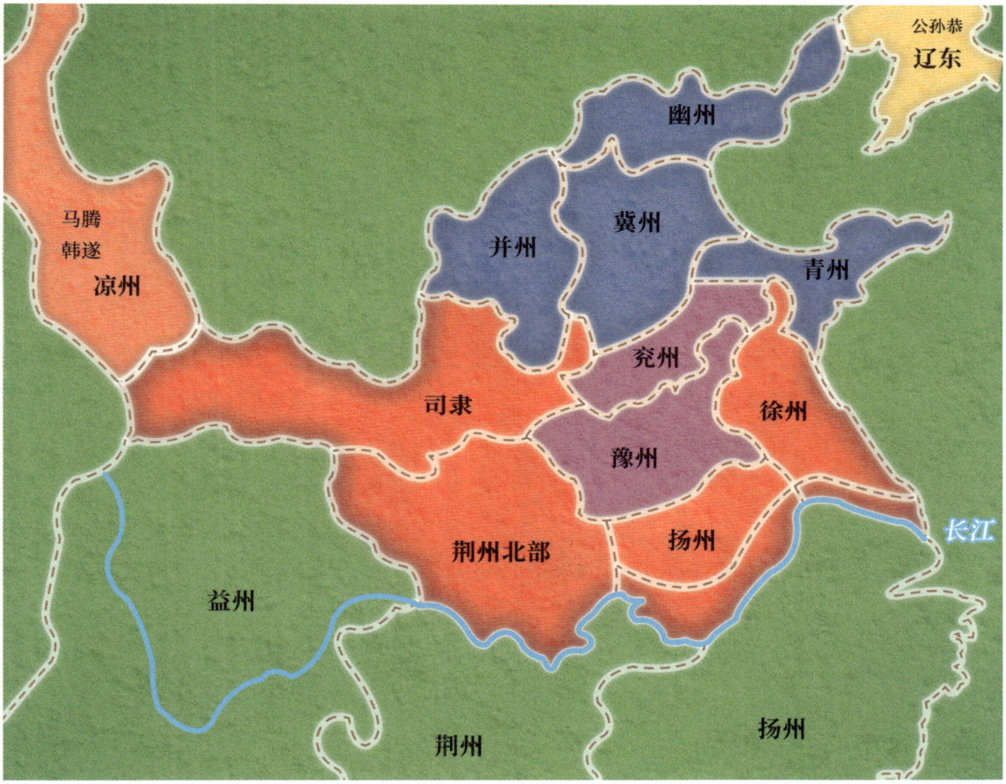

⊙ 官渡之战袁曹控制范围示意图

袁绍		冀州、青州、并州、幽州 合计 4 州	袁绍囤粮于邺城，邺城周围为产粮地，水源充沛；军粮储备较多
曹操		兖州、豫州 合计 2 州	曹操囤粮于许昌，许昌远离战场，运送粮草困难，囤粮较少

二、军事实力

袁绍	10 万兵力
曹操	3 万兵力

三、政治实力

个人能力

能力项	袁绍	曹操
度量	刚愎自用，表面宽待人才，实则嫉忌人才	从善如流，开明豁达，用人不拘一格，手下能发挥所长
谋略	善恶不分，优柔寡断	明辨是非，当机立断
驭人	军纪松懈，内部争权夺利，难以驾驭下属	善于驾驭下属，明辨众人建言的是非和优劣，军纪严明
修养	以世家大族为凭借，招揽的多为沽名钓誉之徒	真诚待人，不重表面以及地位，有真实本领的人都愿意效命

组织力

袁绍军队构成

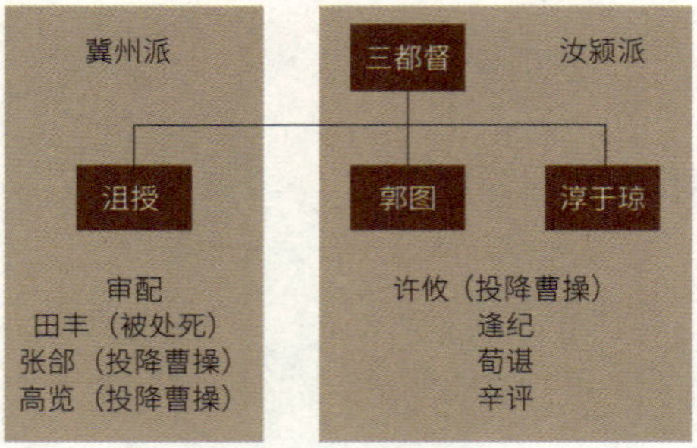

曹操军队构成

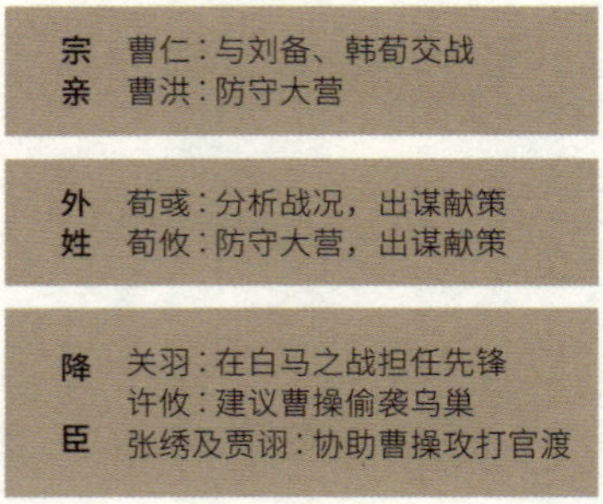

战术运用

战役	袁绍	曹操
白马之战	不听沮授劝阻，执意以颜良为主帅。中了曹操调虎离山之计，分散兵力应战	听从荀攸建议，假装从延津北渡河抄袭袁绍军后路，引诱袁绍分散兵力应战，然后集中兵力抄袭白马外围的袁军
延津之战	中了曹操的饵敌之计，自乱阵脚	听从荀攸的建议，以白马辎重为饵，使袁军自乱阵脚
官渡之战	派遣刘备及韩荀扰乱曹操后方，被曹仁击破。在曹军偷袭乌巢时，以重兵攻打曹营，只分轻兵援救乌巢	撤退至官渡，缩短防线及补给线；听从降臣许攸的建议，偷袭乌巢

四、官渡之战结果

曹操前后坑杀袁绍军队 8 万人，袁绍与袁谭等率领八百骑渡河至黎阳，回邺城。曹操在此役中取胜，奠定了统一北方的基础达30万，他从中选出精壮，编为“青州兵”，兵员和军事实力已陡增。在官渡的战阵布置，袁绍军屯营东西数十里，曹操军结营以相持，这不是之前的奇兵突击，而是双方列阵对抗。阵前，双方也多次发生攻防战，一来一往，所谓“兵来将挡，水来土掩”，曹操断不可能以不足万兵对阵10万袁军。所以，估计曹军人数至少有3万以上。（参见《三国志·武帝纪》《三国志·荀彧传》《三国志·郭嘉传》）尽管袁、曹军力并非如此悬殊，也不能否定一个事实：无论是兵力、粮草还是装备，袁军都是远胜于曹军的。

曹操重用谋臣献计

从八月到十月，袁、曹两军在官渡各自屯营陈兵对峙两三个月。从整体的军事形势而言，袁军采取的是攻势，曹军处于守势。在双方的战斗攻防中，两军频频变阵对垒。两方军力众寡不同，粮草丰薄有别，且显然形势于曹操不利。后来的历史记录为曹魏隐讳，不完全真实反映其间过程。与袁军对峙期间，曹操的内部和辖下地区，也呈现不稳状况。曹操处于内外交困的局面，担心支撑不下去，曾有撤退返回许都的打算。但谋士荀彧现身劝勉，并反复分析说，阵前如先行撤退，军事形势会更为不利。因为荀彧的规劝，曹操才坚定了对抗下去的决心。

战前，面对与袁绍不可避免的军事冲突，曹方最重要的谋臣荀彧与年轻谋士郭嘉，都曾向曹操陈述对他和袁绍才具和秉性的比较，分别提出曹、袁之间有“四胜四败”和“十胜十败”的优劣。他们主要从曹、袁两人的度量、谋略、指挥能力和用人气量等方面做出比较。荀彧与郭嘉会有如此相近的看法，显然是对曹、袁有共同的了解。荀彧与郭嘉，都曾先仕于袁绍而后归附曹操，都对袁绍的为人和行事有近距离的接触，他们最后舍弃实力强大的袁绍，归属实力相对薄弱的曹操，相信是基于对曹、袁两人的较深了解。

荀彧归附袁绍，袁绍“待彧以上宾之礼”，但荀彧“度绍终不能成大事”而离去。郭嘉北往见到袁绍后，和袁绍重要的谋臣辛评、郭图讨论，说“袁公徒欲效周公之下士，而未知用人之机。多端寡要，好谋无决，欲与共济天下大难，定霸王之业，难矣”。可见荀、郭不仅有智略，更有知人之明。知人者智，有智慧的能人，才能穿透表象，从一时的强弱中择人而事。在军事形势不利的情况下，荀彧和郭嘉会考虑双方主帅才具的优劣，以此预计对阵效果。谋士者，须善于从多方面考虑问题，得出结论。

领袖与辅臣相辅相成

曹军和袁军在官渡展开战斗的过程中，也不断因应战情，频频在战术上做出调整。

到了十月，袁绍以数千辆运粮车输粮到官渡，荀攸献策于曹操，派徐晃等人在途中截击，大破袁军且焚毁其辎重。稍后，袁绍再从河北运粮万车，由大将淳于琼领兵万人护送。运粮军在离袁军大本营以北40里的乌巢（今河南省延津县内）宿营，刚刚从袁绍处叛降曹操的谋士许攸，献计于曹操，建议其袭取袁军的粮草。曹操采纳此计，并亲自率领精锐步骑，假扮成袁军，夜袭袁军大营，与袁绍押粮大将淳于琼在营前对峙。而袁绍不听手下大将张郃及高览引军救淳于琼的建议，反派重兵去直接攻击曹操在官渡的大本营。曹军得以集中兵力，攻克淳于琼军，烧毁袁军的粮草。张郃及高览恐遭谗谮而降于曹操。到此，袁军败局已定，消息传来，袁军全军大溃。袁绍和儿子袁谭逃回河北，官渡之战结束。

官渡之战曹胜袁败。曹操作为主帅确有过人的军事才能和谋略，战术上敢于用“奇兵”，能亲自率军，勇于冒险犯难。充分听取谋士荀彧、郭嘉、荀攸、许攸等人的出谋献策，也表现了曹操在官渡之战中从善如流、善于裁决的领袖特质。所以“官渡之战”曹方胜利，领袖的优秀与辅臣的智慧相辅相成是关键。在官渡之战中，曹操和袁绍表现出来的领导素质与决策水平的高低，可作为现代管治者的上佳教材。经过官渡之战，曹操取代了袁绍，成为割据势力中的最强者。

专题07 兵种与武器

先秦时期的战争，以战车兵为主力。但到了汉代，作战的方式、军队的主力兵种，以至兵器的装置和材质，都起了翻天覆地的变化。

西汉时，骑兵已经取代战车兵，成为主力兵种；新的铜铁兵器和防护装具，取代了青铜器。如此军器武备和兵种的大改变，是受西汉武帝与匈奴进行长期且大规模战争的影响。三国时期，武器仍然是铜铁并用。（参考杨泓《中国汉唐考古学九讲》）

营垒图

甘肃嘉峪关的魏晋墓壁画描绘了当时军队屯兵驻守的大规模场面，有庞大的营垒及营帐，还有旗幡飘扬。（刘炜提供）

❶ 牙旗 ❷ 牙门：牙旗耸立在两边，形成军门 ❸ 牙帐：古代将帅所居的营帐 ❹ 主将 ❺ 戟和盾 ❻ 兵帐

步兵列队图

此为甘肃嘉峪关的魏晋墓壁画，图中有一群雄赳赳的步兵昂首阔步外出巡游，长官沿着中道骑马，前有持剑士兵引路。此图生动描绘出声势显赫的威武之师，仿佛把人们带到叱咤风云、金戈铁马的战场。（刘炜提供）

❶ 持剑士兵引路

❷ 主帅

❸ 头戴铁盔、身穿铠甲、手握长戟及盾牌的步兵

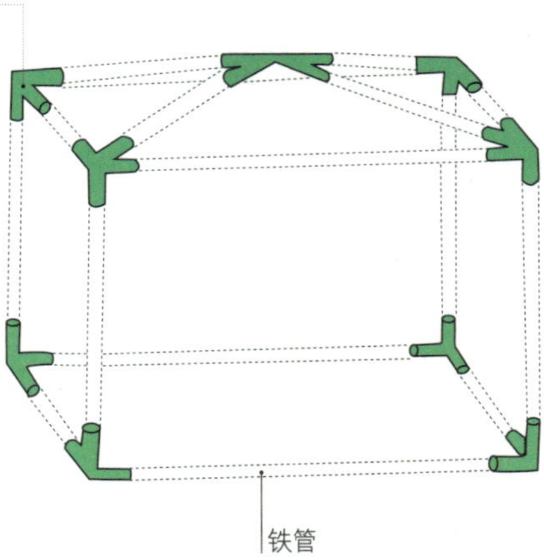

主帅府帷帐

帐构是帐幕的构件，用以支撑整个帐幕的帐架顶端及四角周边安装的金属件。先秦时以青铜铸制，汉以后出现铁制品。营帐是拆卸组合而成，便于行军。（安徽马鞍山市博物馆藏）

❶ 曲形凭几　❷ 榻　❸ 帐构

（1）步兵升级

自先秦起，步兵一直是冷兵器时期作战中很重要的兵种。汉代时步兵的防御装备有新发展，士兵已穿铁甲作战，取代以往的皮甲。

彩绘陶甲俑
此俑伫立作守卫状。（陕西咸阳博物院藏）（刘炜提供）

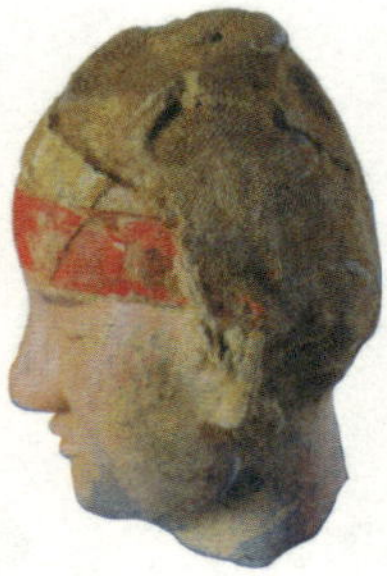

彩绘陶武士俑头像
出土士兵的头像精神奕奕。（刘炜及王保平提供）

彩绘陶执盾士兵俑
士兵俑所持的盾，也称干及牌，是古代战争中重要的防护装备。盾可用于实战，也是重要的礼仪用品及舞蹈道具。一般的盾长不过3尺，多为长方形或梯形，也有圆形，背面有握持把手；多由木、藤、竹制作，有的蒙以生牛皮，表面涂漆，并绘有龙虎、神怪、鸟兽花纹等。大型的盾又称旁牌，作战时可以连锁排列，形成一条防线。（陕西咸阳博物院藏）（刘炜提供）

红陶武士俑

图为四川东乐山崖墓的陪葬武士俑。东汉贵族庄园的家兵会在春秋农闲时训练射击。他们日常负责巡逻和保卫，农忙时又是劳动主力。（四川乐山市博物馆藏）（刘炜提供）

头饰绾成圆形，发髻垂于脑后

黑色镫甲

盾面为红底黑色几何纹彩绘

右手半握拳，似持长柄兵器

膝下裤筒裹在绑腿内

持矛战士像

三国时期士兵流行裲裆甲，由胸甲、背甲和腿裙组成，胸甲和背甲两侧并不相连。甲由铁甲片编缀，也有用整块皮制成，腿裙则是皮制。（河南许昌博物馆藏）

（2）骑兵崛起

在中国古代的冷兵器时期，骑兵在秦汉以后逐渐取代战车兵成为重要兵种。骑兵在广阔的平原驰骋，冲锋陷阵，仿似现代的坦克所向披靡，是步兵的克星。由于北方多平原，有利骑兵运作，故曹操、袁绍及公孙瓒等北方群雄统辖军队，多有骑兵和强弩等混合兵种。

铜骑士俑
左右铜骑士俑皆出土于甘肃省武威市雷台汉墓，由骑士、马、鞍、手中武器等几部分组成。说明当时的骑士需掌握高超的技术，攻击的同时也要控制马匹。当时还未发明马镫。（刘炜提供）

釉陶骑马武士俑

一武士骑马，身穿广袖长衣，双臂举起，呈射箭状。马双耳竖立，昂首长嘶，长尾翘起。（河南博物院藏）（刘炜提供）

彩绘陶骑马武士俑

一武士骑马目视前方，系巾帻，身穿红白色短战衣，形象威武雄健。马身躯矫健，四腿直立于地。（陕西历史博物馆藏）（刘炜提供）

（3）汉魏常见兵器

汉魏时期，步兵及骑兵常持用尖锐的长兵器如戈、矛、戟等刺杀敌人，弩和抛石机这类远程攻击性武器也在战争中得到运用。

铁戟

图中铁戟现藏于湖北鄂州博物馆。“戟”这种武器，是一种矛戈结合的兵器，在中国出现很早。自先秦到秦汉魏晋，都是军队中的重要格斗武器。受《三国演义》“辕门射戟”情节的影响，人们都以为名将吕布惯用的武器是戟。在汉代，戟是普遍使用的兵器，辕门的守卫士兵一般持戟，所以吕布选用了射戟。历史记载吕布使用的武器，是矛非戟；三国战将中，使用戟的是典韦和张辽。（参考杨泓、李力《中国古兵器二十讲》）

铁矛

矛是最常用的长兵器，下端呈尖锋状，属格斗利器，士兵用此直刺可杀伤敌人；装上短柄可以投掷，俗称标枪或投枪。（湖北鄂州博物馆藏）（刘集民提供）

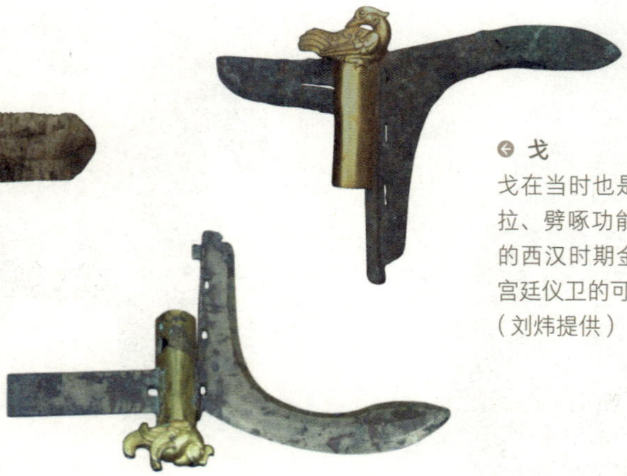

戈

戈在当时也是常见带柄兵器，在交战中具勾拉、劈啄功能。图为出土于山东临淄齐王墓的西汉时期金籥青铜戈，装饰性更强，用于宫廷仪卫的可能性大。（山东淄博市博物馆藏）（刘炜提供）

抛石机

图中抛石机是合肥新城三国遗址公园依据史料复原制作的模型。抛石机属攻城用的武器，士兵利用杠杆原理，以抛杆将石头等重物远程抛甩，砸向目标物。著名的官渡之战中，曹操便利用抛石机砸碎了袁绍的井阑。

箭杆及矢箙

西汉时期的箭杆及装箭所用的矢箙，湖南长沙马王堆汉墓出土。（湖南博物院藏）（刘炜提供）

弩机

此为1991年出土的三国吴孙鄰将军错金银铜弩机。弩机是弩的发射器，是关键的兵器组件，一般是铜制。弓箭手可轻松安全地保持箭在弦上的状态，射箭时只要将弩瞄准敌人放箭即可，反应时间缩短，准确度也提高。望山可看成现代步枪上瞄准用的觇孔，悬刀则是扳机。弩机要先装入称为铜廓的机匣中，再装在弩的后端。弩要拉弦在箭时，将望山向后拉，钩牙会上升从而钩住后拉的弓弦，牛同时向上转动，顶住牙，下端卡进悬刀的槽，以固定悬刀、牙的位置。当弓箭手透过望山瞄准目标，将悬刀向后拉，牛便松开转动，使牙向下缩，于是钩住的弓弦弹回将箭射出。（湖北鄂州博物馆藏）

第二节　曹操征战 制霸北方

官渡之战后，曹、袁的强弱之势逆转。建安七年（202年），袁绍逃归邺城后不久便忧郁积疾而死。袁绍虽然败死，但袁家靠多年的经营，在北方地区仍然保持有相当的实力，冀、幽、青、并四州基本仍由袁家子弟分别管辖。汉、胡的地方割据势力仍有不少支持袁氏。

袁绍生前偏爱的幼子袁尚，继绍袭冀州牧之职，在邺城统领了袁绍的主力军队。长子袁谭为青州刺史，次子袁熙为幽州刺史，外甥高干为并州刺史。可是，长子袁谭和幼子袁尚为争继嗣位，在袁绍生前已经不睦。袁绍死后，两人的相争就白热化了。袁绍原来手下的谋臣，也因此分成两派，各自拥立和辅助长子袁谭及幼子袁尚。

从建安七年九月始，曹操展开对袁家残存势力的大举讨伐，务求赶尽杀绝。直到建安十二年（207年），费时5年，才扑灭了袁氏势力。可见袁绍虽死，袁家自身与反对曹操的各方势力依然不少，如非袁氏兄弟内讧，曹操或不能顺利扑灭袁氏。官渡之战后曹操便在袁谭和袁尚间挑拨离间，然后乘机打败两人，取得冀州，占领了邺城。

讨壶关城艰险非常

曹操攻克邺城，任并州刺史的袁绍外甥高干降曹，曹操仍委任高干为并州刺史。当高干听闻曹操东征乌桓，立刻叛曹，执获曹操在上党的太守，控制太行山的要道壶关口，并拟袭取邺城。曹操遣乐进与李典率军前往攻打，高干退守壶关城（今山西省长治市东南）。建安十一年（206年）正月，曹操亲自领兵征高干。高干听闻曹操征讨，乃留别将守城，自己北走平阳（今山西省临汾市南），向匈奴单于求救。单于不肯答应，曹操率军围困壶口关一个月，到三月拔关。高干向南拟逃往荆州，途中为上洛（今陕西省商洛市）都尉王琰捕杀。曹操又取得了并州。因建安十年（205年）曹操兴兵南皮时已除掉袁谭，至此，袁家的残余势力只剩下了袁尚。

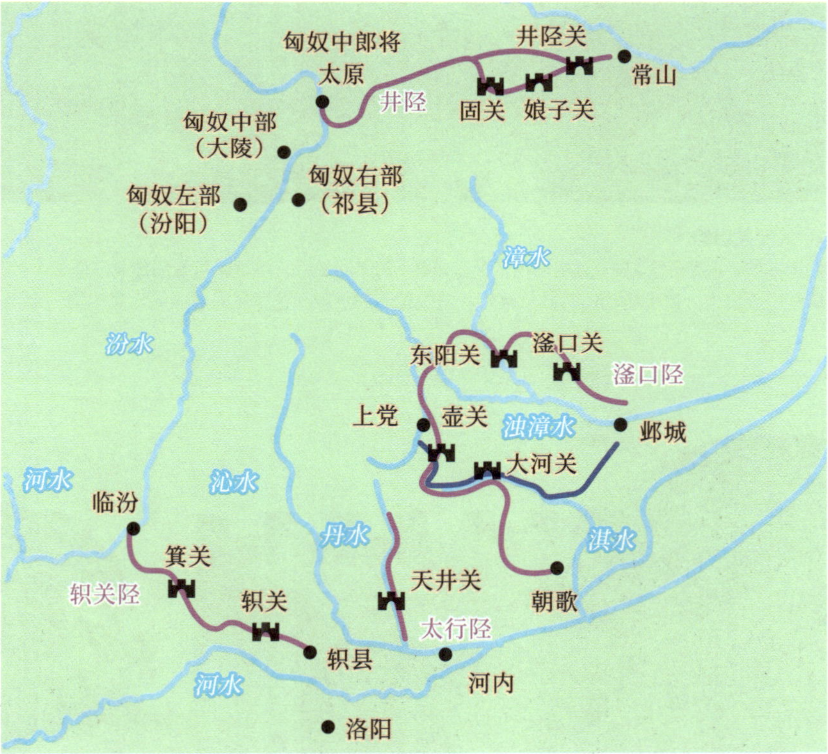

⊙ **曹操征伐高干路线示意图**

太行山山势

并州地区东部的屏障是太行山。从华北平原西眺太行山的东部，其山势巍峨耸立，悬崖峭壁陡立如削，接连都是高达千余米的谷壁。山脉的西部则坡度平缓，渐与高原连成一体。并州地区地处太行山西麓，对华北平原居高临下，其安全关乎中原地区。高干据并州，对曹操大本营邺城形成很大的威胁。

大河关山势

西出邺城，沿《诗经》中“淇水汤汤，渐车帷裳”的淇河逆行，不远就可看到豫北平原和太行相交的丘陵之地。继续前行十余里，就会看到山势陡然高耸、两山深峡的景象。这里就是曹操需攻克的第一个太行关卡——大河关。

大河关

曹操驻军在关外的开阔地——东川底，作夺关的苦战。如今大河村依然流传着祖辈讲述的故事，说曹操猛攻了三天，终于夺下关城。但并州军在撤退时，采用了焦土策略，拆毁了关城的所有建筑，焚毁了辎重，迁走了关城的百姓。这里的通关古道，在日后千百年中，一直是中原地区连接山西的重要通道。

曹军暂驻地

在大河关得到休整的曹军需要继续前行，走到不远处便是比较开阔的驻地——盘底。曹操进军是沿淇河逆行，进入上游的郊沟河，郊沟河在此将会折向北方。

羊肠坂古道遗址（左）

曹军需转入另外一条东西走向的淇河支流，而这段道路就是令曹军叹苦的羊肠坂。今日的五指峡景区仍有险峻的羊肠坂遗址，羊肠坂是古代中原上太行的关隘险道。

羊肠坂道路（右）

羊肠坂临水边的道路，是在石壁上硬凿出路基，然后用条石加宽道路而成，窄处仅容两人错肩而过。

太行五指峡

山西平顺、壶关两县的东缘，是布满陡崖绝壁、高山深谷的太行山大峡谷。元朝文学家元好问以“太行有奇谷，绝胜无出右”之诗形容。五指峡为太行山大峡谷的主峡之一，如同手掌。出了峡谷继续前进，会到达当年曹操营建的曹公垒。

曹公垒

用石块垒成的“曹公垒”是当地人都知道的一个地方，今人仍需克服艰难才能到达。

上党门户壶关城

抵达了西川底，就进入了上党盆地。图中就是上党门户壶关城（今山西省长治市北）。看来乐进、李典的进军，与后来曹操率领的军队，应是从西北迂回包抄上党和壶关。所以壶关城破，高干只能往南逃走。

曹公垒绝壁

曹公垒位于一处绝壁之上，仅有一个方向有土梁可以到达，地势险要无比。

曹操西上太行山征讨壶关城，是一场征途艰险的战役。太行山是中国北方最重要的山脉，位于并、冀及豫三州之间，呈东北往西南走向，绵延400多公里。太行山也是山西高原和华北大平原的分界线，正处于二阶地和一阶地的分隔线上。西向是延绵不绝的层峦叠嶂；东临华北平原，山势高耸，巍峨壁立。壶关所在的“太行孔陉”，东面居高临下俯瞰华北平原；西面是太原平原；南面隔了黄河，但是可通洛、颍；北面可抵塞外的蒙古高原，形胜险要。（参考李孝聪《中国区域历史地理》）

西上太行山，道路本就惊险，曹操率军出发的时候，又是严冬正月，征途的艰险和忧戚，在他途中所写的《苦寒行》一诗中，表露无遗：

北上太行山，艰哉何巍巍！羊肠坂诘屈，车轮为之摧。
树木何萧瑟，北风声正悲。熊罴对我蹲，虎豹夹路啼。
溪谷少人民，雪落何霏霏！延颈长叹息，远行多所怀。
我心何怫郁，思欲一东归。水深桥梁绝，中路正徘徊。
迷惑失故路，薄暮无宿栖。行行日已远，人马同时饥。
担囊行取薪，斧冰持作糜。悲彼东山诗，悠悠使我哀。

曹操远征辽东统一北方

打败并杀掉袁谭和高干后，曹操听从谋臣郭嘉的主张，暂时搁下南征刘表和刘备的日程，全力北伐，征讨袁尚和三郡乌桓。当时，因失去冀、青、幽及并四大州原有地盘而致走投无路的袁尚和袁熙，无奈向东远逃，联合了上谷郡、北平郡和辽西郡边塞的乌桓人，继续对抗曹操。郭嘉的建议很有战略眼光，他提议，不仅要彻底消灭袁家势力，同时也降服盘踞在北方边壤的鲜卑、乌桓等少数民族势力，使北方无后顾之忧。

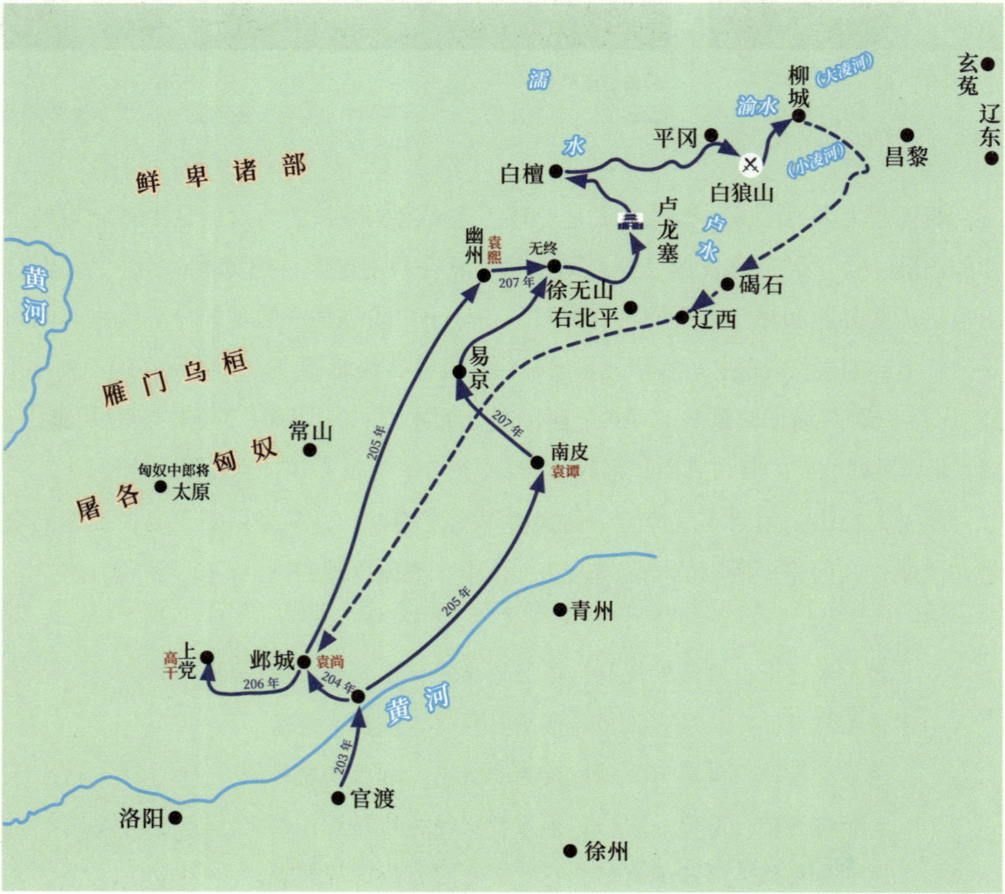

⊙ **曹操北征乌桓路线示意图**

—— 曹操出兵路线　- - - - 曹操返军路线

卢龙塞改造而成的潘家水库

卢龙塞建立在滦河的山隘河谷间，滦河上游是金莲川草原的闪电河。在金莲川所见平缓婉顺的滦河，流到喜峰口河谷便咆哮奔腾，历史上时常泛滥。几十年前，这段滦河被驯服，改造成潘家水库。整座关城和城墙沉在水底。经水库的滦河再往南流，在历史名城昌黎县附近注入渤海湾。

建安十二年五月，曹操亲自率军东征乌桓，到达易县。他接纳郭嘉远征千里之外要“兵贵神速”的建议，卸下辎重，轻装昼夜兼程赶路，七月又到无终（今日天津市蓟州区、河北省玉田县北），却受阻于大水，沿渤海湾的海道不通。

听取豪侠田畴的建议，曹军改道引兵上徐无山。爬越堙废已200年的卢龙塞（今河北省喜峰口）的古道小路，沿途挖山填谷500余里，跨越险阻，经白檀（今河北省承德市西），历平冈（今河北省平泉市），八月抵距蹋顿大本营柳城（今辽宁省朝阳市南）200余里的白狼堆（今属辽宁省凌源市），与仓促应战的蹋顿和袁氏兄弟联军战

乌桓与蹋顿

“乌桓”又称“乌丸”，与“鲜卑”原来都属于东胡族。东胡被匈奴打败后溃散各地，其中的乌桓臣服汉朝，南迁至上谷、渔阳、右北平，光武帝以护乌桓校尉管辖。后乌桓由塞外再迁塞内的辽东、渔阳及朔方边缘十郡（今辽河下游、山西和河北北部、内蒙古河套一带），名林格尔乌桓校尉，长时间与中原汉族“岁时互市”“保塞无事”（《后汉书·鲜卑传》）。汉末时强大起来，分成上谷郡、辽西郡、辽东属国及右北平四部，属幽州范围。

汉末的乌桓单于蹋顿有武略，总摄辽西、辽东和右北平三部。袁绍与公孙瓒争雄，蹋顿助袁绍破瓒。袁绍赐蹋顿印绶，以宠其名王（少数民族声名显赫的王）而收乌桓精骑。曹操征降乌桓后，也将乌桓丁骑收为手下劲旅。刘备任平原相时，也“自有兵千余人及乌丸杂骑”。到了魏晋，乌桓逐渐内迁塞内，对中原政权的威胁越来越大，终发展成“五胡乱华”之局。

晋乌丸归义侯金印

此金印呈扁方体，正面印文阴刻“晋乌丸归义侯”铭文，背有蹲式驼纽。这枚印由西晋王朝赐给乌桓首领。同时出土的还有“晋鲜卑归义侯”金印和“晋鲜卑率善中郎将”银印等。（内蒙古博物院藏）（孔群提供）

辽东公孙家族

东汉末年政局混乱，辽东和辽西成为南匈奴、鲜卑和乌桓（乌丸）等草原游牧民族对抗中原王朝的前线。幽州牧刘虞曾抑制了这些少数民族的混乱，并在此采取互市政策。董卓主政时委任公孙度为辽东太守。后公孙度乘局势混乱自称辽东侯、平州牧，几自成独立王国。204年，公孙度子公孙康继位。

于凡城（今辽宁省朝阳市附近）。前锋张辽率领的曹军展开猛攻，败杀蹋顿。曹军到达柳城，得汉族和少数民族归降者20多万人，并精选了号称“天下名骑”的乌桓骑兵，编成日后曹军的重要骑兵队伍。

袁尚和袁熙被迫再东逃到辽东，投靠辽东牧公孙康。几代人盘踞辽东、独霸一方的公孙康为了自保，也顾忌袁氏兄弟有图己之心，便杀掉袁氏兄弟，讨好曹操。到此，袁氏势力彻底被消灭。除西北地区以外，曹操基本上已统一了中国的北方。

曹操以建安二年到建安十二年（197—207年）整整10年时间，先后征灭黄河南北的“群雄”，成为最强大的势力。全国13州中，曹操拥有7州，把持朝政，号令天下。这段时期的曹操，不但四出征战，在战时生死存亡的状况下，仍能在制度法规、经济生产、文化教育等多方面，制定和实行一连串改革措施，稳固内部的统治。待稳定了内部和充实了实力后，曹操便放手展开统一全国的军事行动。

夔纹大瓦当
碣石宫遗址出土。

碣石与人物

部分史地考古专家依据历史文献认定，位于今辽宁省葫芦岛市绥中县万家镇止锚湾海滨的姜女石（右页图），即秦汉历史记载中的“碣石”，其周围存在大型秦汉建筑群遗址。该遗址主体应是秦始皇东巡所筑行宫“碣石宫”。之后汉武帝在这个区域建过行宫，并在公元前110年由山东渡海至碣石。曹操征辽西班师回邺城时，也曾经过此地，且写下名篇《观沧海》。唐太宗李世民在贞观十九年（645年）东征辽东高句丽回程时也路过了碣石，并“次汉武台，刻石记功”。毛泽东在《浪淘沙·北戴河》中写，“往事越千年，魏武挥鞭，东临碣石有遗篇”，诗中地点亦指此处。

碣石宫想象图

在辽宁绥中县万家镇南部沿海，分布有六处遗址点组成的庞大秦汉建筑群。其中的秦碣石宫遗址以墙子里村的石碑地为中心，以黑山头、止锚湾为两翼，恰如“一宫两阙”，面向海中的姜女石（即“碣石”）。遗址有工程浩大的版筑夯基，是多层次及单元的建筑群体，出土有夔纹瓦当、空心砖踏步等建筑构件。（胡佳丽摹绘）

位于辽宁省葫芦岛市绥中县万家镇止锚湾海滨的姜女石

第三节 挥鞭南下 横槊赋诗

正当曹操与袁绍各自分别在黄河南北四处征讨、兼并周边“群雄”时，其他地方的大小割据势力，相互之间也刀光剑影、征伐不绝。割据西北凉州和关西的韩遂与马超，对曹操一直虎视眈眈。曹操在建安二年（197年）已委任重臣钟繇镇守长安，这一做法不仅恢复了关中残破的社会和经济，对关西的地方割据势力也起到镇抚作用。至于在南方的荆州牧刘表，稳据长江荆楚之地[1]，一向为曹操所嫉视。

刘表在荆州，经过多年的经营和扩张，势力渐大。在曹操与袁绍的对抗过程中，刘表一直站在袁绍一方。曹操对荆州的刘表心患已深，自然不会坐视不理，多次要出兵征伐荆州。只是为了全力应付袁绍迫在眉睫的挑战，曹操拟定了先剿灭北方袁氏残余势力的战略部署，讨伐刘表就成为次要选项。后经过10年征伐，曹操基本统一了中国的北方。

“官渡之战”后，曹操除了展开剿灭袁氏残余势力和其他敌对势力的军事行动外，还在内部强化对朝廷的控制，为此推出不少新政策和措施。建安九年（204年），曹操以邺城为魏都；建安十二年（207年）大封功臣为列侯；建安十三年（208年）曹操罢三公制，自任为丞相[2]。一连串措施的推行，使曹操更有力地掌控了东

[1] 荆楚之地约指今日的湖北省、湖南省。这个地区在春秋战国时属楚国，秦汉时属十三州之荆州，所以称荆楚之地。

[2] 丞相是百官之首，或称“相国”。汉代也曾以“三公”代替丞相，两种制度屡有更替。三公是：太尉，执掌军务；司徒，执掌民政；司空，执掌水土建设工程。丞相也好，三公也好，理论上都是群臣之首。

汉皇室和中央朝廷，有效地发挥出“挟天子以令诸侯”在政治和军事上的效果。

应战同时大力改革

东汉中晚期，弊政丛生、社会疲惫，历朝只求因循，未能扭转乾坤。到了汉末，竞起的群雄在进行生死存亡的军事搏斗，少有在管治范围内针对弊政实施较长远的措施。其中，最敢于整顿东汉末年以来经济、政治、社会、制度和文教等方面弊政的，就数曹操了——他推行了一连串改弦易辙的新措施。在汉末三国的人物中，曹操最称得上是一位政治家，他推行新措施的目的，自然是谋求稳固当下的权位。曹操对东汉末年政局之所以糜烂、社会经济之所以疲敝，是有较全面的了解和深刻体会的，从他年轻时出任中央和地方官员时推行的举措，就可以看出来。

奸雄与能臣兼而有之

到曹操崛起，云集于曹操周边的，不管是尽忠于汉室，还是自许输诚于曹魏，或两者兼而有之的大臣，确有不少具超越同时期人物的治国经验和眼光。曹操也能大胆起用他们，或放在中央朝廷或用于魏廷。他们为曹操出谋献策，担负起制定政策和推行落实的责任，对曹操的管治发挥了重要作用。以人物论人物，曹操一生的行事和作为，确实如大名士许子将（许劭）对他的品题，“治世之能臣，乱世之奸雄”。大多数人认为许劭这个评论，有意或无意强调了曹操的两面性，即在乱世，曹操会是一个奸雄；在治世，会是一位能臣。但其实，曹操在乱世能领军打仗，争逐天下，同时在治世上也深谙管治之道。在三国人物中，曹操兼有政治家与军事家特质，只诸葛亮可比拟。

曹操既扫平了北方，又在内部做了有效的安排和部署，统一南方就如箭在弦了。曹操的南向征伐，采取了分兵两路的战略：一是指向西南面割据汉中的张鲁和巴蜀的刘璋；二是瞄准东南面据于长江中游及下游的荆州牧刘表和孙权。如果这两方面征讨成功，曹操统一中国的雄图就指日可待了。

车骑出行图

此画像石刻画了汉权贵出入的气派场景。邺城文学作品中时见的出巡场面，大概如此。图中有二尊者各乘一辆马车，车前有七骑为先导，车后有八骑随行。（河南南阳汉画馆藏）

❶ 车前有七骑 ❷ ❸ 两骈马轺车，车上竖华盖，车内各有驭手和尊者 ❹ 最后两骑士拽满弓回身射虎 ❺ 后面有一只猛虎，张口翘尾作扑噬状

车骑出行图

汉代车骑制度，依乘车人爵秩高低分成五类。该画像石中骑从多达八人以上，又驾三马，推断其身份是郡太守，甚至可能是诸王、列侯等。曹操征汉中回朝，王粲诗句提到，当时“歌舞入邺城”，是一种以歌舞迎接军队的盛况，场面恐怕与此相当。（河南南阳汉画馆藏）

❶ ❷ 每排四骑，皆佩刀剑拽弓作前导

❸ 车前两排骑吏

❹ 一轺车，驾三马，尊者端坐舆中，驭手挽缰扬鞭

专题08 曹氏与邺城

邺城在汉末三国的历史舞台上，扮演了重要角色。邺城原是袁绍在冀州的大本营，建安九年曹操打败袁尚，据有冀州和邺城，自此邺城成了曹操的大本营。建安十八年（213 年）汉献帝封曹操为魏公，建立魏国，三年后曹操晋升魏王，建都邺城。曹操长驻邺城达16年，在此居住时间最长。

邺城的建城有着悠久历史。公元前658年，“九合诸侯，一匡天下”的齐桓公修筑了邺城，这是其建城的开始。邺城经过曹操和南北朝时期石虎（295—349年）、高欢（496—547年）的三次大规模扩建，成为仅次于洛阳的最繁荣都城，直到580年杨坚灭掉北周、焚毁邺城才告衰落。邺城作为都城的历史长达1700多年，有“七朝古都”之誉。

曹操在邺城进行了大规模的城市建设，使邺城成为北方仅次于长安、洛阳的繁华大城市。汉朝廷虽然都于许昌，其实政治中心已转移到邺城。建安二十五年（220年），曹丕篡汉，次年虽然定都于洛阳，邺城仍为魏国五都之一。司马氏篡魏建晋时，邺城仍然被作为晋的陪都。所以汉末魏晋的政治、军事、经济、社会和文化的重心是在邺城。

邺城从曹操时，一直到北齐，都位于漳河南岸。现今的邺城遗址却在漳河北部，这是明代漳河改道的结果。经历悠悠千年，原来繁华的邺城已成良田。现在的三台村，就是古邺城所在。登览其间，仍可窥古时踪影。（参考周一良《魏晋南北朝史论集续编》、谭其骧《长水集续编》、史昌友《邺城·邺文化·曹操》）

邺城一带的农田风貌

洹河及殷墟遗址复原宫殿

邺城与安阳

邺城距著名古都殷墟（商代）安阳西南仅3里，邺城与安阳在历史上密不可分，甚至可以说是同一个地方。安阳位于中原腹地，太行山东麓、豫东冀南地区，其间有漳河、洹河、淇河、卫河诸河流。考古上的新旧石器时代，或文献传说的黄帝、颛顼、帝喾、尧、舜、禹，都曾在太行山东麓的安阳一带，留下了活动遗迹。

1928年开始被发掘、位于小屯村北的安阳宫殿遗址，证实并大大丰富了文献所记载的殷商历史和文化，成为中国近代考古的滥觞。安阳共有基址50余座，分成三组，有窖穴、水沟和墓葬，出土了大量甲骨文、玉器、青铜器和陶石器。

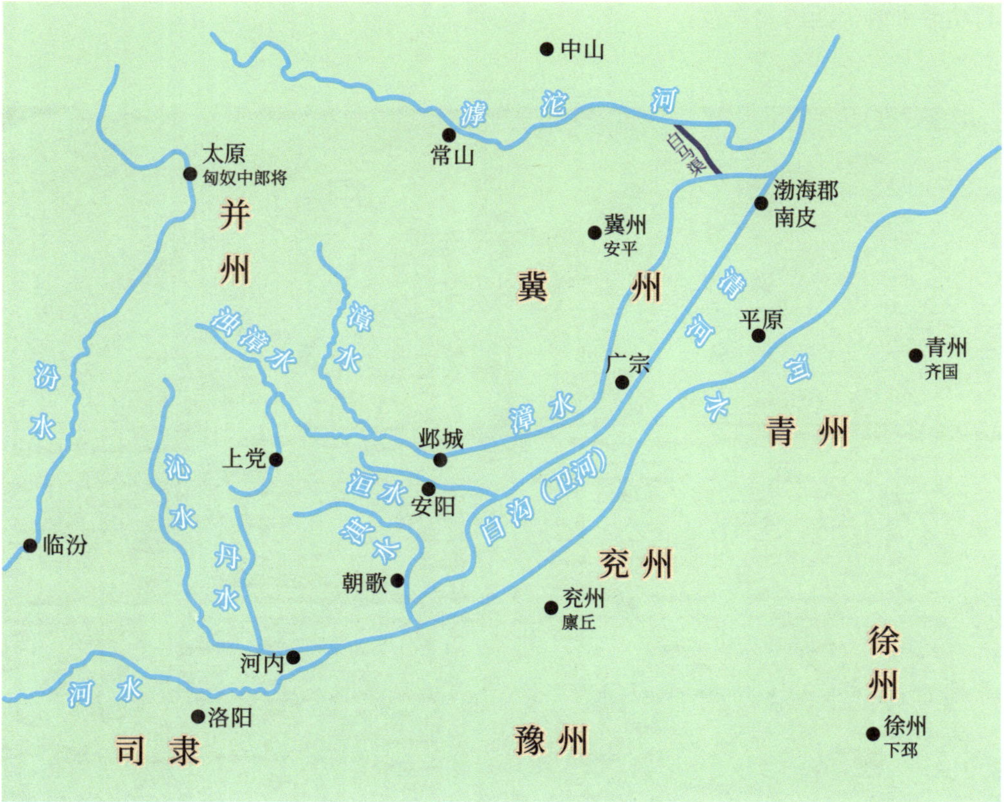

邺城与安阳位置示意图

注：图中水系为三国时期的流向参考，与今日之流向有差别。

（1）曹操大力发展邺城

邺城位于古山东地区的中心，背靠山西高原，东南北三面是古代经济最发达的黄淮大平原，田地千里，漕运四通，一直是中原的核心。

战国魏文侯曾派西门豹任邺令，后者在此大事治水凿渠，引河水以灌民田。曹操在邺也大事屯田，治水以便漕运，并大力发展工商业。东汉建安八年（203年），曹操攻下黎阳（今河南省浚县），并于次年开凿白沟。其后，又在黄河以北兴建一系列沟渠的漕运工程，形成了黄河北岸重要的水路交通网，并成为日后著名大运河永济渠的前身。黄河以北漕运的开拓，促进了农田水利，而曹魏定都邺城后，大量物资得以从黄河之南通过水路运往北方，满足经济和军事的需要。曹操在亳州、许昌两地也大力发展屯田和漕运。曹操临死留下遗命说，“吾死之后，葬于邺之西岗上，与西门豹祠相近”，这种安排，或是称许西门豹漕运利民的功绩，也有自诩漕运水利功劳可媲美西门豹之意。

邺城模型（河北邺城博物馆藏）

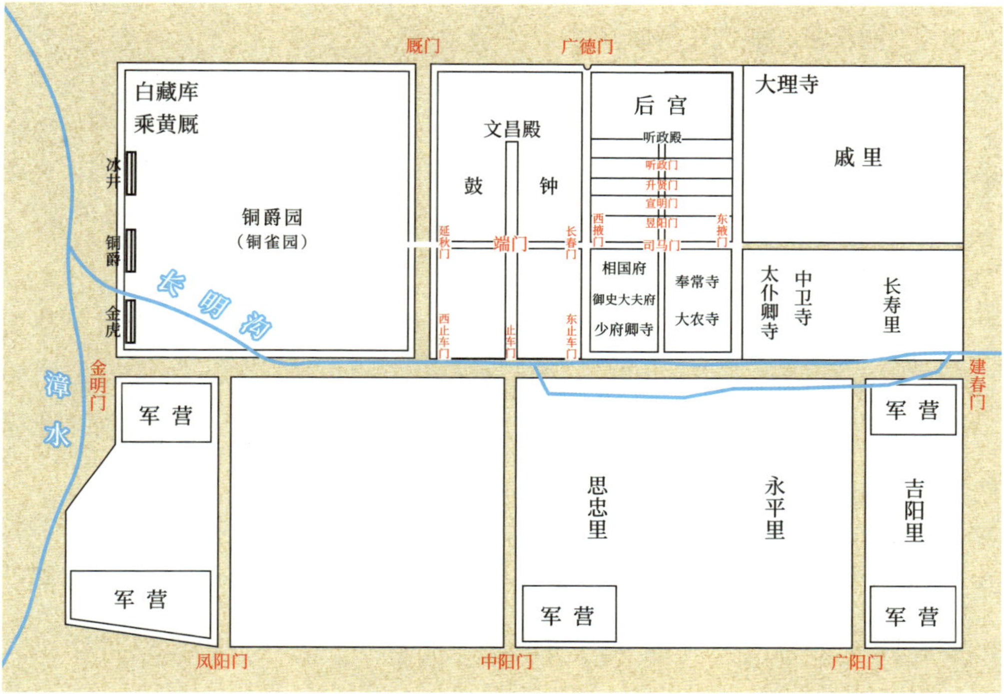

⊙ **邺城平面图**

邺城分南北城，邺北城是由曹操亲自规划和主持建筑的。曹操精心擘画的邺北城，一改过往朝代都城不规则的结构，城内有东西向大道，将城区分为南北两部分，北部为宫殿、苑囿、官署和贵族居住区，南部则是一般居民的里坊区。南北向再建有中轴线大道。曹操的邺城布局形式，在中国都城建筑史上具创新作用，影响了隋唐时期长安城的建筑。邺城南城则是东魏、北齐时建造的。

对邺城在魏晋南北朝时的宏伟、繁华状况，历史上留下了一些记载，如晋左思的《三都赋·魏都赋》、陆翙的《邺中记》、北齐杨楞伽的《邺都故事》和无名氏的《邺中记》。

曹植与邺城司马门

邺城的司马门原是曹操的军事禁地，把守严密，除非有战争，否则不能打开。这里发生过一桩改变曹操之子曹植命运的事件。曹植因一次“任性而行，不自雕励，饮酒不节。……尝乘车驰道中，开司马门出”（《三国志·陈思王植传》），致曹操大怒，失去对曹植的信任。对于此事，曹操原话为“始者谓子建，儿中最可定大事”，但“自临菑侯植私出，开司马门至金门，令吾异目视此儿矣”。

（2）铜雀台、金虎台与冰井台

邺城的铜雀、金虎和冰井三台，在历史上名气很大。三台具有多种功能：是娱乐场所；是曹操讲武论文处；是曹操储兵器粮草的地方；也是军事防御要地。曹操父子与文武大臣白天在这里讲武论政，晚上则聚宴论文赋诗，成为著名“建安文学”的渊薮。

铜雀、金虎、冰井三台位于邺城西北角，就在现今的三台村，依次建于建安十五年（210年）、十八年和十九年（214 年）。三台高度达八至十丈，之间相隔60步，有悬空吊桥式阁道连接。每台分别有房间百余间，鳞次栉比，宏伟壮丽，金碧辉煌。

最先建造的铜雀台是三台的主台，也是邺城最高点，离地面30多米，顶部装有3米高大铜雀，所以得名。金虎台高八丈，有房屋130间。十六国时后赵都于

邺城三台模型
（河北邺城博物馆藏）
❶ 金虎台（金凤台） ❷ 铜雀台 ❸ 冰井台

金凤台台基
历史上因漳河大水泛滥，冰井台全部、铜雀台大部分被冲没，只余金凤台台基屹立至今，可见地基的坚实整固和初建时工程的浩大。

邺，为避建武帝石虎而改为金凤台。冰井台其实是曹操的战备仓库，储备各种物资，台上建有三座冰室，每室有深井数眼，储藏大量的冰块和煤炭等。

《三国演义》第四十四回“孔明用智激周瑜”有一情节，说孔明引曹植《铜雀台赋》中的“揽二乔于东南兮，乐朝夕之与共”，证明曹操南征是因为“吾一愿扫平四海，以成帝业；一愿得江东二乔，置之铜雀台，以乐晚年，虽死无恨矣”。《三国演义》虽是元末明初的小说家言，但铜雀台与二乔的传说出现很早。传诵最广的自然是唐代大诗人杜牧《赤壁》七律中的“东风不与周郎便，铜雀春深锁二乔”。

三台的壮丽如西晋左思《魏都赋》说“拟华山之削成”“三台列峙以峥嵘”，另《行水金鉴》说，“引漳水入邺城经铜雀台下，水激有声不绝”。建安十五年铜雀台成，曹操率诸子和重臣登楼，使各为赋。曹丕、曹植兄弟的《登台赋》仍存世。

今天的邺城三台遗址公园
邺城三台皆坐西向东，西侧是防御面。

到了后赵石虎，《邺中记》说，“三台更加崇饰，甚于魏初”。

十六国后战争频繁，三台已渐残破。明代中叶漳水泛滥，冰井台和铜雀台被洪水冲没，唯留下金凤台台基。现在能登临的高地只剩金凤台遗址，残存基址南北长122米，东西宽70米，高12米，原台基的面积和高度比遗留下来的相信要更大和高。

金凤台台阶
往东登阶，有高台矗立，就是著名的金凤台。

登金凤台向西北望
现在看去农田一望无际，如在古代，应可见河水滔滔的漳河。曹植的《铜雀台赋》有“立中天之华观兮（铜雀台之华丽堂皇），连飞阁乎西城（近城池西北）。临漳水之长流兮，望园果之滋荣”，描述铜雀台内外之华美。

由金凤台俯瞰西面

金凤台，初名金虎台，位于铜雀台之南。

金凤台的转军洞

转军洞是曹操为备战修建。由此经邺城通往城外的秘密通道，向西可至讲武城，长约6公里。一旦发生战争，可把城外军队调进城内，加强防御力量。也可将城内的军队潜出城外，使其出其不意地出现在敌人后方，内外夹击。现在转军洞通道仅存83米。

（3）诗文酒会盛况

曹氏父子是三国文学大家，又招揽了以“建安七子”为首的一众文士，不时进行文酒诗会，遂使邺城成为著名的“建安文学”的渊薮。建安存世的作品，不仅是文学杰作，也是后世了解当时生活情景的直接材料。

阅读曹氏三父子和建安文人的作品，可感受到邺城三台、铜爵园、东阁、讲堂和文昌阁等场所在2000年前的文采风流，如幻如影。文昌殿、东阁及讲堂是曹氏父子与一众文武大员日间论政弄文，晚间歌舞饮宴的场所。铜爵园，因位于文昌殿的西面，又称西园。曹丕兄弟与建安七子等在诗文中提到的“西园之会”，就在这里举行。曹氏兄弟，尤其曹丕，喜欢诗文宴饮。其于《善哉行》中说：“朝日乐相乐，酣饮不知醉。悲弦激新声，长笛吐清气。弦歌感人肠，四坐皆欢悦。”曹植《公宴》诗中也说：“公子（曹丕）敬爱客，终宴不知疲。清夜游西园，飞盖相追随。”

东汉夫妇宴饮图

虽说曹氏父子与文武大臣们的诗文酒会活动并未留下可见图像，但我们还是可以从出土于河南洛阳唐宫路南侧东汉墓的《夫妇宴饮图》壁画中窥见一些当时贵族饮宴的细节。（河南洛阳博物馆藏品摹本）

❶ 侍女头梳高髻，红色领口，目视前方 ❷ 女主人身穿白地红点长袍，头梳高髻，面部朝向右前方，裹一双色抹额，发髻上插一步摇，双手拱于胸前 ❸ 男主人面朝左，头戴黑冠，穿宽袖红袍，领袖口饰黑边，内穿白单衣。左手端起一小盘，盘内有一耳杯，右手屈于胸前 ❹ 侍童穿长白袍，梳高髻，腰系素带，下穿素色裤子、黑鞋，右手持长柄在樽中酌酒，左手端圆盘，盘中有耳杯 ❺ 三足筒形樽 ❻ 三足圆形承旋 ❼ 圆盘 ❽ 五个黑色小耳杯 ❾ 朱色圆榱 ❿ 耳杯 ⓫ 楸案 ⓬ 带屏大床

西汉黑漆朱绘夔龙海潮纹盘

盘身上大下小，平底，底心微凹，可盛载食物。底心有三组动物图案。盘身内壁绘夔龙，外壁绘海潮纹，十分精致。（贵州博物馆藏）（刘炜提供）

西汉彩漆云纹耳杯及盒

耳杯即有耳的杯。有一些是杯耳与杯口取平，有一些是杯耳微微上翘。耳杯装在专用的盒中，用于饮酒。耳杯中心书“君幸酒”三字，含劝客人开怀畅饮之意。

西汉黑漆朱绘雕龙纹勺

此为舀酒器，柄由长竹条制成。柄端一段朱漆地，有浮雕龙纹，极具气派。（湖南博物院藏）（刘炜提供）

至于诗文酒会的盛况，曹植《元会诗》说及置宴文昌殿：“……宴此高堂。尊卑列叙，典而有章。衣裳鲜洁，黼黻玄黄（黑白红黄）。清酤盈爵，中坐腾光。珍膳杂沓，充溢圆方（指食器）。笙磬既设，筝瑟俱张。……仰瞻华梁……欢笑尽娱，乐哉未央。”在“西园之会”，曹丕留下了《芙蓉池作》，而曹植、王粲、陈琳、应玚及刘桢也“酒酣耳热，仰而赋诗”，各自有《公宴诗》为题以纪其事。宴后余庆未了，曹丕等还“乘辇夜行游，逍遥步西园”。

另曹丕的《夏日诗》讲的是建安末年曹氏昆弟与友朋、时彦，于良辰美景做赏心乐事的避暑游宴。场面是“比坐高阁下，延宾作名倡，弦歌随风厉，吐羽含徵商（羽、徵、商是中国传统音调中三个不同音的名称）。嘉肴重叠来，珍果在一傍。棋局纵横陈，博弈（六博和围棋）合双扬。巧拙更胜负，欢美乐人肠。从朝至日夕，安知夏节长”。邺城是“建安文学”的摇篮，而铜雀、金虎和冰井三台在金戈铁马时代留下的文采风流，让人感慨缅怀。（参考俞绍初《建安七子集》）

（4）文娱博弈之乐

诗酒宴会外，邺城文人的作品中也留下不少文娱博弈的活动纪事，不断出土的文物，则为我们提供了此类活动的生动图像。

曹植有乐府诗《侍太子坐》，具体描写了文酒诗会的场面："寒冰辟炎景，凉风飘我身。清醴盈金觞，肴馔纵横陈。齐人进奇乐，歌者出西秦。"曹植另有乐府《箜篌引》也说及"置酒高殿上，亲交从我游。中厨办丰膳，烹羊宰肥牛。秦筝何慷慨，齐瑟和且柔。阳阿奏奇舞，京洛出名讴。乐饮过三爵，缓带倾庶羞"。

五乐伎演奏图

（河南南阳汉画馆藏）

❶ 摇建鼓　❷ 吹排箫　❸ 吹埙

❹ 摇鼗鼓　❺ 击铙

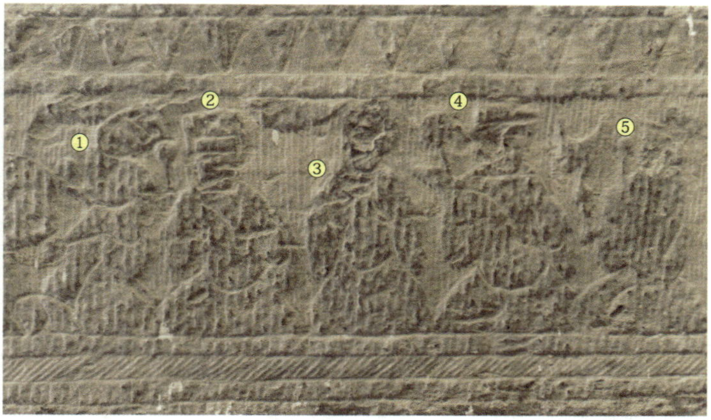

跽坐赏乐图

画像石中的五人正在赏乐。邺下文人曾在诗文中提及几种乐器，并以之为诗题。建安七子阮籍父亲，东汉著名文学家阮瑀善鼓琴，有《琴歌》《筝赋》，“惟夫筝之奇妙，极五音之幽微”。（河南南阳市博物院藏）

❶ 伎人鼓瑟

❷ 右四人跽坐，边饮酒边聊天边听乐，意态休闲

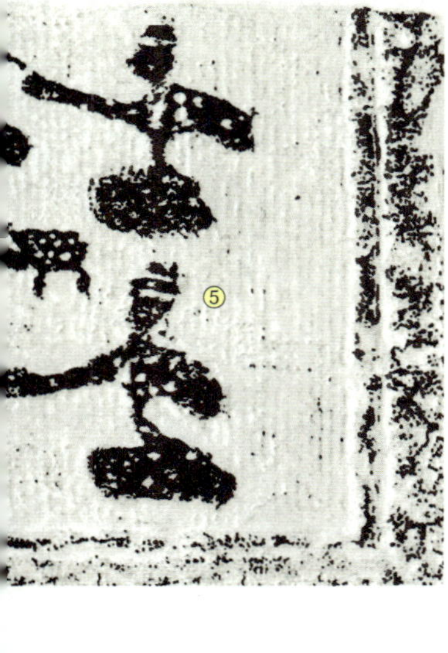

乐舞百戏

汉代乐舞是糅合了音乐、舞蹈、体育、幻术及舞剧等多种文体形式的综合演出。百戏称谓源于汉初，是对民间杂耍、杂技、杂弄的总称，包括了走索、跳丸、抛剑、倒立及吞刀吐火等高难度动作。（河南南阳汉画馆藏）

❶ 左两伎相向在樽上单手倒立，樽两旁各置一壶　❷ 一俳优单腿跪地叉腰扬臂，旁置樽、壶各一　❸ 一女伎揄长袖作舞　❹ 一女伎跽坐鼓瑟　❺ 二人皆右手执桴击鞞鼓，两人间放一酒樽

投壶图

“投壶”是汉代流行的饮酒游戏，由射礼演变而成。画像中可见一壶，宾主两人各持数矢轮流投壶，投中者赢，不中者罚酒一杯。投壶和雅歌连在一起，成为汉代儒士的高雅活动，魏晋以后增添不少花样，一直流行至清代，深受上层精英欢迎。（河南南阳汉画馆藏）

❶ 一人醉坐在地上，被侍者搀扶

❷❸ 宾主二人各抱数枚矢，轮番投壶 ❹ 侍者

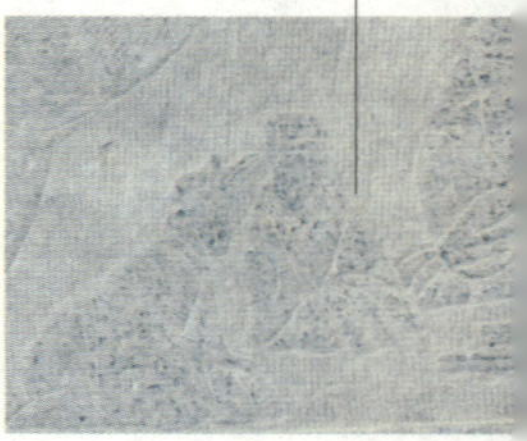

彩绘乐舞杂技陶俑

这组出土于山东省济南市的西汉乐舞杂技俑，生动立体地反映了汉人多彩的文娱生活。（刘炜提供）

❶ 四人头戴环形冠，身穿红袍，拱手而立 ❷❸ 六人为伴奏乐队，吹笙、抚琴、击鼓、敲钟、拍长鼓和击建鼓 ❹ 头戴冕形冠，身穿朱彩黑袍，拱手而立，面前置酒浆二樽，观赏乐舞杂技表演 ❺ 二女子身穿红白花长衫，翩翩起舞 ❻ 二人作拿大顶，一人翻筋斗，一人作“倒挈面戏”

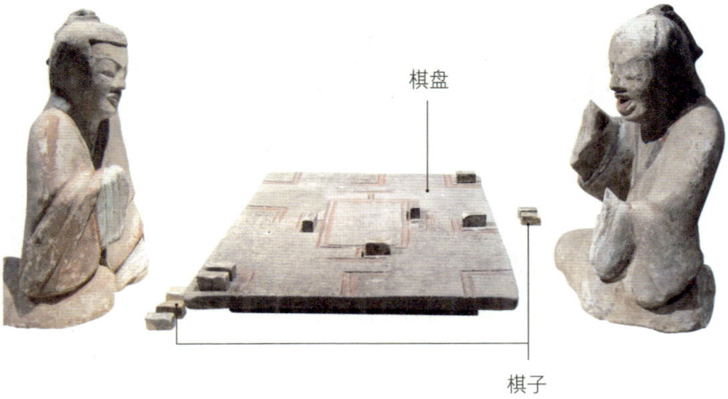

六博陶俑

六博是一种对弈游戏，盛行于战国到汉代。博具中有六根箸，所以名六博。对博双方各有六枚棋子，对博时要先投箸，决定行棋步骤。最后，一方将另一方的枭棋杀掉，就取胜。（美国大都会博物馆藏）

斗鸡图

曹植有“斗鸡东郊道，走马长楸间”诗句。应玚有《斗鸡诗》，描写的斗鸡场面很大，并说“芥羽张金距，连战何缤纷。从朝至日夕，胜负尚未分。……四坐同休赞，宾主怀悦欣。博弈非不乐，此戏世所珍”。另刘桢也有《斗鸡诗》。（河南南阳市博物院藏）

❶❷ 左右各有一人伸臂唆使双方斗鸡相斗

❸❹ 两鸡怒目相视，即将投入扑斗

❺ 伞下有食物和酒

盘鼓舞

此石刻画像呈现的乐舞百戏场景，反映了汉代民间酒会及豪族富人宴客时的文娱景况。图中的盘鼓是重要的乐舞工具，这种助兴的乐舞曾风靡一时。（河南南阳市博物院藏）

❶ 跪伏于地的奴仆 ❷ 二人观看表演 ❸ 一人倒立

❹ 一人跳三丸 ❺ 一女子持长巾踏盘和鼓而舞

❻ 一人做滑稽的表演

第四节　西伯自处 坐观时变

> 在东汉末年争霸的“群雄”中，据有荆楚的荆州牧刘表势力不小，却在竞争中屡屡坐失良机。曹操统一黄河南北后，荆州的刘表就成了他想要征服的主要对象。

刘表（142—208年），字景升，出身刘氏宗室，是汉末大名士，被誉为“八友”[1]之一。刘表初平元年（190年）任荆州刺史，后改为荆州牧。他在荆州的统治主要是依赖蔡瑁和蒯越等当地豪族的支持。在袁绍、袁术、张绣、陶谦、吕布和曹操等人忙于互相攻伐的时候，刘表依违其间，乘势在江南扩展势力。建安五年（200年）刘表攻下了长沙、零陵及桂阳三郡，拓地千里。据有荆州的刘表经过19年经营，终于“南据江陵（今湖北省荆州市），北守襄阳”，地盘稳固后的他，成为南方最具实力的割据势力，也因此成为曹操南下扩张最大的眼中钉。

态度保守屡误戎机

曹操和袁绍在“官渡之战”生死相搏时，刘表对双方的态度很关键。刘表与袁绍虽然一直保持着南北互为犄角的同盟关系，也知道曹操对自己不怀好意，但对这场战役的基本态度还是置身事外，委蛇袁绍。在群雄持续而激烈的拼斗过程中，刘表大多数时候都持坐观成败、不图进取的保守态度，屡屡坐失关键时机，致内

[1] 刘表少时知名，与同郡张隐等八人被称为“八交”或“八顾”。表另与范滂、张俭等号为“八友”。

外对他失望。

但刘表却心存野望，孔融即曾上疏说："窃闻领荆州牧刘表桀逆放恣，所为不轨，至乃郊祭天地，拟仪社稷。"（《后汉书·孔融传》）建安三年（198年），曹操攻打在下邳的吕布；建安五年，曹操应付生死存亡的官渡之战；建安九年（204年），曹操北征袁氏兄弟；建安十二年（207年），曹操北征乌桓等，其实都是刘表主动出击曹操的大好机会，而他没有采取任何行动，屡误戎机。在曹操北征乌桓之时，寓居荆州的刘备，就曾经劝刘表乘机袭击许都，但未被刘表采纳。

东汉末年的群雄割据中，身为刘氏宗室、位居地方大官的倒不少，但他们在汉末争霸初期大多已被一一吞并掉，余下的只有荆州牧刘表和益州牧刘焉。这些宗室大宦名望大，实力也不小，又有宗室名义可作为号召，最后却仍然失败，说明沉溺在汉末旧体制、旧观念之下，他们已无法应付纷乱动荡的局面。刘表治下的荆州，最为人称道的倒是能汇集人才，兴盛文教。人才，是汉末三国时期竞争的最重要条件。人才本就是社会管治最重要的资本，太平盛世和乱世都如此，只是需要的人才不同，乱世对人才的渴求更迫切，因为关乎生死存亡。所以汉末群雄中最终能崛起的，大都是能积极招揽人才者。曹操如此，孙策和孙权如此，后来的刘备也如此。

空纳人才不以善用

可惜，偏偏以礼重人才驰誉于时的刘表却名不副实，在荆州空储济济人才，却未能善用。荆州内外不少有识见之士，对刘表治下的荆州的实际状况并不乐观。当时避难荆州，被刘表待以宾礼的裴潜，私下就对同寓荆州的好友王粲和司马芝说："刘牧非霸王之才，乃欲西伯（周文王）自处[1]，其败无日矣。"同样，避乱荆州16年、为刘表任用而不被重用的东汉著名文学家王粲也评论说："刘表雍容荆楚，坐观

[1] 西伯指周文王，姓姬名昌，受商封为西伯。曾被纣王囚禁于羑里（今河南省安阳市汤阴县城北），后得释归。治理昌盛，定都于丰邑（今陕西省沣河西岸），天下诸侯多归从之。在位50年，为其子武王灭商奠定基础，相传他在被囚期间曾演绎《易经》的八卦。

时变，自以为西伯可规。士之避乱荆州者，皆海内之俊杰也；表不知所任，故国危而无辅。”连一介武将、原是荆州将领的甘宁也指出说：“（刘）表儒人（学者），不习军事。时诸英豪各各起兵，宁（称甘宁自己）观表（指刘表）事势，终必无成，恐一朝土崩，并受其祸。”

重用豪族以利相卫

刘表“能养士而不能用，虚得其誉”，是荆州有识者的共识。寓居荆州、洞悉大局的司马徽及庞德公等大名士明白这点，所以宁愿怀才隐居，不肯出仕刘表。云集荆州的青年才俊，如徐州琅琊诸葛亮，冀州博陵崔州平，豫州颍川徐庶、石韬，汝州孟公威和本地的庞统等，也都不为刘表所用，或不肯为刘表所用。

据荆州20年，刘表重用的只是蔡、蒯等地方豪族，以利益相卫，是典型的“小圈子保守政治”。所以刘表也好，袁绍也好，仍然沿袭了东汉以来大宦养士博取声誉，不求真正可用人才的虚矫风气。太平盛世的时候，养士或可以邀虚誉；但在波诡云谲的乱世，应招聚能力挽狂澜的各种人才，否则只会自取其祸，袁绍与刘表都是例子。到曹操挥军南下，兵临城下，荆州位高权重的文武大员，竟无一人挺身而

荆州古城临水处外景

出抵抗曹操，倒成为保身家性命、出卖荆州的要角。而自各地南下的济济人才，也只袖手旁观，无所作为。结果一如王粲预测的“国危而无辅”。刘表对屯驻樊城前线的刘备，也多有疑忌不敢重用。荆州的地方豪强不仅抵制排斥刘备，甚至要除之而后快。

刘表最大成就在文教

反观曹操南下，甫占领荆州，就大量搜罗和起用不少当地人才，于是曹操和刘表的政治眼光和能力的高下立见。刘表又昧于局势，欠缺权变的能力。以刘表一生的行事和表现，在太平盛世不失为贤能大官僚，可惜在乱世中却非能济世、力挽狂澜之才。这是历史常见的现象，反映了中外古今“人才与时势”互为表里的不易道理。晚年的刘表，又重蹈袁绍覆辙，弃嫡择庶，自造祸端，让曹操有机可乘，轻而易举取得了荆州。[1]最值得肯定的是，刘表管治下的荆州，最大成就在文教。他优惠儒生，于是前来荆州避难者，络绎于途。关西的京洛、兖、豫以及巴蜀求学士人云集荆州，“五载之间，道化大行，耆德故老綦毋闿等，负书荷器，自远而至者，三百有余人”，“吏民子弟受学之徒，盖以千计，洪生巨儒，朝夕讲论，訚訚如也。虽洙泗之间，学者所集，方之无异也”。在纷乱的汉末社会，荆州竟成为“文化绿洲”，在学术文化和思想上大放异彩，对日后的影响也深远，这是刘表治荆州的历史贡献。

[1] 刘氏兄弟为刘表长子琦及少子琮。表及后妻皆爱少子琮，欲以为嗣，琦与琮遂为仇隙。袁绍子袁谭及袁尚争嗣，刘表曾致谭信，谏以兄弟之义。结果刘氏兄弟重蹈袁氏兄弟之覆辙。

⊙ 刘表简略年表

年份	年龄	事件
142—184年	1—43岁	出生于山阳郡高平县（今山东省邹城市西南），为郁根侯刘骄后代。年轻时接受儒家教育，享有名声。曾参加太学生运动，因党锢之祸而逃亡
184年	43岁	受大将军何进征召入朝，任北军中候
190年	49岁	荆州刺史王叡被孙坚所杀，朝廷指派刘表继任。其与荆襄大族合作，驱逐当地宗贼，得以治理荆州，大兴文教，开立学官，博求儒士
191年	50岁	与袁绍结盟对抗孙坚与袁术。与孙坚交战时先败后胜。孙坚死于伏击。亦反败袁术
198年	57岁	骠骑将军张济攻打南阳被杀。刘表招降张济之侄张绣，让其驻扎于宛城对抗曹操。攻下长沙太守张怿据守的零陵、桂阳，广开土地
199年	58岁	与交州牧张津作战经年
201年	60岁	收留被曹操打败的刘备，安排其驻扎新野对抗曹操。派兵攻陷西鄂
202年	61岁	刘备于博望打败曹将夏侯惇，遭刘表猜忌
203年	62岁	203 年，张津被杀。派遣赖恭出任交州刺史、吴巨为苍梧太守。曹操不欲其坐大，以士燮为绥南中郎将督领七郡。对继承人人选犹豫不决，长子刘琦任江夏太守
208年	67岁	刘表于曹操南下前病逝。次子刘琮继任荆州牧，不久投降

两城之间的汉水 刘备守樊城，刘琮军于襄阳，关羽水军游弋于两城之间的汉水。

襄阳城城楼

北临汉水的临汉门

襄阳城外宽阔的护城河

铁打襄阳

东汉末期，襄阳城是刘表州治所在，其城池布局严密，易守难攻，是必争之地。

襄阳城位处秦岭山地与江汉平原中间，与南阳城分据南阳盆地的南与北。其三面傍山，南面7里是险峻的岘山，又与樊城分处汉水的南岸和北岸（现在合称为襄樊市），襄樊一起构成严密的军事防御系统。襄樊还位于荆、豫、雍等各州南北交通的孔道，其北距南阳250里，南至江陵470里，中间有荆门和当阳。所以襄阳又与南阳连成一气，顾祖禹在《读史方舆纪要·卷五十一》言其“南蔽荆、襄，北控汝、洛”，具有牵一发而动全身的战略位置。

三国时期，关羽曾攻打襄阳，曹魏曹仁据城死守。南北朝时前秦苻坚攻打襄阳，东晋梁州刺史朱序据城坚守3年。宋元之际，蒙古大军一路南下势如破竹，1273年围攻襄阳受阻，率军守城的吕文焕在孤立无援的情况下坚守5年，所以襄阳城有“铁打襄阳”之称。

襄阳古城在宋时由土城改为砖城，是中国当前保存得最完整的砖砌城池，呈不规则长方形。城本身三面环水，汉水自西、北及东绕道南流，成为天然的护城河。

第五节 南方之强 孙吴崛兴

东汉末年，不但州郡大员割据竞雄，地方上的大小豪强也乘机蠢动。出身于江南土豪的孙坚，虽然势力和资望不足，但他所率领的江东子弟兵却能穿州过郡，在战斗中迅速壮大，成为一股不可忽视的武装力量。

孙坚率子弟兵北上，初随朱儁征伐黄巾，又随张温西入凉州，攻打边章和韩遂，再参与关东盟军讨伐董卓之役。在这几项军事行动中，孙坚的表现都相当耀眼，是东汉末年“寒族”建功立业的代表。

初平二年（191年），刘表与袁术争夺荆州，依附于袁术作为先锋将军的孙坚，屡败刘表的大将黄祖。可惜却为黄祖部下设计伏杀，终年仅37岁。孙坚死后，18岁长子孙策继承父业，仍受袁术的羁縻，原来属于孙坚的部队大多为袁术所节制。

孙策六年间讨平江东

汉末三国是“英雄出少年”的历史时代，孙策便是名副其实的少年英雄。虽说孙策继承了父亲孙坚的事业，但孙坚死后部众星散，各有所附归，主要部队仍为袁术控制。孙策最初手下只有一二千的将士，但他自小志气远大，文韬武略，懂得礼贤下士，广交豪杰和知名人士，也善于用人。他与江淮青年俊彦周瑜“推结分好，义同断金”（《江表传》），又争得大名士张纮出山相助，还陆续招揽了一批勇武之士如甘宁、太史慈等，势力虽然不大，却早就制定了一套长远的发展方略，且按之贯彻实行。孙策亲近将士，治军严明，不犯民间秋毫，深得民众爱戴，民众昵称他为“孙郎”，能

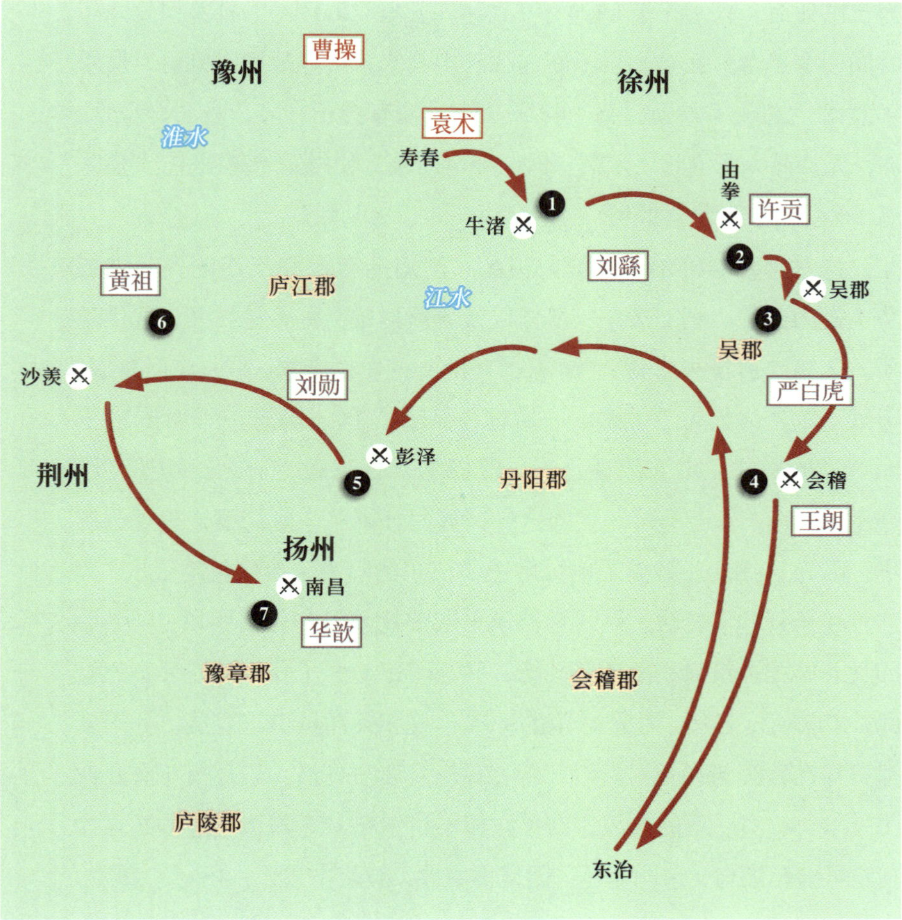

⊙ 孙策平江东路线示意图

战役	年份	敌对势力	地点
❶	195年	刘繇	牛渚（今安徽省马鞍山市采石镇）
❷ *	195年	许贡	由拳（今浙江省嘉兴市南）
❸	196年	严白虎	吴郡（今江苏省苏州市）
❹	196年	王朗	会稽（今浙江省绍兴市）
❺	196年	刘勋	彭泽（今江西省九江市彭泽县）
❻	199年	黄祖	沙羡（今湖北省武汉市江夏区）
❼	199年	华歆	南昌（今江西省南昌市）

* 此役由孙策部将朱治领军

得士民死命。兴平元年（194年）到建安五年（200年），孙策仅用六年时间便令单薄的武装力量不断在战斗中壮大，接连战胜了刘繇，反叛了袁术，击败了刘勋，终于讨平江东，领有会稽、吴、丹阳、豫章、庐江及庐陵六郡之地，威震一时。声势所及，使得袁术感叹说：“使术有子如孙郎，死复何恨！”

这六年，群雄中数河北的袁绍、河南的曹操和江南的孙策发展势头最为迅猛。相比袁绍、曹操以及各路群雄，孙策是后辈，凭借单薄。王朗向曹操报告说：“策勇冠一世，有俊才大志。……谋而有成，所规不细，终为天下大贼，非徒狗盗而已。”（《三国志·王朗传》）王朗这样的说法，出于敌视之辞，但仍承认孙策是“有俊才大志”“所规不细”的人。连不可一世的曹操，听闻孙策已平定江南，也意气难平，因为这样，孙策成了他日后进伐江东的阻力。曹操甚至说出“猘儿难与争锋也”的话，只好对孙策采取安抚政策和笼络手段：以弟弟的女儿婚配孙策最小的弟弟孙匡，又为子曹彰娶了孙策从兄孙贲的女儿；又以朝廷名义，礼辟孙策的弟弟孙权和孙翊。史著有载，孙策知道曹操在官渡与袁绍对峙时，曾打算出兵袭击许昌。如孙策真有此意图并实行，袁、曹的决战，结果则将不可逆料，三国历史走势又当如何？可惜孙策与父亲同命运，因恃勇率性，被伏击致死，死时才26岁。

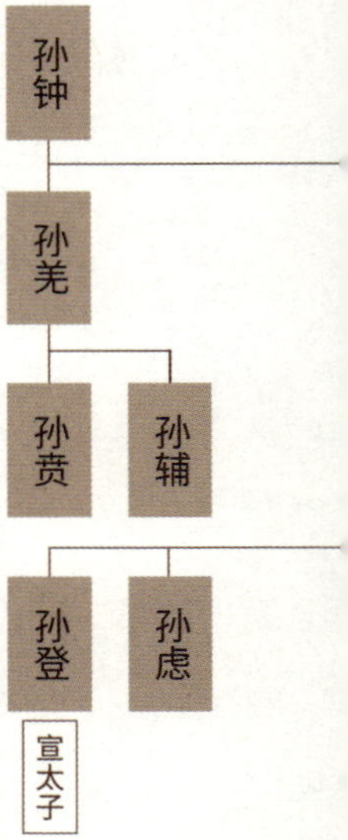

重用谋士，重荆襄战略

孙策有谋略且重视战略，又懂得礼贤下士，能得部下拥护，使百姓安心，绝非单纯的勇武之夫。古今同样，能成大事者必须有战略思想，而战略的高低和可行性，也决定了成败和得失的大小。孙策多次主动登门拜访守孝在家的广陵大名士张纮“咨以世务”，情况有如刘备三顾诸葛亮。不同的是，孙策以年少英雄而谦虚登门，请教于老成有名望的张纮；刘备则以资望、阅历和“枭雄”之老成，“枉驾”年轻未出茅庐的诸葛亮。刘备和孙策，都面临着力弱势蹙，不知何去何从

⊙ 孙氏世系表

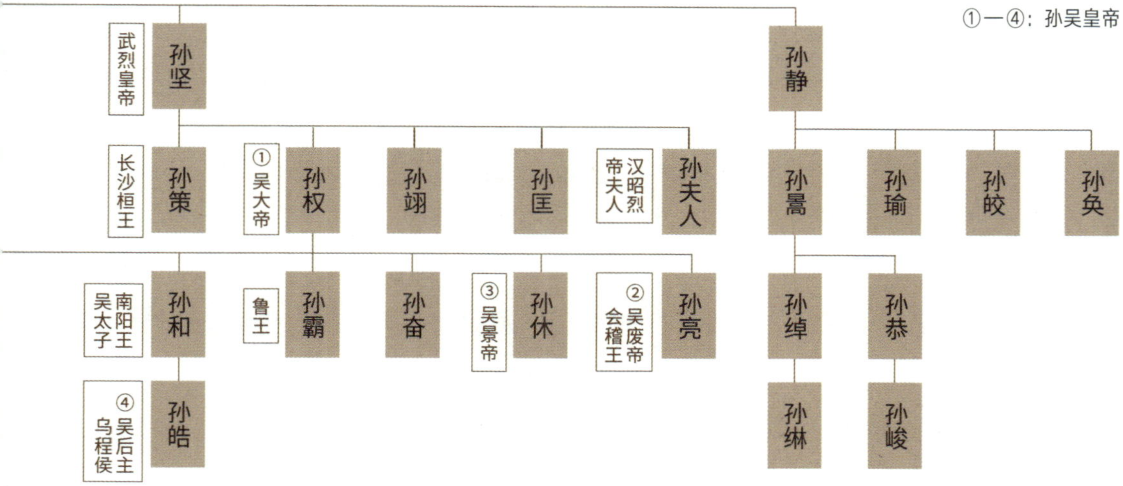

⊙ 孙策简略年表

年份	年龄	事件
175年	1岁	出生于扬州吴郡富春县（今浙江省杭州市富阳区）
190年	16岁	与周瑜深交
191年	17岁	父亲孙坚战死
194年	20岁	投靠袁术。拜会名士张纮。袁术派遣孙策攻打庐江郡太守陆康，大胜
195年	21岁	扬州刺史刘繇驱逐孙贲、吴景，策领兵攻打，进占秣陵及曲阿，据丹阳郡。策令朱治攻吴郡，许贡大败而附严白虎
196年	22岁	策攻打会稽，太守王朗投降
197年	23岁	袁术称帝，遂断绝关系
198年	24岁	曹操上表，奏孙策为讨逆将军，封吴侯。周瑜、鲁肃投靠；祖郎、太史慈归投
199年	25岁	击破庐江太守刘勋于庐江及黄祖于夏口。豫章太守华歆被虞翻游说而投降。统一江东
200年	26岁	孙策欲偷袭许都，却在丹徒狩猎途中，被许贡的奴客射杀

的处境，因此能谦虚就教于才智之士。

与张纮多次对话后，孙策记取了他提出的“保江东，观成败”“荆不离扬，扬不离荆”“居吴则重荆襄”的战略，并有发展目标作为号召。到孙权当政，其重用鲁肃，尤其重视鲁肃提出的居吴则重荆襄，除争夺长江上游外，最终目标是“竟长江所极，据而有之”，意即兼有荆、扬两州之外，再控制秦岭、淮河以南的整个南方，然后北伐统一天下，成就“高帝（汉高祖刘邦）之业”，取汉而代之。孙策殒命后，只有19岁的孙权得到了与孙策情如手足的周瑜和谋臣张昭的拥戴，接手父兄打下的基业，主持起孙吴争雄大业。

总括孙氏二代三主，孙坚以地方“轻侠”而成汉末名将，奠下了孙吴崛起的军事基础，以辅助汉皇室为目标。除此之外，孙坚为孙吴留下的最大遗产，是集结了一批如程普、黄盖般忠勇善战的将领和精兵，并为江东子弟树立了义勇、忠烈、善战的典范。孙策继父志，少年英伟，为孙吴在江东肇建基业者，也为江东子弟树立了敢于拼杀的“南方之强”传统，时人已视孙策为“少年英雄”。他重新审视东汉末的局面，确立了称霸江南的目标。

孙权擅于举贤任能

孙策殒命，孙权以19岁之幼，承接父兄打下的坚实基础，建立起可与曹操、刘备鼎立的孙吴，也是少年英雄。曹操曾赞叹青年孙权说：“生子当如孙仲谋，刘景升儿子若豚犬耳。”后世颂扬少年孙权的文学作品不少。南宋辛弃疾的《永遇乐·京口北固亭怀古》有“千古江山，英雄无觅，孙仲谋处”之句。《南乡子·登京口北固亭有怀》也有“天下英雄谁敌手？曹刘。生子当如孙仲谋”之句。孙权能聚集一众谋臣如张昭、张纮、周瑜、鲁肃、顾雍、吕蒙、诸葛瑾及后来的陆逊，同心协力，使其为自己保有江东并争霸天下做出很大贡献。不怪乎孙策临死前交托重任于孙权说：“举江东之众，决机于两陈（阵）之间，与天下争衡，卿不如我；举贤任能，各尽其心，以保江东，我不如卿。”历史也证明，孙权能以少年英雄之姿而成三国鼎立之局，诚如孙策所说，率军出征确非孙权所长，“举贤任能，各尽其心”才是后者作为领袖的最大本领，真是知弟莫若兄。

⊙ 孙坚、孙策和孙权起用人才表

君主	年份	文臣	武将
孙坚	184年		☆程普、☆黄盖、☆韩当、朱治
孙策	190年		周瑜
	192年	张纮	
	193年		吕范
	194年	张昭	凌操、宋谦、吕蒙
	195年		☆周泰、☆蒋钦
	196年	秦松、陈端、顾雍、虞翻	☆董袭、贺齐、吾粲、☆陈武
	197年		祖郎
	198年		太史慈
孙权	196年	胡综	☆潘璋
	200年	严畯、是仪、诸葛瑾、吴范	步骘、鲁肃、吕岱、☆徐盛、☆丁奉、朱然、朱桓、陆绩
	203年		☆甘宁、陆逊、☆凌统
	210年	程秉、薛综	士燮
	212年		骆统
	219年	潘濬（一作潘浚，刘备旧部）、阚泽	
	221年	滕胤、张休、顾谭	诸葛恪、陈表
	222年		陆凯、朱据
	232年	陆瑁	
	245年		陆抗
	249年		施绩
	?	张温、刘惇、赵达、张俨	周鲂、钟离牧、濮阳兴

吴郡陆氏：陆绩、陆逊、陆凯、陆瑁、陆抗

吴郡顾氏：顾雍、顾谭

吴郡张氏：张温、张俨

☆：江东十二虎臣

吴郡朱氏：朱桓、朱据

丹阳朱氏：朱治、朱然、施绩（原名朱绩）

会稽贺氏：贺齐

会稽虞氏：虞翻

孙氏故里龙门古镇

孙坚与孙策，都出生于今浙江省杭州市富阳区的西北，后举家移居舒城。今日浙江龙门古镇是孙权后代的聚居地，至今保存完整。

龙门古镇附近著名的富春江

龙门古镇

龙门古镇孙氏宗祠

龙门镇的孙氏宗祠，名为“余庆堂”，初建于南宋。其建筑宏大，造型优美，两侧山墙变化丰富，错落有致，是孙氏家族祭祖和议事的主要场所。

孙钟像

孙氏宗祠的原址为孙处士祠，是供奉孙权祖父孙钟的香火堂，后堂供奉龙门孙氏历代先祖的牌位。

孙权像

余庆堂大厅正中悬挂着吴大帝孙权的画像，其上有孙权亲撰的《天子自序》。

龙门古镇古戏台

周瑜孙策义同断金

周瑜（字公瑾）是庐江郡舒城人，祖父景及伯父忠都曾任汉太尉，父异为洛阳令。东汉初平年间，孙坚参与讨董卓义军，出兵前徙家于舒城。孙策是孙坚长子，与周瑜交好。周瑜让出道南大宅，给孙策一家居住。孙策与周瑜同年，但长瑜一月，两人有“升堂拜母”的结拜之交。

孙策起兵渡江攻打历阳时，给周瑜写信，周瑜率将士迎接孙策。孙策得周瑜之助，接连攻下横江、当利，并渡江破秣陵，进入曲阿，逐走刘繇。到此孙策兵马已有数万。孙策攻苏州和山越，而周瑜一度返回居巢。建安三年（198年）周瑜还苏州，策授周瑜为建威中郎将，称赞他为“英俊奇才”，是年他们24岁。其后，周瑜先后任中护军、江夏太守，从孙策征皖时，两人分娶乔公两女，再共同平定寻阳、豫章和庐陵等地，周瑜留镇巴仁。建安五年，孙策横死，孙权统事，内部人心不稳。周瑜赶到苏州，首先向权行君臣之礼，与张昭共同辅助孙权，稳定了局面。

庐江周瑜墓

今全中国有周瑜墓七处，经专家论证，安徽省庐江县的周瑜墓是首丘之地。

舒城周瑜城遗址纪念碑

航拍周瑜城

周瑜城在今安徽省舒城县干汊河区境，坐落在一个东西走向的小岗丘上。南濒杭埠河，沿土城墙绕城一周约3里，有四个对称的城门豁口，城中有一高台地。

安徽省庐江县周瑜庙内的塑像

安徽省庐江县周瑜墓园牌楼

周瑜鲁肃相濡以沫

周瑜与鲁肃同是孙吴的辅弼重臣，两人识于微时，少年薄有名气的周瑜任居巢长时，曾因缺粮食拜访求助鲁肃。鲁肃生于当地豪强大族，弱冠之年学习武艺，性格豪爽大方，遂将两囷中的一囷（3000斛）粮食慷慨赠给周瑜。经此一事，周瑜与鲁肃结为好友，建立了如同春秋时公孙桥和季札那种牢不可破的朋友关系。建安三年，周瑜东渡长江投奔孙策，鲁肃与他同行，携手同心共事于东吴政权。

江苏省镇江市鲁肃墓

青釉囷明器

第六节　髀里肉生　三顾草庐

另一位造就了三国历史的主要人物，当然是刘备。刘备（161—223年），字玄德，涿郡涿县（今河北省涿州市）人，是西汉景帝子中山靖王刘胜的后代。因支系疏远，家世没落，祖父刘雄做过东郡范县（今河南省范县东南）的县令，父亲刘弘只做过郡县小吏，而且去世甚早。少年时代的刘备，靠与母亲织草席和草鞋并贩卖为生，可见已沦为平民，祖荫留下尚可夸饰一下的，只有仍让一些人起敬的血脉。

刘备“不甚乐读书”“喜狗马、音乐、美衣服”（《三国志·先主传》），生得相貌堂堂，身材魁梧，少言语而能喜怒不形于色。当地青少年喜欢跟他结交，于是他成为群少首领，有“轻侠”味道。

刘备约15岁时，得同族叔祖赞助，跟随同郡著名学者卢植习儒学，并与公孙瓒为同学。公孙瓒年较长，备视之为兄。在徐州任州牧期间，刘备也曾亲炙汉末大儒郑康成、陈寔父子和孔融等人，与陈登一辈名士也有交往。虽然刘备与卢植、郑康成和陈寔三人的过从时间都不长，但三人对刘备的思想行为还是有相当的影响。这种影响或许主要不在做学问，而在志毅和品格的熏陶。尤其，作为老师的卢植，是一位刚毅、有大节、常怀济世之志而不好辞赋的大学者，相信刘备受过他不少感染。

灵帝末年，刘备在中山（今河北省定州市）得商人张世平和苏双的赞助，组织起武装力量。后又结交了“亡命奔涿州”的河东解县（今山西省运城市）人关羽，并得同郡张飞翼助。刘备最初集结起来的武装力量，情况与同学公孙瓒相近。两人同出“单门”，乃“寒士”，无门第资望可凭，又属“轻侠”式人物，交结的都是

⊙ 刘备家族世系表

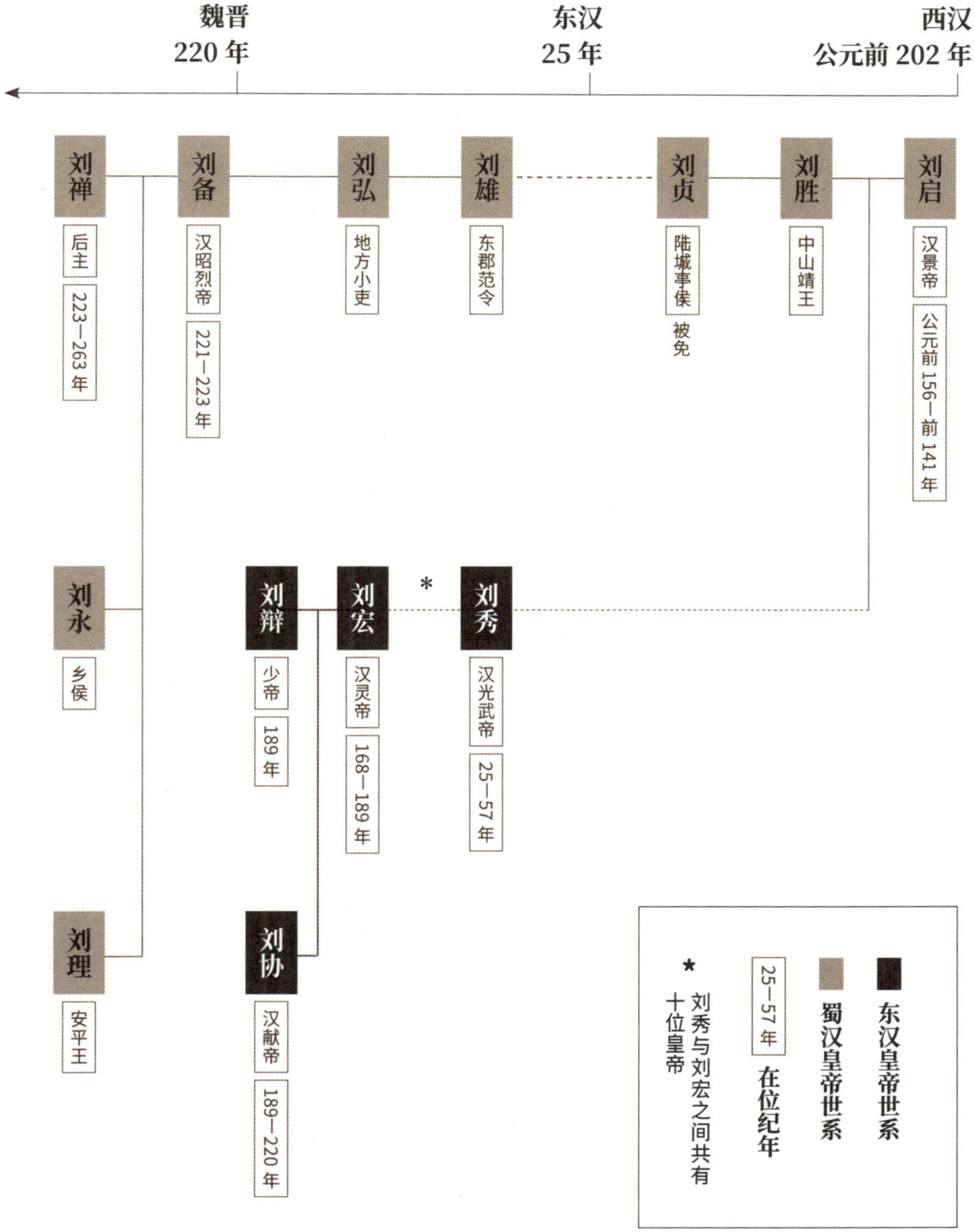
魏晋
220 年
东汉
25 年
西汉
公元前 202 年
刘禅
后主
223—263 年
刘备
汉昭烈帝
221—223 年
刘弘
地方小吏
刘雄
东郡范令
刘贞
陆城亭侯
被免
刘胜
中山靖王
刘启
汉景帝
公元前 156—前 141 年
刘永
乡侯
刘辩
少帝
189 年
刘宏
汉灵帝
168—189 年
*
刘秀
汉光武帝
25—57 年
刘理
安平王
刘协
汉献帝
189—220 年
东汉皇帝世系
蜀汉皇帝世系
25—57 年 在位纪年
* 刘秀与刘宏之间共有十位皇帝

一些侠武中人和商人。因参与讨伐黄巾军有功，刘备曾被任命为安喜（今河北省定州市）县尉，掌一县武装，后因求谒督邮不得见，直入杖之二百，遂弃官亡命。不久，他随何进时的都尉毋丘毅到丹阳招兵，至下邳遇上黄巾军，力战有功，得任下密丞，后仕任高唐（今山东省高唐县）县令。关东人士组盟军讨董卓，刘备也起兵参与，后为黄巾军余部所败而投靠时任幽州中郎将的公孙瓒。公孙瓒任刘备为别部司马，曾协助青州刺史田楷守青州，对抗袁绍数有战功。不久，刘备任平原（今山东省平原县）相，所以他年轻时，一直担任县级官吏。

曹操举刘备为左将军

初平四年（193年），曹操东征徐州，打败陶谦。青州牧田楷会同刘备往救陶谦，曹操适遇张邈和陈宫叛变而从徐州撤退。兴平元年（194年）春，陶谦举刘备为豫州刺史，刘备领兵屯小沛。同年冬，陶谦病死，别驾麋竺遵陶谦遗言，又得下邳人陈登、北海相孔融等的劝说，率将吏簇拥刘备为徐州牧。任职豫州刺史和徐州牧后的刘备，虽然资望和实力仍不足，但到底具有州郡地方大吏的身份，与孙策约略同时，渐成气候。

徐州是四战之地，无险可守，各方势力无不对之虎视眈眈。建安元年（196年），占据淮南的袁术，多次攻伐刘备不逞，后来又勾结吕布合力打败刘备。刘备没法只好依附曹操。曹操举刘备为豫州牧，领兵驻小沛，攻击取代刘备自领徐州牧的吕布，但失败。曹操便亲自率兵东征，在白门楼绞杀了吕布。刘备随曹操回许都，曹操上表朝廷举刘备为左将军，拜关羽为中郎将。在许都，曹操表面优隆刘备，实际上对他处处防范。刘备虽然势弱，且寄人篱下，却不甘后人，有自己的主张和明确目标。建安四年（199年）在许昌，献帝丈人车骑将军董承酝酿发动政变推翻曹操，刘备似曾参与此次密谋。为避免曹操怀疑，在许昌的刘备韬晦隐身，在居处种菜度日，闭门谢客。

新野古城楼

新野位处平原，仅有城墙可守。东汉末，刘表安排刘备驻扎新野，守卫抗曹前线。

新野城汉议事台遗址

议事台是刘备在新野召集文武官员讨论政军的地方。

借拦截袁术公开反曹

其间，袁术罔顾内外反对，刚愎自用竟然称帝，四面树敌，又连战皆败，终至穷途末路，无奈只好带病北上，投靠向来关系不好的堂兄袁绍。曹操知悉袁术的去向，要派兵拦截。刘备向曹操主动请缨，参与此次的军事行动。曹操一时失觉，答应了刘备，这无异于让刘备逃出生天。等刘备率兵赶到下邳，袁术已病死于寿春附近。刘备突袭曹操委任的徐州刺史车胄，屯军于小沛，公开反曹。200年春，董承密谋反曹之事泄露，此时曹操已探明刘备曾参与董承的密谋。自此曹、刘两人之间势同水火。

曹操为消除袁绍这一后顾之忧，准备与其一决生死，亲自率军先行东征徐州。刘备虽掌管了徐州，但基础不固内部不稳，加上遭遇曹操突击，猝不及防，故而大败，关羽亦兵败投降于曹操。刘备败走后，北上依附袁绍。到建安五年（200年），曹操与袁绍相持于官渡，袁绍派刘备率军袭击曹操后方，却为曹操所败。官渡战后翌年（201年），刘备为曹军所迫，南下荆州投靠刘表。刘表分他一部分军队，屯驻荆州以北的新野（今河南省新野县），让刘备为他把守与曹操对峙的北方大门。

为曹操所败寄刘表篱下

刘备在荆州寄寓刘表篱下。由于刘表在汉末的群雄竞争中只图坐观成败，因此虽有不少发奋为雄的机会，其都一一错过。刘备曾建议刘表积极行动，但刘表总不敢冒险犯难。刘备在荆州七年，不算短，却无所作为，于是有“髀里肉生”之叹。(《三国志·先主传》)

为改变自己势力弱孤、寄人篱下的困状，刘备在新野寻找机会，积极部署自身力量。其间他进行的工作主要有三个方面：一、扩充自己的武装力量；二、交结地方势力，收买人心；三、积极物色有才干和识见之士，辅助自己。经一番努力，刘备在这三方面都取得一

张飞庙

张飞字益德，涿郡人，与关羽最早追随刘备，年纪小于刘备和关羽，飞于两人“兄事之”(《三国志·张飞传》)。飞雄壮威猛，与关羽同被视为“万人敌”。飞死，追谥桓侯，所以图中大匾书“张桓侯庙”。另名“三义庙”，显然是取《三国演义》刘关张“桃园结义”的命意。(刘炜提供)

“跃马檀溪”传说

“跃马檀溪”是三国的一个著名典故，来自《三国演义》第三十四回。刘表向刘备表示意欲废长立幼，备劝止之且建议其削除蔡氏权力，在屏风后窃听的蔡氏内心忌恨刘备，命弟蔡瑁设宴杀害刘备。刘备闻讯避席出逃，急乘“的卢”(其坐骑名)到城西檀溪，因溪水湍急而不能渡过，此时追兵来到，刘备情急之下纵马入溪，人马皆陷入水中。刘备加鞭大呼：“的卢！的卢！今日妨吾！”马忽从水中腾身而起，一跃三丈飞上西岸，刘备往西南扬长而去。《三国演义》中的这一传说其实是根据《世说新语》的一则记载，可谓有声有色，惊险万状。对这桩故事，晋史学家孙盛和注引《三国志》的裴松之，都怀疑其真实性。理由是：“备时羁旅，客主势殊，若有此变，岂敢晏然终表之世而无衅故乎？此皆世俗妄说，非事实也。”但檀溪却是存在的，在今襄阳市西面，徐庶和崔州平都曾居此附近。

跃马檀溪（董培新绘）

定成果。刘表本就对刘备有所顾忌，看重他却不敢也不愿重用，刘备这种壮大自身势力的意图和行动，当然引起荆州本土集团的猜忌和不满，终至双方发生冲突。刘备在荆州积极吸纳才智之士，是他从事政治和军事生涯20年以来的最大突破。虽然他号称“皇叔”，其世代谱系却要上溯到西汉，其与汉室的亲缘可谓疏远至极、无从稽考，和刘表与东汉宗室世系的接近不可同日而语。他24岁起事，结集起武装力量，但20年间先后依附公孙瓒、陶谦、吕布、曹操和袁绍等人，这一事实是力量不足的结果。刘备也参与过大大小小各种战斗，但力量依旧薄弱，只是依靠关羽、张飞、赵云这几位亲如兄弟的忠勇虎将，才挣得一定名堂。

水镜亭

湖北南漳县水镜庄，相传是司马徽寓居荆州时隐居处，在襄阳城东沔水的鱼梁洲南部，与西岸白沙曲的庞统家极接近。刘备曾就访司马徽，请教他对时局的意见。司马徽说：“儒生俗士，岂识时务？识时务者在乎俊杰。”（《三国志·诸葛亮传》）同时向刘备推荐了“卧龙”诸葛亮和“凤雏”庞统。

刘备一直没什么出色的谋士相辅，有的只是一些从事行政的属员。严格地说，刘备过去率领的武装力量有如一支雇佣兵，艰苦死拼20年，仍然只是东附西攀，没有固定地盘和可靠实力。直到寓居荆州，刘备似乎才明白自己的不足以及谋士的重要性，便改弦更张，积极去物色才智之士。在荆州，刘备恭敬地请教过人称“水镜先生”的司马徽（字德操），再得到徐庶相助，后又“三顾草庐”邀得“卧龙”诸葛亮出山。其时诸葛亮年龄尚轻，才27岁，“躬耕于南阳”（《三国志·诸葛亮传》），无实际的军政经历，而刘备已年届47岁，历尽军旅沧桑20多年。在隆中草庐与诸葛亮的一席话彻底改变了刘备的命运。诸葛亮为寄人篱下的刘备制定了被后世称为“隆中对”的远大战略。

诸葛亮具家世及号召力

三顾草庐与隆中对，不仅扭转了刘备的命运，而且也改变了汉末以来的争霸局面，无怪乎三顾草庐和隆中对成了千古美谈。如非刘备改弦更张，邀纳一众谋士，他日后的命运，必然如吕布、公孙瓒或后来的马超等人，即使一时勇锐不可当，终会败灭。诸葛亮在《出师表》中说："臣本布衣，躬耕于南阳，苟全性命于乱世，不求闻达于诸侯。"我们容易有两个疑问：一、在东汉重视门第和名士的社会，一个布衣隐士，何能一出茅庐即让人刮目相看？二、躬耕于隆中郊野，即使是天才英纵，也难通资讯人脉，何以能"知天下事"？

其实，对出山前的诸葛亮的身份，有三个方面要注意：一、他的家世不算布衣，属寒门士族，有相当的家族传承；二、他在荆州有着相当的人脉关系，个人求一仕进，并非难事；三、出山前的诸葛亮已是荆州一地众青年俊彦的领袖人物。荆州俊彦来自五湖四海，人物地缘广泛，资讯流通充分，所以能知天下事。具备这些条件的诸葛亮，对刘备的重要性，正如荀彧之于曹操，周瑜之于孙策。除了个人的聪明才智和学养，他们的号召力也改变了曹操、孙策和刘备的政治结构和人才格局。诸葛亮加入刘备阵营在这些方面产生的重要影响，为世人所忽略。

⊙ **刘备入蜀前简略年表**

年份	年龄	事件
161—175年	1—15岁	出生于幽州涿郡涿县（今河北省涿州市），为中山靖王刘胜后代，少年时期与寡母靠织草席卖草鞋为生
175—180年	15—20岁	听从母命求学于大儒卢植，与公孙瓒为同学
180—184年	20—24岁	受富商资助招贤纳士。适逢黄巾之乱，组织义军时结识关羽、张飞
184—189年	24—29岁	参军讨伐黄巾军，因立下战功获任安喜尉
189—193年	29—33岁	投奔公孙瓒，被推荐为平原相。助公孙瓒对抗袁绍，结识赵云
193年	33岁	助徐州牧陶谦抵抗曹操，获推荐为豫州刺史
194年	34岁	陶谦病死，死前以徐州相让，刘备遂领徐州牧
194—198年	34—38岁	收留被曹操打败的吕布，吕布趁袁术与刘备混战期间夺权。此后刘备与吕布时和时战，后刘投靠曹操消灭吕布

中山靖王刘胜

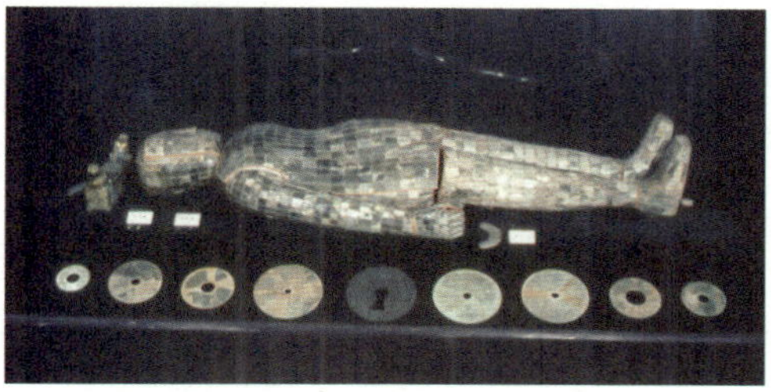

刘胜墓金缕玉衣

刘胜及其妻窦绾的墓出土了包括金缕玉衣在内的众多堪称国宝的器物。两汉盛行厚葬，用金丝和玉片串接成的玉衣，成为当时最高级别的丧葬殓服。古人认为用玉裹身可万年不腐。西汉除帝后外，金缕玉衣也被大量使用于藩王。东汉之后金缕衣只限于薨后之皇帝与皇后使用，诸侯之殓服则用银线缀编，其他贵族的用铜线或丝线缀编，称为铜缕玉衣、丝缕玉衣。（刘炜提供）

刘胜是西汉景帝之子，汉武帝的异母兄弟。受封中山，谥号为靖，到东汉末年其后人与皇室血缘早已疏远。刘备常言自己是中山靖王之后，到许昌后，汉献帝为获外援，命人查对族谱，得悉刘备高献帝一辈，故而以皇叔相称。

公元前113年，靖王薨，葬于今河北省保定市满城区陵山。其墓属当今保存最完整、规模最大的以山为陵的墓葬，于1968年被发掘，墓中共出土金器、银器、铜器、铁器、玉器、石器、陶器、漆器及丝织品等遗物一万余件，其中包括金缕玉衣、长信宫灯、错金铜博山炉、鎏金银蟠龙纹铜壶及铜朱雀衔环杯等堪称国宝的器物。

年份	年龄	事件
198—201年	38—41岁	借口截击袁术脱离曹操控制，重占徐州。但被曹操打败，遂投奔袁绍，在汝南骚扰曹操后方。再败，投奔刘表
201—207年	41—47岁	被刘表指派屯兵新野，于博望打败夏侯惇，被刘表猜疑
207年	47岁	刘备三顾草庐，请得诸葛亮出仕，获献“隆中对”
208年	48岁	曹操南下，刘琮投降。刘备逃至江夏。派诸葛亮与孙权结盟，孙刘联军于赤壁一战打败曹操
208—211年	48—51岁	趁孙曹对峙攻下荆南四郡，收服黄忠。孙权嫁妹及借南郡、江陵予刘备
211年	51岁	益州牧刘璋请刘备入蜀对付张鲁，刘备率军与庞统、黄忠、魏延等入蜀，又与刘璋手下法正、张松暗通

专题09 诸葛亮与古隆中

诸葛亮在《出师表》中曾自述：“臣本布衣，躬耕于南阳……”失去父亲和叔父依靠的年轻诸葛亮，一面在荆襄刻苦求学，一面在南阳古隆中依山傍水的山林中耕读。

隆中因刘备三顾草庐而名扬后世，是后人瞻仰诸葛孔明的“圣地”。历代名士文人到游而留下诗文咏颂的，不知凡几。其中苏轼的《隆中》写人、写景、写史兼而有之，乃大手笔之作：

谁言襄阳野，生此万乘师。山中有遗貌，矫矫龙之姿。
龙蟠山水秀，龙去渊潭移。空余蜿蜒迹，使我寒涕垂。

古隆中距襄阳城西10公里，东汉时属南阳郡辖地，所以诸葛亮自谓“躬耕于南阳”。此地层峦叠嶂，流水淙淙，树木茂盛。虽说经过了近1800年的岁月，诸葛亮隐居躬耕的旧址面貌犹在，这可能与后人对诸葛亮心存敬仰而注意维护有关。古隆中旧址的面积相当大，除有历代的纪念建筑物，尚有诸葛亮留下的遗迹，如他用过的六角井、耕种过的躬耕田等。其他引人关注的遗迹有：引泉江而开凿的老龙洞和抱膝石、刘备三顾草庐走过的小径和小虹桥、半月溪、梁父岩、草庐旧址等。

古隆中石牌坊

左右对联“三顾频烦天下计，两朝开济老臣心”，是唐朝杜甫总结诸葛亮一生而传诵千古的两句诗。左右横额的“澹泊明志，宁静致远”，是诸葛亮的名句，后世多奉为人生座右铭。

古隆中三顾堂

三顾堂位于武侯祠南侧、诸葛草庐前，乃明代在宋代基础上改建而成。目前所见的三顾堂保持了清光绪年间的式样，前厅三间，后堂五间，是硬山起脊建筑。正门前的对联为："两表酬三顾，一对足千秋。""两表"指诸葛亮的前、后《出师表》，"一对"则指著名的"隆中对"。

古隆中六角井

六角井在诸葛亮宅院内，是诸葛亮时代唯一留下的生活用水井。据晋王韶《南雍州记》记载："隆中诸葛亮故宅有旧井一，今涸无水。盛弘之记云，井深五丈，广五尺……齐建武中，有人修井，得一石枕，高一尺二寸，长九寸。"隆中诸葛故居遭受破坏后，六角井成为判断诸葛草庐位置的依据。六角井有古朴雕花的六角石栏板，井底为六棱锥形，井深约5米，井径为1.38米。

古隆中草庐小径

通向诸葛亮所住草庐的小径。不难想象刘备三顾草庐时走过的情景。

第七节　羽扇纶巾　灰飞烟灭

"赤壁之战"不仅在三国时期，即使在中国战史上，也是一场很著名的战役，其过程引人入胜。在《三国演义》的渲染下，战役中的人和事更被赋予了几分浪漫色彩。宋代苏东坡创作的《前赤壁赋》和《赤壁怀古》更是脍炙人口，令赤壁之战在历史上和文学上同样家喻户晓。

建安十三年（208年）七月，曹操率领大军，浩浩荡荡南下讨伐荆州刘表。卧病的刘表寝食难安，只好请刘备屯兵樊城（今湖北省襄阳市北），在北方前线捍卫襄阳，抵御曹操。曹操大军南下不久，刘表便病死，次子刘琮继任为荆州牧。刘琮和拥护他当荆州牧的一帮人，如刘表的后妻蔡氏、弟蔡瑁等，都是贪生怕死之辈，为保富贵决定向曹操请降。

刘备有过人信义

众人做了这个决定后，也不通知与襄阳一水之隔、驻守樊城应敌的刘备。刘备听说刘琮已降曹时，曹军已至宛城（今河南省南阳市）。刘备知道，凭一己之兵力，无法抵挡曹军，便与诸葛亮等率军向江陵方向（今湖北省荆州市荆州地区）后撤。刘军后撤经过了襄阳，扶老携幼追随其后撤的老百姓有10多万人，辎重数千辆。虽然曹军追兵在后，形势危急，刘备仍不忍丢下跟随自己的百姓，所以撤退的行动很缓慢，并说："夫济大事必以人为本，今人归吾，吾何忍弃去！"（《三国志・先主传》）

曹军抵达南阳后，刘备才获知刘琮已投降，但他不杀来樊城通告的宋忠；南逃江陵，不忍袭取刘琮；不抛弃随同的百姓。刘备这种甘于同败的行动，如从利害去衡量，是失算和失策的；而从另一角度，正反映了他有过人的信义。史家习凿齿说他“虽颠沛险难而信义愈明，势逼事危而言不失道”，这一评价是中肯的。“仁心义行”，耍嘴皮子是容易和常有的，生死关头，才能看出是否真实践行“杀身成仁，舍生取义”的准则。刘备有“以人为本”的信念和过人的信义，否则不会在一生中令一批信义昭昭的能人生死相随。诸葛亮、关羽、张飞和赵云等人，都是三国时期尊崇信义、品格方正的人物，连曹操的重臣郭嘉也说：“备有雄才而甚得众心。”（《三国志·郭嘉传》）

在历史上，评论人物最不容易。既不能求之完美，也不可过分挑剔。刘备自己曾表白过他与曹操的区别，说：“操以急，吾以宽；操以暴，吾以仁；操以谲，吾以忠。每与操反。”（《资治通鉴·汉纪五十八》）比较曹、刘一生的为人行事，不难见其中的差异。近世讨论三国历史，存在一个现象：为一翻前人之说，对曹操倾向于文过饰非，对刘备就倾向于吹毛求疵。

长坂坡遗址

刘备夏口会合关羽

曹操得知刘备拟退守江陵，而江陵是战略要地，储备了大量粮草和兵器，便率精骑五千，日夜兼程，急行军200里，在当阳长坂坡赶上了刘备军民。刘军猝不及防，为曹军所败，连刘备的甘、糜两位夫人和儿子刘禅也给曹军冲散。刘备只好与诸葛亮几人带着随从，落荒而逃。赵云在曹军包围中，左冲右突救出了刘禅，这就是著名的“百万军中藏阿斗”的故事。

由于被曹军截断了前往江陵的通路，

刘备只好率领残军向东面夏口（今湖北省武汉市）退却，刚好与前来救助的关羽的1万水军，以及刘琦的1万步兵和水军会合。占领江陵的曹操收编了刘琮的水军，主力近30万之众，沿江顺流南下，图谋一举剿灭刘备。同时曹操也向孙权下了战书，迫逼其投降。

⊙ 赤壁之战前曹操势力

经济实力	领土	曹操拥有八个州地方以及荆州北部
	资源	曹操管辖的北方资源丰富，有多个工业重镇，手工业、冶炼业发达。曹军的装备造工优良，用料质素上乘，为军事需要做出充分准备。 并州、兖州盛产铁矿，幽州、冀州盛产良马，关中、河北盛产小麦，青州、徐州盛产海盐
军事实力	陆军	曹操号称有 80 万大军。周瑜推测曹操北方士兵有 15 万至 16 万，刘表士兵投降者有 7 万至 8 万，总共约 24 万。加上由汉水南下的徐晃部队，全数达 30 万。人数虽多，但久战疲敝，水土不服，战斗力大打折扣
	水军	曹操的军队大多由北方人组成，不识水性，也没有水战经验。曹操接收荆州后，吸纳了刘表的水军舰队及擅长训练水军的将领蔡瑁、张允及文聘。水军舰队曾与孙坚、袁术、孙权作战取胜，是一支劲旅  北方人善于骑马打仗，但不熟水性。造船业也不发达  南方人善于游泳与驾船，但多不善骑马打仗。造船业极发达，战舰性能优良
政治实力	内部	丞相府的建立实际上架空了汉室朝廷中枢的职能。曹操将政治中心由许都转移至其治所邺城，大权独揽，以丞相名义推出政令，并动员所有力量征伐。曹操又迫使荀彧自杀，诛杀孔融及崔琰等，震慑了朝廷中反对曹操的士族
	外部	不少远方诸侯对曹操表示臣服，使曹操能无后顾之忧，不需双线作战，可以专注动员大军南征。辽东公孙恭及凉州马腾、韩遂亦归顺曹操

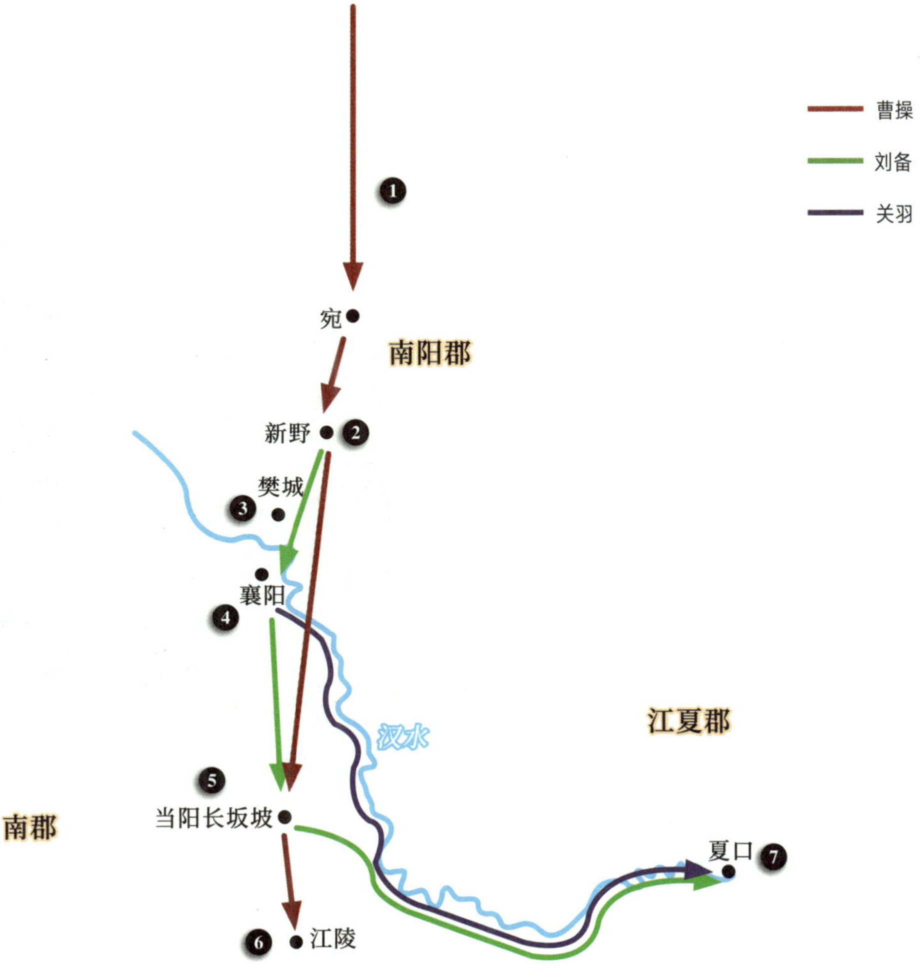

⊙ **荆州降曹路线示意图**

❶ 曹操得知刘表病逝，从许都率军南下取荆州

❷ 曹操抵达新野

❸ 刘备出新野往江陵南逃，屯驻樊城；刘琮于襄阳降曹，未通知一水之隔的刘备

❹ 刘备于襄阳兵分两路，关羽沿汉水逃至夏口

❺ 刘备在当阳长坂坡被曹操亲率五千精兵击败，险失妻儿，领百姓逃至夏口

❻ 曹操放弃追击，占领江陵，收编刘琮水军，领有大军共 30 万

❼ 刘备于汉水会合关羽 1 万水军，再于夏口会合刘琦 1 万步兵及水军

孙刘协同抗曹

曹操率大军南下，一举降服了荆州刘琦，击溃了刘备，再率30万大军水陆并进，意图一箭双雕，歼灭刘备并迫降孙权。刘备和孙权两方都在生死存亡关头。鲁肃和诸葛亮不断奔走、游说，终于促成了孙、刘的合作，两方协同抗曹。决心抗曹的孙权，任命极力主张抗曹的周瑜为左督（主帅），而以辅助孙氏三代的老将程普担任右督（副主帅），鲁肃为赞军校尉（近参谋长），集精兵3万溯江而上，与屯驻在夏口的刘军会合，以夏口为盟军总部，对抗曹军。

由徐晃等率领、准备会合曹军主力的支援部队，顺汉江而下欲出长江，首先被孙刘盟军攻破，随后孙刘盟军继续西上迎敌。东下的曹军在长江赤壁（今湖北省赤壁市西北）段，与孙刘联军相遇，结果先头部队被孙刘联军打败，此时曹军已发生疫情。曹操率军队撤退到江北的乌林（今湖北省洪湖市东北），与水、陆两路陆续抵达的曹军会合。双方在赤壁附近隔江对峙。

赤壁古战场周瑜石像
该石像位于今赤壁市（原蒲圻市）长江边的“三国赤壁古战场”景区。

赤壁古战场望江亭
望江亭在今赤壁市赤壁山高处，为“三国赤壁古战场”景区的著名景点。

湖北省洪湖市乌林镇的民间曹公祠

乌林镇曹公祠内的曹操塑像

曹操虽被目为奸雄，在乌林大败，但乌林民间却为曹操立祠，反映了地方民间崇拜历史名人的心理。

乌林镇古战场“万人坑”遗址

在乌林的曹军战死、烧死、被践踏致死者，数以万计。该遗址相传为当年填埋曹军尸体处。

乌林古战场的“乌林寨”石碑

周瑜奇计大破曹军

赤壁古战场拜风台

拜风台位于今赤壁市“三国赤壁古战场”景区内，明代时人们依据《三国演义》孔明设坛借东风的故事，修筑此建筑作为纪念。

曹军虽然人众势大，但如战前诸葛亮和周瑜的分析，曹兵多属北方人士，南下水土不服，易感染疾病，加上新降的荆州，人心未服，指挥不易。何况曹军的北方兵士不熟水性，受不了在船上长江风急浪高的颠簸。曹操为此下令将战船连接在一起，减轻船上的摇晃。孙、刘自知兵寡，不能正面对抗，只能另出奇谋。曹军连接战船的安排，正好给了周瑜采用“黄盖诈降”“火烧连环船”等奇计的机会，乘着猛风，点燃满载火油的走舸（轻便小船），迅速冲向并焚烧了对方的连环船和靠岸营寨，导致曹军大乱。

孙权方面，吴军本就是水陆两栖的精锐，其一时之战将程普、黄盖、韩当、吕范、周泰、吕蒙、甘宁等全面出击，而刘军方面的关羽、张飞、赵云等将领，也乘势出击厮杀，将曹军杀得人仰马翻。混乱中，曹操带领残兵败将，从陆路经华容（今湖北省监利市）向江陵逃走。一路曹军兵将争先恐后，相互践踏，致死伤无数。周瑜和刘备联军继续水陆并进，一直追杀到南郡。曹操留下征南将军曹仁、横野将军徐晃镇守江陵，折冲将军乐进驻守襄阳，然后自己罢兵北返。继官渡之战后，这场被称赤壁之战的战役，又是一场以少胜多、以弱胜强的著名历史性战役，并改变了汉末争霸的走势。曹操挥军南下，横槊赋诗，意气风发，企图一统天下，没想到化为泡影。这场战役也让孙、刘两家起死回生并乘势崛起，开启了之后三家鼎立的三国历史。

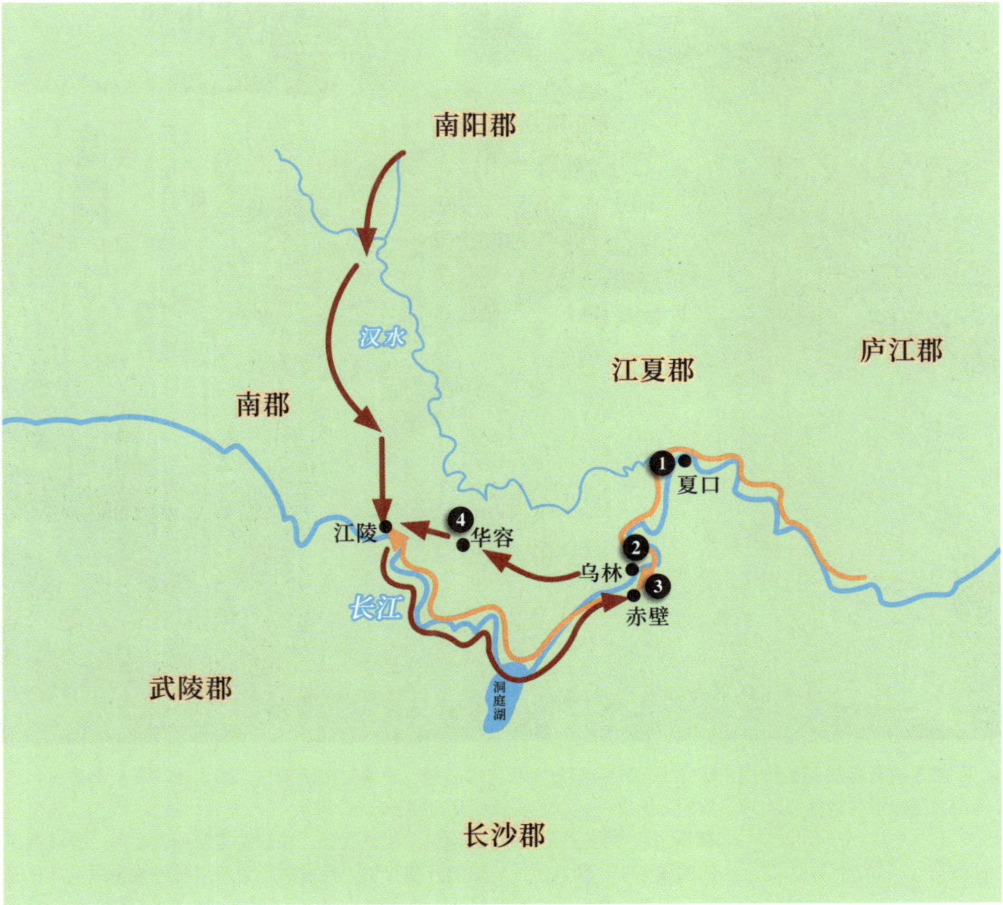

⊙ 赤壁之战路线示意图

❶ 周瑜集精兵 3 万，溯江而上，与屯驻在夏口的刘军会合，以夏口为盟军总部。曹军顺汉江而下欲取陆口，首先被孙刘盟军攻破

❷ 东下曹军被联军先头部队打败，撤退到江北的乌林，曹军多人染病，两军在赤壁附近隔江对峙

❸ 由于风势大，曹操连接战船以稳定船身，周瑜于是采取了黄盖诈降和火烧连环船的奇计

❹ 曹操领残兵败将，从陆路经华容道逃回江陵，一路兵士相互践踏，死伤无数

赤壁之战各种战舰的模型（摄自三国赤壁古战场景区）

❶ 斗舰：中大型重装攻击性战舰，进攻时战舰前进，船上士兵发射箭矢等，与敌船正面交锋则以矛、长枪及刀展开攻击

❷ 蒙冲：中型先锋战舰，速度快，机动性强。快速冲撞敌船的船腹，破坏后者的船腹结构，使其沉没。船舱开窗可供士兵发射箭矢及用长矛攻击敌兵。吴国将领黄盖便是用蒙冲燃点薪草冲向曹营

❸ 露桡：中小型及轻型攻击战舰，桨比较多，具有快速、灵活的特性

东吴斗舰模型

此为重装攻击性战舰。进攻时船上士兵可发射箭矢，至与敌船正面交锋，改用矛、长枪及刀攻击。东吴以水军立国，其中武昌可建造大型楼船，史籍记载孙权专设典船都尉督造战船。

周瑜指挥船模型

这是仿古楼船中的东吴主帅周瑜指挥船。此船是以木结构为主的大型仿古建筑，造型宏伟，体现了汉代的建筑风格和造船业的发达。

❶ 望楼：士兵在其上站岗放哨，四周是垛口方便射击

❷ 重楼：三层庑殿式建筑

❸ 主楼：共有四层，两层走廊连系重楼，方便主帅及士兵进行军事行动

❹ 后殿和舵房

三国楼船模型

楼船是指有多层甲板和舱房的船，属中国古代的大型战舰。它的外观巍峨威武，船上配备许多矛戈和士兵，旗帜飘扬，攻守皆可，像坚固的水上堡垒。

❶ 雀室 ❷❸ 飞庐：船上的小楼 ❹ 雀室：瞭望台供士兵站在高处观察四周动静 ❺❻ 船上的房屋

专题10 真假赤壁

千年来人们对于何处是真正的“赤壁”战场争论不休，至今没有形成一致的结论。在主要的五种说法中，以“江夏赤壁”和“蒲圻赤壁”的论据较充分。

著名历史地理学家谭其骧在自己主编的《中国历史地图集》中认同北魏地理名著《水经注》的说法，认为赤壁之战的赤壁，是距离夏口（今湖北省武汉市）不远的“江夏赤壁”。另著名学者万绳楠以史书《英雄记》《荆州记》和《水经注》互证，说赤壁战场是在巴丘到夏口之间（今湖南省岳阳市到湖北省武汉市之间），即蒲圻（今湖北省赤壁市）沿江100里南岸处的“蒲圻赤壁”。今实测赤壁在东，乌林在西，东西距离160里。蒲圻在三国时被称为沙羡赤壁，沙羡距夏口西南90里。

另张靖龙主张，赤壁战场很大，自西北至东南，由三座山构成，即赤壁山、南屏山与金鸾山。赤壁与乌林段的长江流向，是由西南向东北的，且周边大环境是占

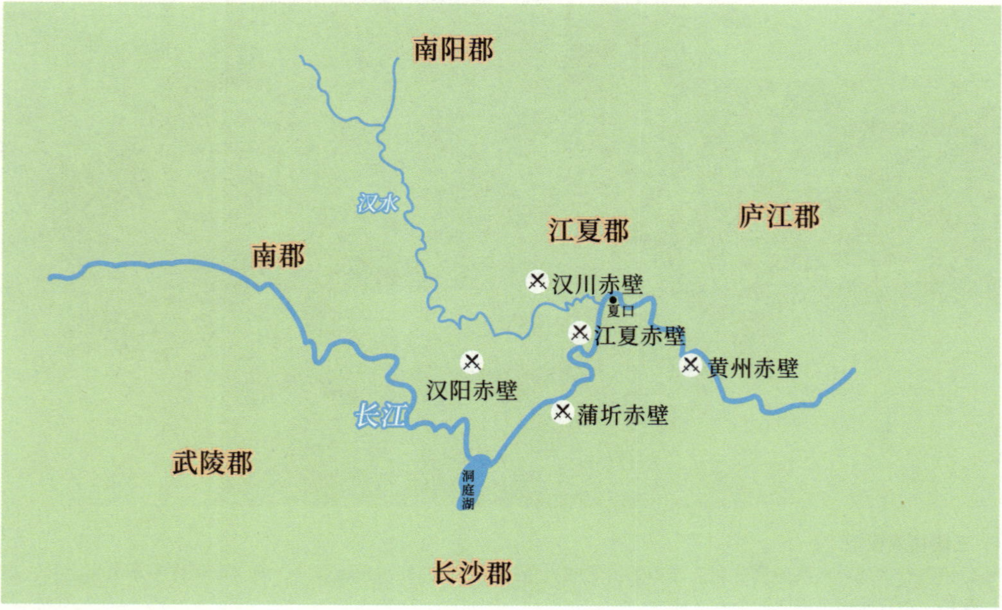

⊙ 赤壁之战地点示意图

地辽阔的著名的云梦泽（即巴丘湖，今岳阳湖）。汉末赤壁之战时，云梦泽一带主体在今洪湖及其周围地区，而曹军置身于东南面长江与西北面云梦泽之间的狭长地带，是河漫滩，环沔皆湖，洼湿浩渺。三国史专家卢弼也认为，曹军的前锋在赤壁，乌林是后军。

无论蒲圻赤壁还是江夏赤壁，都在岳阳湖到夏口长江转向东北流的一段，加上浩渺的云梦泽等湖泊，虽然是十二月的冬天，仍有刮东风或南风的日子。对于熟悉江南地理气候的诸葛亮和周瑜来说，这种天气和风向，有地理上的科学根据，自然在他们的计算之中，而非如《三国演义》描述，是靠穿道袍的诸葛亮运用法术，呼风唤雨"借东风"来的。《三国演义》的这段故事，鲁迅批评是妖怪化了孔明，"至于写人，亦颇有失……状诸葛之多智而近妖"（鲁迅《中国小说史略》），或者是罗贯中等无法理解十二月何以吹东风之故。

刘备和诸葛亮等随关羽率领水军万人，与驻夏口的刘琦水步兵万人会师。刘备知周瑜率3万水军溯江而上，便领2000人军队到樊口迎接。在曹军主力和由汉江南下的支军尚未到达赤壁前，周瑜、程普和黄盖等都到了夏口，夏口乃成刘孙盟军总部。曹操二三十万的主力军由江陵而下，全在长江千艘战船上，其船队经过云梦泽，然后向夏口北上。曹操在巴丘有《气出唱·游君山》一诗，可以为证（君山即今湖南省岳阳市洞庭君山）。

从汉口支援的曹军，是由徐晃、满宠和文聘率领的北兵，乘竹簰（大竹筏）从汉水南下。这支部队进驻浦口，在曹大军未到夏口之前，已遭周瑜用火烧毁，渡江失败。曹主力军到巴丘时也遇上疫疾，到达赤壁战场与周瑜和刘备联军作战时又逢不利，更遭大疫，只好烧毁大量战船撤退。所以曹操在《与孙权书》中说，"赤壁之役，值有疾病，孤烧船自退"，未有说假，但接下一句"横使周瑜虚获此名"，则有文过饰非之疑了。

日后阮瑀《为曹公作书与孙权》仍强调，"昔赤壁之役，遭离疫气，烧舡自还，以避恶地，非周瑜水军所能抑挫也。江陵之守，物尽谷殚，无所复据，徙民还师，又非瑜之所能败也"，一再辩解，反而反映了曹操对赤壁之战败于周瑜的耿耿于怀。［参考万绳楠《扑朔迷离话赤壁》（四川大学历史系编《冰茧彩丝集》）、张靖龙著《赤壁之战研究》］

孙权与曹操

在江淮地区相对峙，
曹操与刘备各有打算，
三雄之争进入白热化阶段。

右图：刘备画像

第三章

三强鼎立

第一节　三强鼎立　争夺荆州

建安十三年（208年）的赤壁之战，正如八年前的官渡之战，是属于扭转“群雄”竞争乾坤的重要战役。官渡之战后，曹操取代袁绍雄踞北方，成为割据群雄中势力最大的霸主，也一跃成为最有能力统一全国的力量。赤壁之战却遏制了曹操要迅速统一全国的企图，虽然曹操仍保持实力上的优势，但经赤壁之战，曹操、孙权和刘备三家鼎立的新局面由此形成。

从三家到三国鼎立的演变，无疑有碍中国重新统一的进程，也多少造成了“魏晋南北朝”几百年的分裂历史。但不能简单地说，赤壁之战造成了以后几百年的分裂。赤壁之战中曹操所以失败，孙权和刘备所以战胜，有其历史原因。不仅在赤壁之战，其后曹氏三代对江南的用兵也屡屡受挫，可见汉末三国时期，之所以不如人愿形成鼎立局面，有其客观和主观的因素。

具备与北方抗衡的条件

最重要的客观因素，是中国的历史发展渐渐呈现出大变局。以长江为重心的南方，到了东汉末年，已然打破中国全境一直以来的北重南轻的发展格局。分裂局面的造成，或者说分裂所以可能，不能简单归咎于一两场战争，而是因为南方经历了物质基础与人才的积聚后，渐已具备与北方抗衡的条件。汉末三国时期，正处于这种大变局的临界点，于是南北对峙形成新变局。中国经历几千年的历史发展，已经从以黄河中原为中心的格局，变成拥有黄河与长江两个中心、南北力量逐渐对称的格局。[1]中国历史已踏入“大蜕变时期”。

从更广阔的角度理解赤壁之战，就能理解，曹魏不能完成统一，也有其主观的因素。回看西汉末年，同是在全国分崩离析、群雄对峙的形势下，刘秀最后剿灭大部分群雄，建立了东汉王朝。然而，在东汉王朝建立后的相当长时日内，仍然存在地方割据势力反抗新建政权，天下尚未完全统一。而刘秀能平定割据，迎来东汉的统一局面，开出几代盛世，与他和诸功臣的建国理想以及着眼于推行长治久安政策大有关系。相比之下，中国陷于魏晋南北朝几百年的分裂局面，更多应归咎于曹魏和司马晋两代政权开国格局不够宏伟和光明。[2]

以统一全国为最终目标

赤壁之战后的10年间，曹操、孙权和刘备三家一方面不敢稍懈，继续保持着高度对抗状态，另一方面又各自四出征讨，以期充实实力和扩充地盘。虽然三家形成了鼎立局面，形势不同，强弱有异，但同样定下凭己力统一全国的最终目标。孙、刘两家较之于曹氏，虽然势力远有差距，仍始终抱着“无守国自保”的意图，奋力争胜，以图一统天下。所以，我们讨论三国历史，不能以谁统一了去做历史褒贬，或以此去评论三家的是非。甚至连外国的学者，都认为汉末三国时期是促成和助长中国大统一思想形成的时期。[3]因三家同抱统一全国的目标，所以曹、刘、孙由三强到三国鼎立，始终处于互为攻防的激烈战争局面。

赤壁之战后的荆州，仍然是曹、刘、孙三家军事对抗最激烈的焦点。荆州辖下，有三个战略重镇：作为南北抗衡的重镇，是襄阳；控制两湖（今湖南、湖北，即古楚地，位居长江中游）形势的重镇，是江陵；确保长江中下游安全的重镇，是夏口。

---

[1] 许倬云：《历史分光镜》，上海：上海文艺出版社，1998年。

[2] 钱穆分析了魏、晋之所以不能为中国历史开启全新的统一大格局，因“不幸魏、晋政权亦只代表了一时的黑暗与自私”，没有光明的建国理想。连五胡之一的君主石勒，也认为“曹孟德、司马仲达以狐媚取人天下于孤儿寡妇之手，大丈夫不为”。

[3]〔韩〕金文京：《三国志的世界：后汉三国时代》，何晓毅、梁蕾译，桂林：广西师范大学出版社，2014年；丸橋充拓（2020）『江南の発展：南宋まで』岩波書店。

夺夏口保东吴安全

赤壁之战大败后，曹操率领败兵，经华容（今湖北省监利市）向江陵撤退。刘备、周瑜各自率军，水陆并进，一路追赶，直到南郡。周瑜率军攻打坚守在南郡郡治江陵的曹仁，另遣甘宁取夷陵（今湖北省宜昌市东）。周瑜军与守江陵的曹仁军互为攻守，大战连场。两军足足僵持了一年，曹仁终于放弃江陵，北撤扼守襄阳和樊城，周瑜也因攻打江陵受了伤。所以襄、樊两城自此就成了曹魏对抗孙、刘的前沿军事重镇。

孙权取得江陵及其以东的地区后，任周瑜为南郡太守，程普为江夏太守，吕范为彭泽太守，吕蒙为浔阳令，分掌沿江的军事。这样的任命，可见孙吴想牢牢控制住长江的中下游，令其连成一线，建成北防曹魏、西抗刘蜀的长江战线布局。孙权委任为主帅的周瑜和程普，分别执掌南郡和江夏，这一任命尤具战略意义。夏口“扼束江汉（汉水入长江口），襟带吴楚，北有大别山，南有幕阜山”，军事形势重要。3世纪以后，在长江南、北、东、西的军事对抗中，夏口的战略地位很突出。

赤壁之战前夕，曹军顺长江东下时，孙、刘联军的总部就设在夏口。在此之前，夏口一直是刘表阻挡孙坚西上的前线要塞。孙坚死于黄祖的狙击，孙策和孙权主持孙吴后，还是坚持父亲孙坚征伐夏口的企图，前仆后继，攻击扼守夏口的刘表部将黄祖。这样锲而不舍的军事行动，不仅是为报父仇，更重要的是为孙吴西向长江的中游，攫取进守的生命线。只有夺取夏口，孙吴才能东保江东的安全，才能西向挺进巴蜀，才能往南打通交广（交州和两广）。

赤壁之战后，孙吴的军事重心显然已由长江下游的扬州地区，转移到长江中游的荆楚地区，孙吴政权达成了孙权父兄孙坚和孙策的生前愿望，也初步实现了孙权制定的“荆不离扬，扬不离荆”“居吴则重荆襄”的发展大战略。

刘备命诸葛亮为中郎将

刘备方面，赤壁之战后，循例上表，实则是由他推举刘琦为荆州刺史，再分兵征降了荆州南部的武陵（郡治在今湖南省常德市）、长沙（郡治在今湖南省长沙市）、桂阳（郡治在今湖南省郴州市）、零陵（郡治在今湖南省永州市）四郡，并收编了在庐江（今安徽省潜山市）的曹操叛将雷绪，一时声势和军力大增。刘备又委任"初出茅庐"的诸葛亮为军师中郎将，督理长沙、桂阳、零陵三郡，这一方面可见他对诸葛亮的重用，另一方面也反映了刘备在用人上的思想转变：从只懂使用武将到重视由谋略之臣掌管军事。

称雄斗霸的战争时代，不能全依赖武将，更需要使用谋略之臣。三国时期，最懂得、最早起用谋略之士的是曹操，其后是孙策和孙权，刘备最后才明白这一道理。东汉末年，曹、刘、孙能成为最后的竞争者，善用谋略之臣是重要的影响因素。这一道理，其实不限于古代的战争年代，亦适用于现今的政治环境与企业管理。单靠专业人士不一定能成事，重用视野广阔、才能多样、谋略深远的人才能成就大事！初出茅庐仅27岁的诸葛亮也不负刘备所托，将新收的荆州南三郡治理得井井有条。刘备的一批老部下对这位年轻军师也渐渐信服了。

不久，刘琦病死，刘备称荆州牧，以关羽为襄阳太守，张飞为宜都太守。这种安排也是一种向北和向西发展的军事布局。赤壁之战后，刘备方面在荆楚之地获得了不少地盘。另外，日后成为蜀汉文武重要人物的庞统、黄忠和魏延都是这个时候归顺了刘备，荆楚人才也成了开拓、成就蜀汉政权的重要骨干。

"借荆州"成局面关键

刘、孙虽然在赤壁之战中结盟抗曹取得成功，但战后各有利害打算。对于刘备实际上占据了荆州的大部分地方，孙权显然是不安心的，甚至“稍畏之”，所以在建安十四年（209年），除了同意刘备称荆州牧，又“进妹固好”，即以20岁的亲妹嫁给已近50岁的刘备。虽然刘备方面占有了荆州大部分土地，但所占的地方局促于荆州南面，不是靠近长江流域的荆州核心地区，不利于贯彻诸葛亮“隆中对”制定的北上和西进两路发展的战略。故此，刘备借辞共同抵抗强敌曹操，向孙权商借靠近长江的南郡。“借荆州”是孙吴和刘蜀日后失和反目的导火线，也是反转了三国局面的关键。对于“借荆州”的原委和是非，孙、刘双方以及后代研究者各有评论，各执说词。但有一点可以澄清，刘备自孙权商借的“荆州”，只是荆州南郡的江陵，其他荆州境内地方，是刘备凭自力取来，何况荆州本就不属孙吴，名义上应属刘琦。日后孙吴在争执中说刘备借的是整个荆州，可能是因为其自认为刘备是因孙吴援助才能立足荆州。

刘备过江娶亲

《三国演义》第五十四和第五十五回写了刘备过京口（今江苏省镇江市）在甘露寺娶亲的故事，让人记住了孙权亲妹“孙尚香”的名字及其倔强多情的形象。正史对这次联姻虽有多处记载，但都语焉不详，也未留下孙权亲妹的名字。

赤壁之战后，刘备称左将军，领荆州牧，“权稍畏之，进妹固好”，这显然是段政治婚姻。刘备和孙权亲妹的关系并不是如《三国演义》描写的那样相亲相爱，而是“相疑”，即不大融洽。这是否由于两人年纪相差太大？或孙权亲妹原本就不满意这段政治婚姻？后人对此只能忖测。但孙夫人性格很刚强是肯定的，史载，“妹才捷刚猛，有诸兄之风。侍婢百余人，皆亲执刀侍立。先主每人，衷心常凛凛”（《三国志·法正传》），又载，“妹骄豪，多将吴吏兵，纵横不法”（《三国志·赵云传》），诸葛亮也说刘备“近则惧孙夫人生变于肘腋之下”（《三国志·法正传》）。为此，诸葛亮安排赵云前去监管，以正纲纪。

相传孙夫人嫁了刘备，即另筑城别居于距刘备驻扎的油江口五六里处，后人称“孙夫人城”。

甘露寺

甘露寺位于京口北固山中峰，修建于三国之后，所以《三国演义》描绘的刘备甘露寺娶亲情节属虚构。《三国演义》还说孙权之母吴国太曾于甘露寺内相婿刘备，实际她在刘孙联姻时已过世。孙权之妹是在209年由镇江坐船到油江与刘备成婚的，而刘备到京口会晤孙权是在婚后第二年（210年），为的是向孙权求借江陵。

刘孙联姻是政治婚姻，结局即使不是悲剧，至少也是不愉快的。戏曲及民间留下的各种传说，包括与孙夫人有关的绣林镇、刘郎浦、祭江亭等遗迹的传说，只能姑妄听之。

周瑜主战鲁肃主和

刘备在荆州扩张势力，并提出商借南郡，给孙权阵营带来一个现实问题：日后孙、刘两家的关系该如何？应如何相处？对此孙权阵营的意见分成两派：一派以周瑜为代表，主张及早吞灭刘氏；另一派以鲁肃为代表，主张结好刘氏。周瑜在得知刘备提出商借南郡后，马上上书孙权，说“刘备以枭雄之姿，而有关羽、张飞熊虎之将，必非久屈为人用者”。着眼于孙、刘之间终会成为竞争对手，甚至起冲突这一点，周瑜建议及早解决，免贻后患。

鲁肃则认为，“曹公威力实重，初临荆州，恩信未洽，宜以借备，使抚安之。多操之敌，而自为树党，计之上也”，觉得当前曹操势大力雄，大敌当前，非孙、刘联手抵抗不了。他也考虑到，在相当长的日子内，曹操仍非孙吴单方所能抗衡。周瑜与鲁肃，同样忠心耿耿于孙吴，都怀抱以孙吴一家统一天下的目标，两人持论的不同，只是出于对当前曹、孙、刘三者关系应采取何种策略上存在分歧。

周瑜路上病重而死

初时的孙权，依违于周瑜和鲁肃两派意见之间，把持不定。对于当前的局面，周瑜态度更进取，更向孙权建议出兵巴蜀，吞并汉中张鲁，然后固守，再交结盘踞西凉的马超，最后由襄阳出兵，向北攻伐曹操。孙权采纳了周瑜的建议并诉诸行动。建安十五年（210年），周瑜要返回江陵，部署攻取益州，可是在路上病重，死于巴丘（今湖南省岳阳市），年仅36岁。周瑜临终时仍耿耿于怀说：“方今曹公在北，疆场未静，刘备寄寓，有似养虎，天下之事，未知终始。”周瑜病逝前推荐鲁肃接替其职位。孙权便以鲁肃接替周瑜统军，屯驻于陆口（今湖北省嘉鱼县西南），也同意了鲁肃强化孙、刘的结盟关系以“共拒曹操”的建议，借出南郡于长江北的江陵予刘备。刘备便由屯驻于长江之南

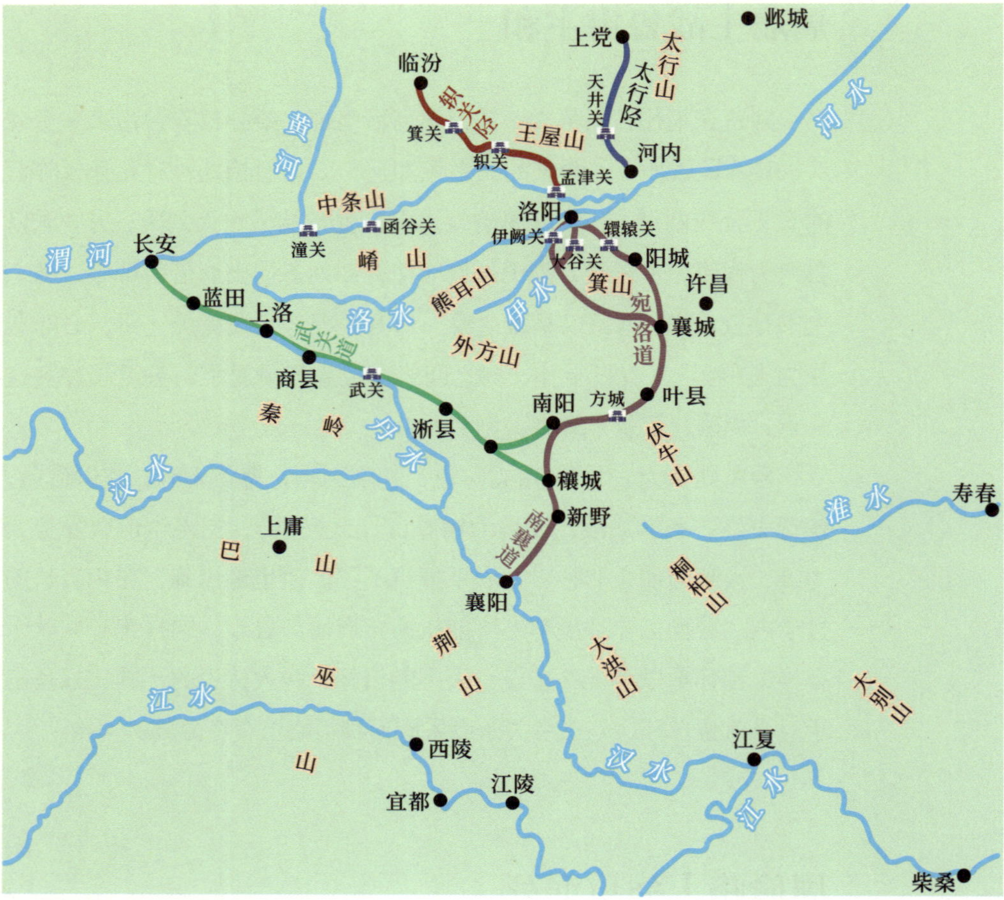

⊙ 南襄隘道位置示意图

南襄隘道与三家之争

曹、刘、孙成鼎立之势后，相互之间的对抗焦点始终离不开襄阳城和荆州城（江陵的另一说法），两城恰处于重要军事要道“南襄隘道”的南端。南襄隘道是指南阳盆地上的南北通道，了解它是认识三国历史甚至中国历史的钥匙。

南襄隘道北面紧接商山至武关道，可通关中，又与黄淮平原相通。自古中原的洛（洛阳）、汴（开封）与南方的交通靠的就是南襄隘道。南阳盆地因有多条河流汇入了唐河和白河，再在襄樊的东北流入汉江，也是中国中西部地区通往南部的最重要通道。荆州和襄樊两城分处汉江的南北，紧扼关道，荆州城又是汉江和长江的重要津渡口。三国时期，两次军事行动皆取道于南襄隘道：曹操南下征刘表，降襄樊，取荆州；关羽由荆州南郡北上襄樊，水淹曹操七军“威震中原”，威胁许、洛。由荆州城往南，渡过长江，可以沿澧（今湖南省澧县）、鼎（今湖南省常德市）、辰（今湖南省沅陵县）及沅（今湖南省芷江侗族自治县）四水南下，直抵两广；另可东出湖湘，西达黔、滇。（参考李孝聪《中国区域历史地理》）

的公安（今湖北省公安县油江口）迁到江陵。这就是人们口中常说的“刘备借荆州”的原委。

事实上，刘备借的“荆州”，只是南郡在江北的江陵，而非整个荆州。赤壁战后，曹、孙、刘三家瓜分荆州，以刘备所占地盘最大。至于周瑜的疏刘，鲁肃的结刘，两者的分歧只是出于对形势判断的不同，最终目标在得天下这一点上是一致的，这也可以理解为什么周瑜死前推荐鲁肃接替他任总督军事。从三家的实力对比看，曹操仍旧大占上风，所以一直主张孙、刘结盟的诸葛亮和鲁肃，较有远大而现实的政治眼光；周瑜和其后的吕蒙，则多从军事形势和军事冒险的角度去考虑。三国时期最具政治眼光和谋略的曹操，听闻孙权借出江陵予刘备，竟失惊把正在写字的笔掉到了地上，由此也反映孙、刘结盟对曹操有多不利。曹操一生在军事和政治上，最擅长分化然后逐一击破的策略，不急于一时得失，当然明白孙、刘结盟的利害。

东汉后期的荆州，分辖南阳、南郡、江夏、武陵、长沙、桂阳及零陵七个郡。赤壁之战后，曹操仍控制着南阳郡和南郡的北部，新设立襄阳郡。孙权占领的是江夏郡。所以赤壁之战后为三家分据的荆州，是三方对峙的聚焦点。

专题11 争夺荆州

受《三国演义》影响，加上各种戏曲的传播，荆州之名可以说是街知巷闻、妇孺皆晓。“刘备借荆州，一去无回头”“关公大意失荆州”等，至今是人们常挂嘴边的口头禅。各种势力对荆州的争夺，确实贯穿了整个三国时期，其间的得与失，也影响了一方力量。

“荆州”有广狭两义。广义指东汉时全国十一个州中的一个；狭义指当时南郡治所所在的荆州城（又称江陵）。荆州是古九州之一，历史悠久。西汉武帝时划分全国地方监察行政，荆州为十三州刺史之一。荆州辖地广阔，治所原在汉寿县（今湖南省常德市汉寿县），后在襄阳城（今湖北省襄阳市）。刘表为荆州牧时，郡治在襄阳。

荆州地理形势重要，乃军事必争之地。秦汉以来，荆楚经济一直得到很好的发展，向有“江陵故郢都，西通巫、巴，东有云梦之饶”（《史记·货殖列传》）的说法。

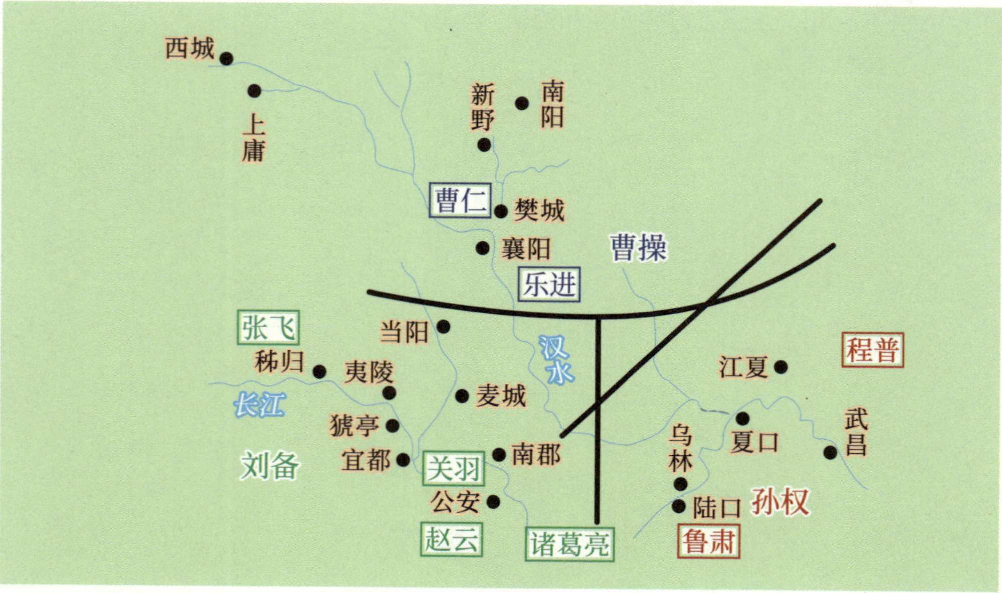

⊙ 三家分荆州示意图

东汉末，全国州县破落，荆州却独步天下。三国时不少人物评论过荆州在地理上的重要性。鲁肃就曾向孙权指出，荆州“外带江汉，内阻山陵，有金城之固，沃野万里，士民殷富，若据而有之，此帝王之资也”（《三国志·鲁肃传》）。

荆州地势四周高耸，山脉连绵，北面有秦岭山脉、伏牛山脉，与关洛分界；东面是桐柏、大别、幕阜诸山脉，与豫、扬分界；南面有五岭，与交、广分界；西面有武当、大巴、巫山、武陵，与益州分界。中央则是广阔盆地，分南北两个平原。北部是长江、汉（沔）水流经的江汉平原；南部是湘、资、沅、澧四河形成的洞庭平原。东汉末大臣赵岐就曾分析当下荆州的优势，说“今海内分崩，唯有荆州境广地胜，西通巴蜀，南当交趾，年谷独登，兵人差全”。（《后汉书·赵岐传》）

荆州还有一个特点是交通便利，四通八达，距中原核心的京、洛又近。另外，在纷乱的三国时代，兵源和生产都需要人口，而汉末以来，由于中原纷乱，自关中来荆州的移民有十余万，这也令占据荆州变得重要。

赤壁之战后，荆州为曹、刘、孙三家瓜分。夷陵之战后，则由曹、孙两家分别占领。后荆州建制多有变化，而日后荆州一名，专指今荆州市及其附近，又称江陵。

⊙ 三家将领驻荆州年表

君主	年份	主要将领	次要将领	备注
曹操	208—215年	曹仁	徐晃、乐进	209 年，曹仁屯兵于襄樊一带
刘备	209—214年	关羽、诸葛亮	赵云、张飞	209 年，刘备入蜀，留关羽、诸葛亮、赵云及张飞等镇守荆州
刘备	214—215年	关羽		214 年，刘备召诸葛亮等人援军，诸葛亮留关羽镇守荆州
孙权	208—210年	周瑜	程普、鲁肃、甘宁、吕蒙、凌统	210 年，周瑜病逝，由鲁肃接掌荆州军权
孙权	210—215年	鲁肃	程普	215 年，鲁肃与关羽谈判，以湘水为界，重划荆州版图

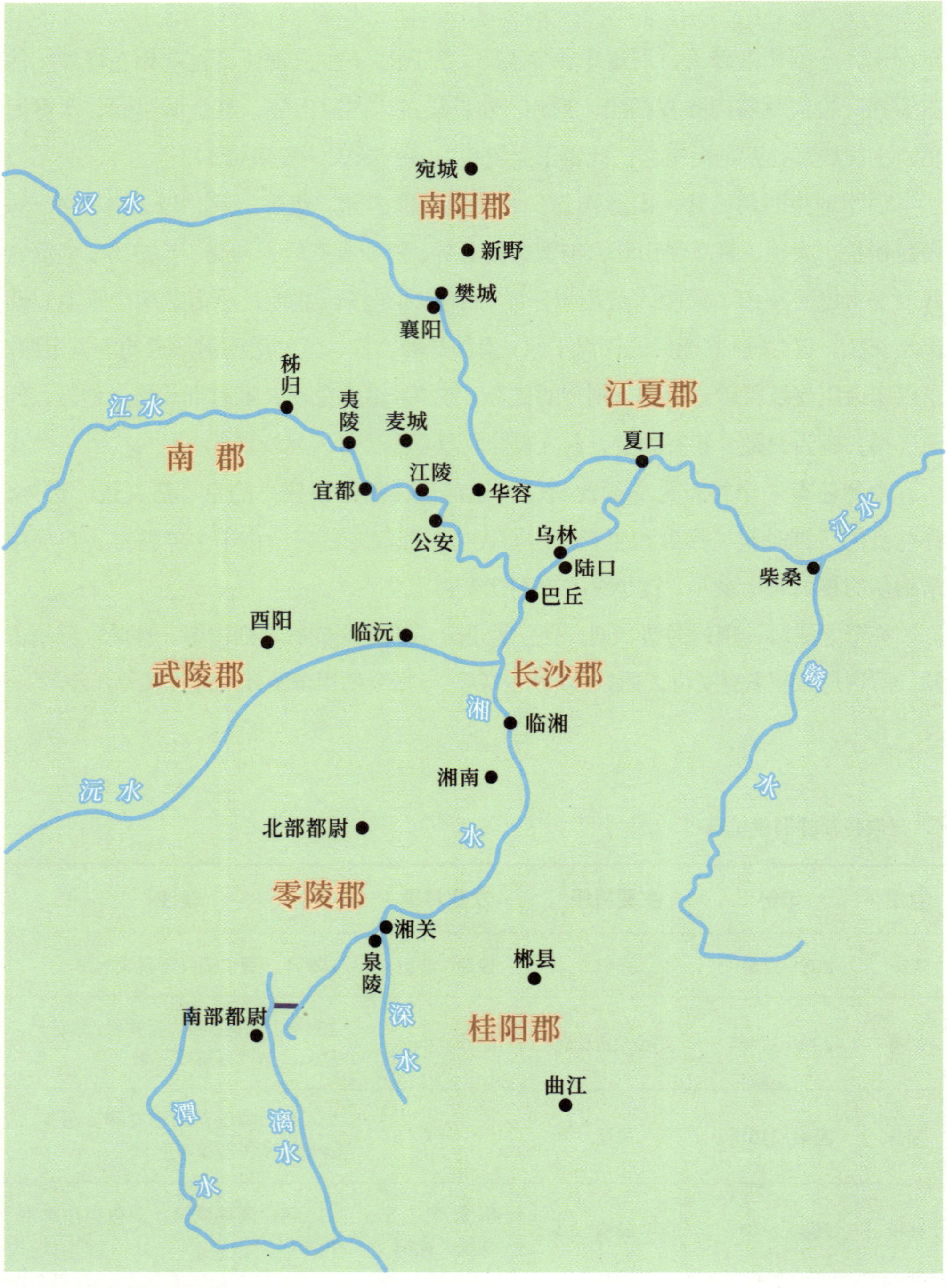
宛城
汉 水
南阳郡
新野
樊城
襄阳
秭归
江水
夷陵
麦城
江夏郡
南 郡
夏口
宜都
江陵
华容
乌林
公安
陆口
柴桑
江水
巴丘
酉阳
临沅
武陵郡
长沙郡
赣
湘
临湘
湘南
水
沅 水
北部都尉
水
零陵郡
湘关
泉陵
郴县
深
南部都尉
桂阳郡
水
曲江
潭
漓
水
水

⊙ 荆州七郡位置示意图

古城面貌

荆州古城正门瓮城

荆州古城又称江陵城，是当前南方地区保存最好的古城池。三国时关羽修筑的还是土城，但唐、五代时荆州城已采用城砖，现存的古城砖墙则大部分建筑于明末清初。因历代都根据旧有城墙翻修，荆州城的格局一直保留了旧貌。古荆州城规模宏大雄伟，整座城有6组城门、3座藏兵洞、24座敌楼，还有城壕、城堞、水道、水洞、水津门等，古城池的结构一应俱全。古城内保留了不少与三国相关的遗迹。登上城楼，整个城池的军事形势可一览无遗。

赤壁之战后，刘备派诸葛亮镇守荆州城。诸葛亮进四川援助刘备攻打刘璋时，此地就交由关羽镇守。此后关羽与孙吴的鲁肃、吕蒙在荆州不断有冲突。建安十四年刘备占据汉中，关羽率军向北攻打曹魏盘踞的樊城，一时“威震中原”。孙吴吕蒙和陆逊却设下骗局，袭击夺取了荆州。关羽因陷于腹背受敌之境，建安二十四年（219年）十二月败走麦城被杀。关羽驻镇荆州正好10年，荆州应是一生戎马的他率兵以来驻守日子最长的地方，关于他的古迹也最多。

荆州古城宾阳门城楼

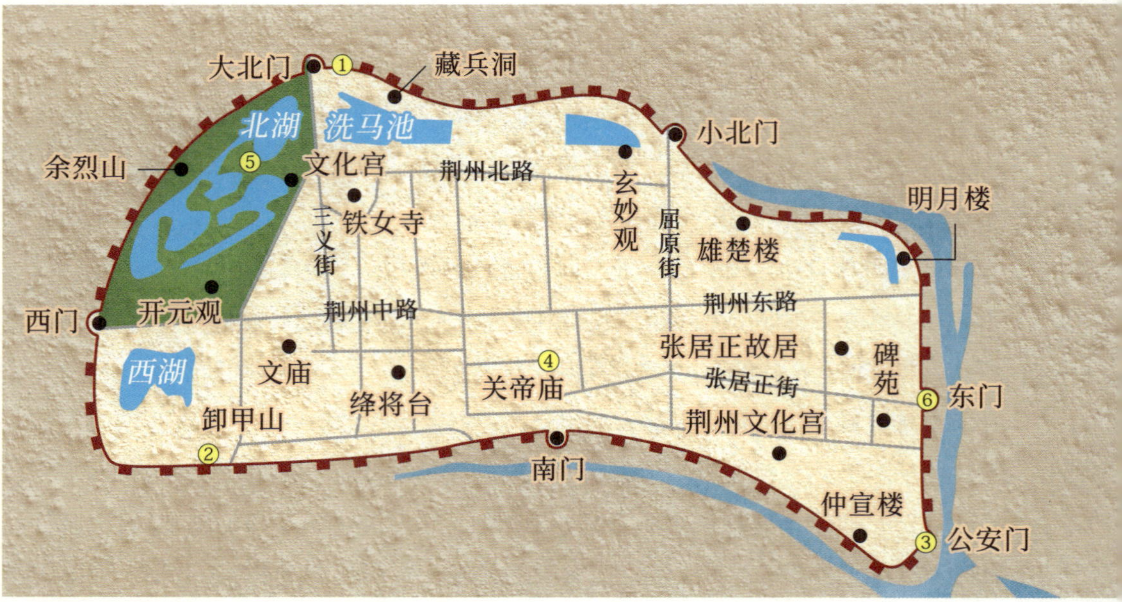

⊙ **荆州古城平面图**

❶ **得胜桥** 桥下有供奉关羽的祭坛（下左），桥边有“得胜桥”石碑，传得胜后关羽曾经过此处（下右）。

❻ 荆州古城宾阳门城楼

❷ 卸甲山关羽祠 建于明代的关羽祠坐落于荆州城新南门的卸甲山（也称鼎甲山），此处传说是关羽每战胜利犒赏将士及与下属卸甲饮酒之处。**❸ 公安门** 原称小东门，专通水路，可接东南水道，直通长江。相传刘备借得江陵，由江南的驻营公安到荆州城便是从这里登陆。**❹ 关帝庙** 在城内老南门，原址是关羽都督荆州的官邸。庙始建于明太祖洪武年间。**❺ 荆州城内的北湖** 荆州城南临长江，地下水位甚高，城内的低洼处会形成聚水之地。

第二节　西取益州　称王汉中

诸葛亮献予刘备的“隆中对”，成为后者日后的发展方略。刘备寄寓于刘表时，“隆中对”陈义虽高，仍只是一纸方略，经赤壁之战取得荆州大部分土地后，刘备才有条件去落实“隆中对”。

按照“隆中对”的策略，刘备取得荆州部分地区是第一步；借得南郡江陵后，使形势有利于开展，是第二步，即可西取益州。江陵和襄阳之间，形成了刘、曹南北对峙的前沿。其时刘氏，实无力挺进北上，要进一步拓展，西进巴蜀就成了唯一选择。军师中郎将庞统就力主西进巴蜀。刘备考虑到益州牧刘璋是刘氏宗室，出师无名，心中犹豫。经庞统等人一再劝导，才动了念头。

刘备拒与孙权出兵

孙权方面，无论是周瑜还是鲁肃，在赤壁之战前也已形成一套发展策略。第一步是“兼有荆扬”，即占据长江的中下游地区；第二步是“尽长江之极而有之”，即是要占有巴蜀和汉中；这样第三步就可以出关陇。孙吴早已制定分三路北上、以争天下的战略：经汉中出关陇，是西路；经荆襄入宛洛是中路；沿江出徐州入中原是东路。

赤壁之战后，孙吴已急不可待地推动西进巴蜀的计划。孙权向刘备提出，联手西进攻打刘璋。这个策略，正如荆州主簿殷观向刘备分析的，“若为吴先驱，进未能克蜀，退为吴所乘”，是孙吴一箭双雕的策略，对刘备一方大大不利。刘备便采取殷观的反建议：“今但可然赞其伐蜀，而自说新据诸郡，未可兴动。吴必不敢越我而独取蜀。如此进退之计，可以收吴、蜀之利。”（《三国志·先主传》）这是化被动为主动的策略，也是另一种一箭双雕。结果，因为刘备不答应共同出兵，孙权只好打消入蜀意图。

三家觊觎益州刘璋

正当刘、孙两家互相试探的时候，局势悄然起了变化。曹操虽然败退赤壁，但从未打消统一全国的意图。211年，曹操亲自率军西进，击败马超、韩遂，占据了关中地区。进而又出兵攻打汉中的张鲁，最后目标自然是益州的刘璋。其实，各从自己的战略考虑，孙、刘和曹三方，目光都不约而同瞧向益州的刘璋。那益州刘璋的情况又是如何呢？

刘璋是继其父刘焉成为益州牧的。刘焉，江夏人，汉鲁恭王后裔，是宗室。灵帝期间，刘焉历任冀州刺史、南阳太守、宗正和太常等内外重职。他深知朝纲不振，地方动荡，便建议朝廷选“清名重臣以为牧伯，镇安方夏”，改地方属监察性质的州刺史制为地方最高权力的州牧制，并为自己谋取了益州牧职位，此建议实隐藏着躲远避世难的私心。兴平元年（194年）冬，刘焉病死，刘璋继任为益州牧。刘璋为人宽厚，但荏弱无威信，亦无谋略。刘焉和刘璋父子在益州的统治，主要依赖的是由南阳和三辅流入益州的数万家百姓，并收其强壮者组成东州兵。由于刘氏父子的纵容，在益州的东州人常欺压本州人，造成益州人的内部分化。刘璋继任之初，境内各方势力纷纷起兵叛乱。东州人害怕本州人的报复，死命为刘璋作战，动乱才得以稍戢，但刘璋管治暗弱，益州人心浮动不稳。从大的形势来看，“益州之殷富，凭天府之险阻”，确是符合孙、刘发展远略，能助其成大业的重要地方。同时，暂时搁下南方的曹操，也将这里纳入先行西进的步骤中，所以益州便为三方所垂涎。

刘璋邀请刘备入蜀

益州牧刘璋，初时欲结好曹操以求自保。后来知道曹操乘击败韩遂和马超之势，要讨伐汉中张鲁，不免惶恐，便听从手下张松和法正的唆摆，主动邀请刘备入蜀，帮助抵抗曹军。在江南正为孙权扼制的刘备，早已动心进川，得到这样千载难逢的机会，立刻令诸葛亮和关羽、赵云等留守荆州，自己率领几万兵，以庞统为军师，进发益州。途经巴郡（今重庆市），然后由垫江（即涪水）到达涪县（今四川省绵阳市）。

绵阳位于成都北面、涪江之畔的金牛古道上，自古是川北重镇。刘备曾从山上远眺远处山川，《方舆胜览 · 卷五十四》曾载富乐山“在

⊙ **刘备入蜀路线示意图** 刘璋进军路线 刘备进军路线

❶ 刘备令诸葛亮和关羽、赵云等留守荆州，自己率领几万兵，以庞统为军师，进发益州。途经巴郡，然后由垫江到达涪县

❷ 刘璋亲自到涪县迎接刘备 ❸ 刘备率军北上，屯驻葭萌关

刘璋欢宴刘备塑像　该塑像位于今四川省绵阳市富乐山公园内的富乐堂，还原了刘璋迎刘备入川的宴席场面。

巴西县东五里。刘备自蛮荆入蜀。刘璋延之。于此山望见蜀之全盛。饮酒乐甚”。

《三国志·先主传》载，刘备“将步卒数万人入益州。至涪，（刘）璋自出迎，相见甚欢”。这是指建安十六年（211年），刘备率军入蜀，来到涪县，刘璋亲到涪县迎接，二人在城东的东山欢宴百日之久。

刘璋与刘备会合后，拨军刘备指挥，补充了不少物资，让其北攻汉中的张鲁。

刘备率军北上，到了葭萌关就不再北上，等待机会，有所图谋。刘备驻军葭萌关约一年后的建安十八年（213年），曹操征讨孙权，孙权向刘备求救。刘备借口回军荆州援助孙权，更借口刘璋吝惜援军的资助，在白水关诛杀了一直对刘备多加防范的刘璋大将杨怀和高沛，并收编其驻白水关的兵队，率军南下占领涪县。此时刘璋已知刘备有征伐自己的图谋，派军迎战却节节败退，驻守绵阳的大将吴懿和督军李严投降。刘军围困雒城（今四川省广汉市北）。

刘备和庞统率领的部队久攻雒城不下。到建安十九年（214年）

初，诸葛亮得刘备召令，留关羽守荆州，自己率领张飞、赵云和刘封（刘备义子）沿江西上。作为先锋的张飞军，首先拿下巴东（今重庆市奉节县），再败降江州巴郡太守严颜。诸葛亮等到达江州，与张飞会师后，分兵三路直捣成都。一路由张飞率领，经垫江北上收服了巴西（今四川省阆中市），再出成都之北。

古雒城遗址城楼

城楼为今人重建。刘璋之子刘循和蜀人张任，曾固守雒城以拒刘军。

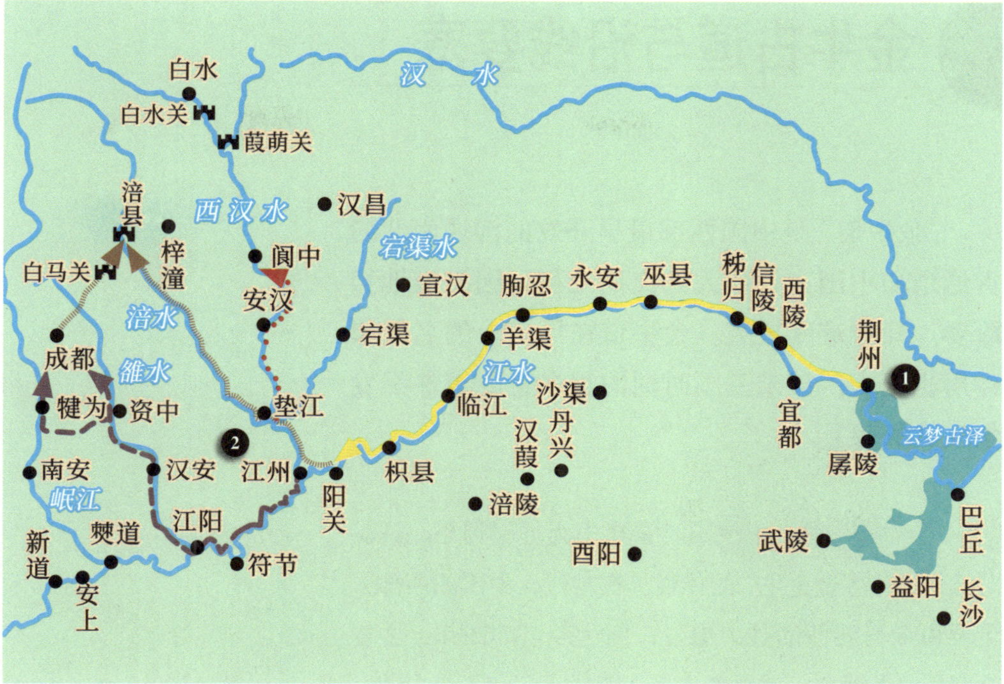

⊙ **刘备三路援军入川路线示意图**

❶ 刘备命诸葛亮率张飞、赵云诸将援军入川

❷ 诸葛亮、张飞和赵云分成三路，包抄成都

张飞进军路线 诸葛亮进军路线
赵云进军路线 三路联军

益州遂归刘备

一路由赵云统领，沿江直取江阳（今四川省泸州市），再下犍为（今四川省眉山市彭山区），出成都之东南。一路由诸葛亮自己率领，居中路西下德阳（今四川省遂宁市东南），直取成都。三路军队都成功迫近了成都。此时已是五月，刘备经猛烈攻击取下雒城，与其他军队会师成都。可惜攻打雒城时，庞统中流箭而死，死时年仅36岁。时在汉中被曹操打败的马超走投无路，得刘备招揽，加入刘备阵营，并率兵赶赴成都增援。刘璋见大势已去，开城投降。益州遂归刘备。

专题12 金牛古道与沿线要塞

“金牛道”是中国西部最早开发的沟通南北的古通道和中国古代伟大的交通工程。因沿道地势险要，开辟难度极大。金牛道在历史上的名气和作用也很大，汉末三国时期的很多重要事件都发生在这条道上。

“金牛道”得名于战国时秦惠王为征讨蜀王，诱骗对方送以“生金之牛”的传说。在古代，中国的西部人士要由今日陕西的关中出发，到达今日的四川，主要就利用这条通道。对这条古道，唐代著名诗人李白曾以《蜀道难》长诗描述，总结说“蜀道之难，难于上青天”。古蜀道需跨越横亘于陕川之间、无比险峻的秦岭和巴山两大山脉，在山谷与河谷中穿行，此地沿途“连峰去天不盈尺，枯松倒挂倚绝壁。飞湍瀑流争喧豗，砯崖转石万壑雷”，常常陡峭到无路可寻，人们只好开凿山壁，架起木梁，铺以木竹而成架空的栈道。

川陕通道被秦岭与巴山分成南北两段。其中巴山山脉呈西北向东南走向，是汉中盆地和四川盆地的分界，道路险恶。南段由汉中到巴蜀，主要有通道三条：金牛道、米仓道和洋巴道，以金牛道线路最长。

金牛道沿途由北至南，经勉县、宁强、广元、昭化、剑门、绵阳、成都、南充至重庆，以剑门关一段最为险要。穿过剑门关后，道路再分两线，一条直趋成都；一条沿嘉陵江经阆中、南充到重庆。所以我们讲三国历史涉及的川北区域的地点，几乎都在古蜀道上。

金牛道明月峡处的峡谷及栈道　栈道为临水木道，秦蜀间虽有大山阻隔，但有大河相通，沿河修路体现了古人的智慧。

金牛道明月峡的交通方式
栈道、公路交通和铁路交通，同时并行于峡谷之中。

⊙ **金牛道位置示意图及沿途重要地点**

（1）明月峡

金牛古道上的明月峡本名“朝天峡”，长约3公里，宽约百米，位于四川省广元市朝天区的嘉陵江上，也是剑门蜀道的核心部分。嘉陵江一入蜀境，便要穿越陡峭狭窄的峡谷，两岸石崖壁立，江水南流，急湍翻腾。这样的峡谷却是汉中到成都的唯一通道，也是中国西部南北向的唯一通道，沿途古道已有数千年历史。

明月峡入口处石碑

明月峡栈道又名“阁道”，被称为蜀道之上最壮观、标准和经典的栈道遗迹，它是由人们在崇山峻岭中的峭崖陡壁上凿孔架木，用木或竹连缀而成，最早开凿于2000多年前的战国时期——《战国策·秦策》已有“栈道千里，通于蜀汉”的记载。这里所说的千里栈道就是指先秦已开辟的古道，它北起秦都咸阳，南达古蜀国都城成都，全长2000余里。

明月峡入口的诸葛亮塑像

此古道分为北部的“褒斜道”和南部的“金牛道”。“金牛道”从今陕西勉县向西南行，越七盘山进入四川，经朝天驿、明月峡，过广元，入剑门关，再向南经涪县入成都。

刘备入蜀后曾驻军葭萌关和明月峡。诸葛亮北伐中原时，曾大力整修剑门峡道沿途栈道，现在明月峡入口大门处便竖有其羽扇纶巾的巍峨石像。明月峡集古栈道、水道、纤夫道与现代的公路和铁路于一身，被誉为荟萃中国古今伟大交通工程的“交通博物馆”。

明月峡区域入口

昭化古城“临清”城门

昭化城有三门。西门称“临清门”，也是葭萌关的城关；东门称“瞻凤门”；南门称“临江门”；北门称“拱极门”。后因嘉陵江水患，将南门拆除改为城垣以防水患。

（2）昭化城与葭萌关

刘备自涪县与刘璋相聚后，率兵马北上，代刘璋对抗汉中的张鲁。但到了葭萌后，刘备不再北进，驻葭萌关年余。

葭萌关位于由汉中入川的交通要道金牛道上，始建于战国时期，当时蜀王封其弟为苴侯，建都在此，称葭萌。刘备停留在此另有打算，并注意收买人心，此地遂称“昭化”，取感召万民之意。蜀汉建立后此地亦称“汉寿”，晋代称“晋寿”，宋代称“昭化”，并沿用至今。

葭萌关是昭化设城后的西门，同时还是重要的驿站，专为往来官员、官差提供车马、食宿，至明末达到巅峰。昭化城和葭萌关之所以在军事上重要，因其位处嘉陵江与白龙江两江汇流之处。从此关城由陆路北上

从广元牛头山北看葭萌关

牛头山距昭化古城西 7 公里左右，因山势似牛头得名。

❶ 白龙江（白水） ❷ 桔柏渡 ❸ 葭萌关 ❹ 嘉陵江 ❺ 笔架山

两水汇流处的桔柏渡

桔柏渡是昭化古城东门外的重要渡口。此处也是嘉陵江（西汉水）和白龙江（白水）的交汇处。昭化与葭萌关虽是弹丸之地，但是自广元东来，有桔柏渡以拒之，南下苍（溪）阆（中）有梅岭关以阻挡，西出剑阁有天雄关以镇之，北朔白水有白水关以守之，为四方通衢之地 ❶ 白水 ❷ 桔柏渡 ❸ 嘉陵江 ❹ 笔架山

葭萌关内街牌楼

可通汉中，南下可到成都；如顺嘉陵江而下，可达巴西重镇阆中。关城周围“峰连玉垒，地接锦城，襟剑阁而带葭萌，踞嘉陵而枕白水，诚天设之雄也”，刘备就是由葭萌发兵征伐刘璋的。

延熙十四年（251年），蜀汉大将军录尚书事，即蜀汉第三任丞相费祎屯兵在此，受命开府，昭化城遂成为蜀汉仅次于成都的政治中心。

（3）白马关与庞统祠

白马关位于今四川省德阳市罗江区的鹿头山，在绵阳与德阳间，向有“蜀都门户”之称，是从北进入成都的最后防线。东汉时，此关因位于古绵竹城附近，被称“绵竹关”，五代十国时成都的大蜀政权将其定名为“白马关”，然后此名沿用至今。

白马关附近有庞统祠及墓，庞统墓侧尚存一段“金牛古道”旧迹。诸葛亮和姜维北伐，征调大军，运输粮草，都曾踏足此古道。

建安十七年（212年），刘备从庞统计谋，率黄忠和魏延等，由驻军地葭萌出兵征伐成都的刘璋，先取白水关。刘璋遣将刘璝、冷苞、张任、吴懿等拒刘备于涪县，皆被破，退守鹿头山西10里的绵竹。刘璋再遣李严和费观督师绵竹，吴懿、李严、费观等人在绵竹降刘备，庞统用计再取绵竹。建安十九年四月，刘备以绵竹为大本营发动对雒城的攻击和围城，“（庞）统率众攻城，为流矢所中，卒”。刘备对庞统之死十分悲痛，“言且流涕”，将其厚葬于鹿头山，追赐爵“关内侯”。刘后主禅景耀三年（260年）在“墓前建祠，岁时祭祀”。

后世论史者和《三国演义》的读者，对庞统之死无不慨叹万千，既惜悼贤人之早逝，更怨叹天命不佑蜀汉。宋代诗人陆游有《鹿头山过庞士元墓》诗，曰“士元死千载，凄恻过遗祠。海内常难合，天心岂易知。英雄千古恨，父老岁时思（农历正月二十六日传为庞统生辰）。苍藓无情极，秋来满断碑”。“英雄千古恨”在深叹庞统的早逝，“天心岂易知”则有怨天命有舛之意，道尽惋惜之情。

白马关城楼

刘备在白水关杀刘璋守将杨怀和高沛，并收其部众，再挥军南下，直取白马关。

四川省德阳市罗江区白马关镇庞统祠内的庞统墓

挂镜台　挂镜台就建在白马关城楼的古驿道上。

庞统与诸葛亮

被誉为“凤雏”的庞统（179—214年）为襄阳人，而被誉为“伏龙”的诸葛亮（181—234年）是琅琊人，后者17岁起寓居于襄阳，比庞统小三岁。青年时代的统、亮都生活于襄阳，是否来往亲密，史无记载。诸葛亮视之为师的大名士庞德公，其长子山民娶诸葛亮的二姐，而庞统是德公侄子，所以庞统与诸葛亮也有亲戚关系，而两人又皆亲炙司马徽，都为司马徽所器重。司马徽与庞德公又是好友。

诸葛亮出道后，庞统已仕于孙权。孙权曾有意招揽诸葛亮，亮不为所动。当孙权去信诸葛亮，咨询他“士人皆谁相经纬者”，亮答曰：“庞统、廖立，楚之良才，当赞兴世业者也。”后庞统归刘备，刘任之为耒阳令，因疏于政事，庞统被刘备免职。鲁肃去信刘备说“庞士元非百里才也”，诸葛亮也向刘备为庞统说项。刘备遂约见庞统详谈，然后大改印象，对其器重有加。诸葛亮与庞统对蜀汉的崛起和建国贡献很大，后人评之为冠亚。至于对其二人的历史评价，陈寿的看法最恰当，他说庞统犹如曹操的荀彧，此一评价不可谓不高，至于诸葛亮，“可谓识治之良才，管（管仲）、萧（萧何）之亚匹”。可惜蜀汉庞统、法正、马良等一众谋略之臣接连早萎，仅余诸葛亮独力维持，蜀汉命运可知过半了。

白马关镇庞统祠附近的落凤坡

庞统死于进攻雒城之时，刘备命人将其遗体葬于鹿头山，《三国演义》却将庞统殒命处移植到鹿头山落凤坡，属张冠李戴。

位于落凤坡的“汉靖侯庞凤雏先生尽忠处”石碑

（4）天雄关

天雄关原名天信关，地属牛头山，是金牛古道上极为重要的驿站，由昭化出西门约7公里即是，需要沿古道上山。天雄关位于西侧山腰，海拔约700余米。金牛道到此处，过了天雄关后，沿着关后西侧山腰，通向剑门关的大小剑山。天雄关是剑门关的前哨关卡。牛头山和大小剑山相似，北麓陡峭，南麓缓缓而下。

在牛头山上可以俯瞰昭化。当年驿道快传，隔10至20里会有巡路卒，过天雄关需要持有剑门关或桔柏渡的勘合（即证书）。天雄关是小站，不进行换人换马传递。有急件通过时，驿卒会在关后提前举烟，信使到关前时，驿站也会提前吹响牛角号（有长短音节奏）。关下昭化两河河口处桔柏渡的渡船，必须提前靠岸等候信使，令其一到便可迅速渡江。剑门关、桔柏渡是大站，可进行换人换马传递。

❶ 牛头山上金牛道　❷❸ 天雄关前的金牛道　❹ 天雄关后的金牛道
金牛道不仅所处地势险要，而且其大部分道路都很狭窄，所以称“隘道”名副其实。

从牛头山上西眺嘉陵江 牛头山是剑门山的东支，海拔1214米，位于嘉陵江西岸。

②
文物即将修缮
危险请勿靠近
天雄関

③

④

专题13 张飞与阆中

建安十九年，刘备命诸葛亮率张飞、赵云诸将援军入川，“泝流定白帝（奉节白帝城）、江州（今重庆）、江阳（今四川省泸州市）”，再由诸葛亮、张飞和赵云分成三路包抄成都。于是刘璋投降，刘备占领益州并以张飞为巴西太守。一如关羽之在荆州，阆州城成了张飞戎马一生逗留时日最长的地方，也是其最后殒命处，此地关于他的遗迹和传说也最多。

张飞是三国时期的一员武将，千百年来，全国不少地方均设有祭祀他的寺庙。他享受的隆誉，在三国人物中或仅次于诸葛亮和关羽。这一现象的形成固然与《三国演义》造就的形象深入人心有关，但也不可小觑千百年间民间伦理和价值观念的推动。

后世立寺建庙拜祭的对象，除了带有迷信色彩的人物，还有历史人物。后者所受民间香火，某方面最能反映千百年来社会大众的伦理价值，以及其对贤与不肖的好恶。“忠义”向来是中国社会最崇尚的价值，关羽和张飞香火较盛，便反映了中国社会民众对“忠义”价值观的褒扬。

汉桓侯祠

汉桓侯祠即张飞庙，位于阆中市古城区西街。张飞庙内的原碑拓片为存世实物，证实张飞曾任巴西太守，镇守阆中，极具历史价值。原碑拓片据说来自摩崖汉隶石刻，文字是“汉将军飞率精卒万人大破贼首张郃于八濛立马勒铭”。民间还有传说暗示，摩崖石刻字乃张飞自书。

❶ 阆中古城汉桓侯祠
❷ 汉桓侯祠内的敌万楼
❸ 张飞原碑拓片

阆中华光楼

张飞牛肉（上） 阆城以张飞名字命名的牛肉店很常见。**华光楼一带店铺（下）** 店铺外表一如古代，只有人和货品是现代的。

自阆中古城北望西汉水和翠云山

《三国演义》中的张飞，虽然鲁莽，但为人勇武、忠肝义胆。《三国演义》这样写固然有夸饰成分，但历史上的张飞本性基本如此，其勇武为同时代的人所肯定。曹操的重要谋臣程昱、郭嘉、刘晔、傅干等，都评论过张飞，说他“勇而有义，皆万人之敌”“勇冠三军”。周瑜说他是“熊虎之将”。《三国志》作者陈寿说他是“为世虎臣”。

张飞与刘备、关羽、赵云一样，都是出生于北方的“燕赵男儿”。他们一生从北到南，转战万里，最后其归宿都在南方。关羽也好，张飞也好，与他们相关的寺庙遍布全国，可谓形成了全国性的崇拜。从赤壁之战后，张飞的活动范围主要是在中国的西南地区，即现今湖南、湖北、四川和陕西南部。赤壁之战后，张飞任宜都太守，后驻秭归，扼守着荆州西边的长江三峡重地，与驻守荆州的关羽，一向北，一向西，是刘备和诸葛亮“隆中对”策略中以固“荆、益”的守护者。刘备占益州后，又以张飞为巴西太守。

曹操占领汉中后，令夏侯渊、张郃、徐晃等大将驻守，自己回到邺城。张郃屯汉中，屡进迫巴中。张飞扎营于宕渠与瓦口，与张郃相持50余日，终出间道大败张郃，张郃仅以身免，退回汉中。

建安二十二年（217年），刘备率赵云、黄忠、法正等进兵汉中。另遣张飞、马超、吴兰等为侧翼，屯于下辨（今甘肃省成县东）。次年春，曹操都护军曹洪进攻下辨刘军，并击杀了吴兰，张飞和马超退走，武都为曹军所占。刘备主力军屯阳平关下，夏侯渊、张郃、徐晃等相拒。刘备和曹操争夺汉中，史著言及张飞的地方不多，估计其主责在镇守巴西郡。刘备取得汉中后，出乎蜀汉文武大臣包括张飞自己的意料，不是令张飞总督汉中军事，而是起用了魏延。刘备如此部署，或出于以张飞坐镇居荆、益和汉中之间地带的巴郡，有辅援保障上述三地的作用；魏延之督军汉中，属于前军而已。

刘备称汉中王时，拜张飞为右将军，假节。章武元年（221年），张飞被封车骑将军，领司隶校尉，进封西乡侯，自此一直驻守巴西郡，守阆中，长达10年。

阆中在战国时已是巴子国的国都，秦汉时已筑城，建城历史长达2300多年。阆中是历代郡、州、府、道的治所所在，一直是川北的军事重镇。因历代重视此地，古城虽屡次毁于战争和洪水，却屡被重建修补。现今可见的古城城街为清代面貌，老街屋舍都是传统风格。临阆中古城对岸的远山，则是锦屏山。

巴西“张飞柏”

除在阆中城里留下足迹，张飞还在巴西剑门蜀道的“翠云廊”留下了传说。翠云廊是古蜀道上的奇观，以剑阁古城为中心，北至昭化，西至梓潼，南至阆中，以“三百里十万树”闻名。

翠云廊一段长1050米的古蜀道上，有古柏238棵，相传是张飞率军经剑阁时所植。在秦代已开始在剑阁道上植柏，相传张飞任阆中太守时，南北往还频繁，遂令士兵沿路种植柏树，后人也称植满柏树的翠云廊为“张飞路”，称沿途古柏为“张飞柏”。

中国自古就有绿化的观念和要求，甚至规定地方长官在离任前，要点算辖下地方的树木是否有减少，并将此作为其考绩的一部分。翠云廊的古柏都被后人赋予名字，多以蜀汉人事命名。

- 张飞古柏
- 翠云廊古道上的张飞塑像
- 由翠云古蜀道远眺

水陆要塞南津关

自“阆中古城”的中心向前走百米便是高坎渡，隔嘉陵江可见对岸的南津渡。南津关自古就是商贾云集、物贸繁盛的水陆要塞。其坐落于阆中古城南边，背倚锦屏山山麓，枕山面江，与阆中古城及城中著名的华光楼隔江相望。古代人们过关、过渡，都要进出阆中的华光楼。南津水路曾横贯南北，上可通广元，南可至重庆，是连接古城和江南的一条必经之道。

自阆中遥望南津渡 ❶ 南津渡 ❷ 嘉陵江 ❸ 阆中古城

南津关

航拍南津渡

南津渡是金牛道的重要关口。

南津古镇街景

第三节　南北战线　相互攻防

赤壁之战失败后，曹操北返邺城。一方面，为巩固自己在朝廷中的统治势力，他致力于内部一连串的人事安排和各种兴革。另一方面，在对外军事行动上，他改而采取向西面和南面两路并进的战略。赤壁之战后，曹操在南方的对手仍然是孙权和刘备，也意识到刘、吴气候已成，虽则各自势力不如他，但两者一旦联合，不是自己一时所能征服。曹操也知道刘、孙两人并不求自保，而是时刻找寻进攻他的机会，于是对此采取了坚固南方前沿军事重镇、整固武力和攻防兼备的战略。

曹、孙、刘三方互为攻防

赤壁之战后的孙、刘两方，都有伺机北上袭击曹操的意图。虽然说是结盟关系，孙、刘之间也有嫌隙，这样就渐渐形成了曹、孙、刘三方互为攻防的军事局面。曹操派曹仁固守襄阳和樊城，以对抗驻守在江陵的刘备名将关云长，并在沿长江和淮河之间的江淮地区，布置了点、线、面的军事攻防布局。尤其以合肥和寿春为军事重镇，震慑和对抗盘踞长江中下游的孙权。

西线方面，对于关陇的马超、韩遂等割据势力，以及汉中的张鲁，曹操则采取了积极的军事行动。自朝廷西迁长安到东返洛阳的这段时期，关陇地区仍盘踞着大小地方势力，势力最大的数马腾和韩遂，两者对曹操来说属心腹大患。建安十三年（208年），曹操讨伐荆州之前，诏表马腾入朝做官，而由他的儿子马超在关中统领部队。建安十六年（211年），曹操以讨伐汉中的张鲁为名义，派钟繇领兵出洛阳，夏侯渊等领兵出河东。

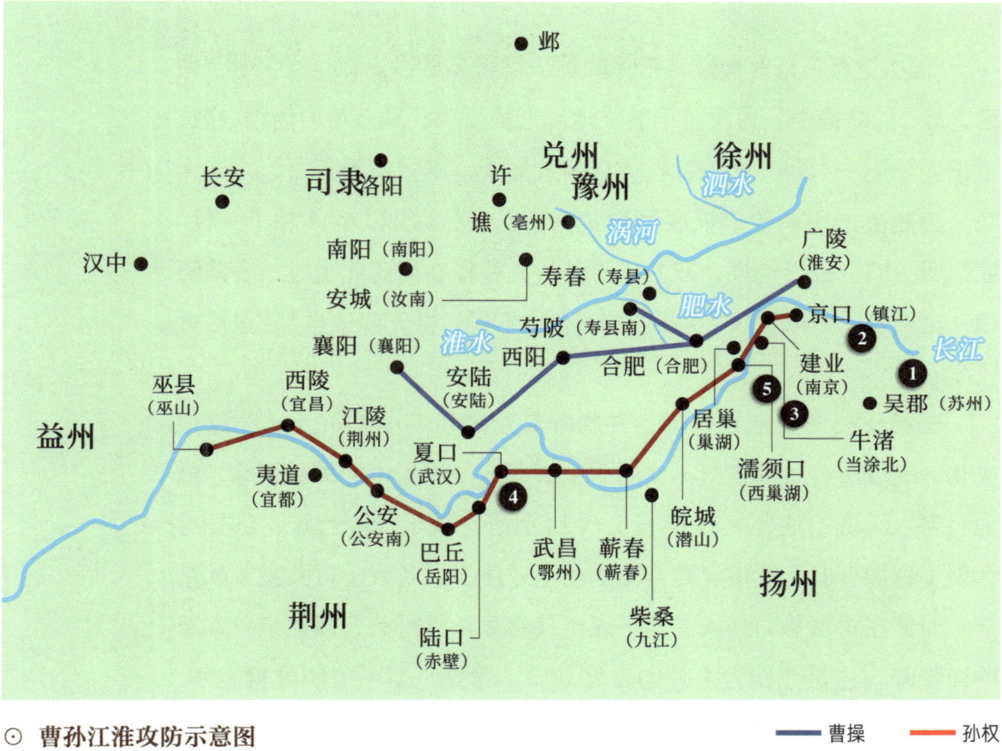

⊙ **曹孙江淮攻防示意图**

⊙ **东吴都城迁移表**

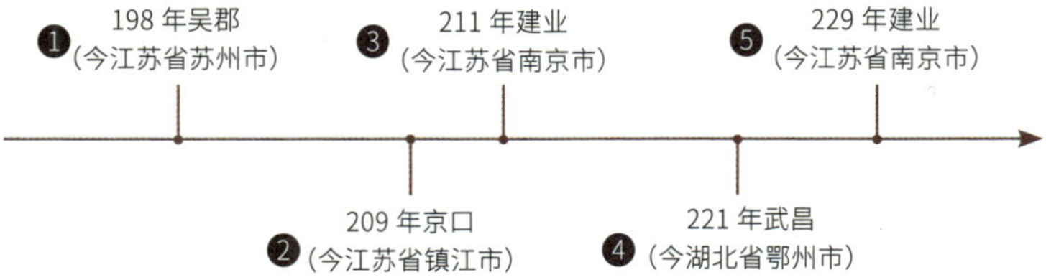

马超和韩遂自然明白，这样的军事行动是用了兵法三十六计中的“假道伐虢”之计，曹操袭击的对象，其实是他们。马、韩便联合关中地方诸将，驰集潼关，以备曹军。曹操清楚马超和韩遂是凉州劲旅，也不敢小觑，再委任曹仁督师，自己也亲临前线指挥作战。在潼关两军的对峙中，曹军一度很受威胁，曹操遂采取了声东击西的迂回战术，北渡黄河，在渭河北岸与马超对垒，化被动形势为主动。又在马超求和的过程中，用计离间了马超和韩遂，然后发起进攻，在关中黄渭之间大破马超和韩遂。

采取“毕其功于一役”的战略

“潼关之战”是曹操亲自指挥的另一场著名战役。在这场又称“渭南之战”的战役中，曹操苦于关陇地理形势复杂、地方势力盘踞分散，意识到如逐一讨伐，会旷日持久、窜散复聚，以致疲于奔命、师老无功，故此决定引诱他们以联军形式集中起来，采取“毕其功于一役”的高明战略。战役初期，双方陷于苦战，曹操在渡河北上时，身陷险境几至殒身，是以慨叹“马儿（指马超）不死，吾无葬地也”，最后大获全胜。

这场战役曹操亲自督师，并临阵制定随机应变的战术，结果很成功。战役后，曹操也禁不住向手下解释战役过程中的种种谋略，颇为自得。（《资治通鉴·汉纪五十八》）渭南之战虽惊险万状，仍充分体现了曹操在制定军事谋略方面的出色才能，以及敢于冒险犯难的精神。即使在军事势力强大、属下谋士战将如云之时，曹操仍亲自率军冲锋陷阵，这是他作为主帅的良好品质。身先士卒不但能鼓舞士气，而且有利于实际洞察战况，这是实行“遥远控制”的指挥者难以做到的。从这场战役中也可体会到曹操的军事策略和战术重在“奇”“诡”，擅用“奇兵”和“诡道”是其军事战略的一贯特点。诸葛亮对曹操之为人虽极鄙夷，但对他的军事才能却称赞不已，谓“曹操智计殊绝于人，其用兵也，仿佛孙（孙武）吴（吴起）”。

抢占汉中被提上日程

曹操取得了渭南大捷，迅速占领了关中的大部分地区。马超、韩遂兵败，只好向西逃返凉州老巢。这样，曹操的势力囊括了关东和关西，北抵边塞，东至辽东，西达凉州，几乎掌控了整个中国北方，占据半壁江山，势力更见稳固。

建安十八年（213年），在凉州的马超，为报曹操处死在邺城的父亲马腾和一门家属之仇，纠集羌、胡等部落袭击陇右（今甘肃省及青海省东北部一带。古人以右为西，故将陇山以西地区称为陇右），与曹军的夏侯渊和张郃往复战斗，终于失利，带着堂弟马岱投奔汉中的张鲁。

自建安十六年到建安十九年（214年）的4年间，曹操虽征服了关中陇右，但并未乘机南下征伐汉中的张鲁，主要因为外受孙吴的军事威胁，内部朝廷不稳，分身乏术。但建安十九年刘备取得益州后，曹、刘、孙已形成鼎立之势，三家都明白，只要一家形势有变，就会影响到其余两家。既然刘备占据益州，曹操征伐张鲁抢占汉中，就变得刻不容缓了。

张鲁的祖父是张陵，是“五斗米道”的始创人，父张衡在黄巾之乱时，亦曾在汉中起事，声势颇大。后朝廷招封他为镇民中郎将兼领汉宁太守，自此张氏一直占据着汉中。益州刘焉在世时，张鲁与之保持和平共处的关系。自刘璋接任，川汉之间却势成水火。

曹军大败张鲁部队

建安十九年前后，夏侯渊扫平了关陇韩遂等势力，渡黄河北上湟中（今青海省东北部），降服了河西诸羌。此处郡域也被曹操重新划定，设立了雍州（由今陕西省中部一直到陇西）。此时，想要征伐汉中张鲁的曹操已无后顾之忧。建安二十年（215年）曹操出兵征张鲁。三月，抵陈仓（今陕西省宝鸡市东）。四月，自陈仓出散关（今陕西省宝鸡市南），五月经武都河池（今甘肃省徽县西），消灭了氐王窦茂。七月，抵达汉中地区的阳平关（今陕西省勉县西北）。

在汉中，曹操军与张鲁军展开一连串的战斗。在一场误打误撞的战事中，曹军大败张鲁部队。事情经过是，曹操兵抵阳平，张鲁传弟张卫与将军杨昂据守阳平关，且横山筑城十余里。曹操屡攻不下，拟退兵并遣夏侯惇、许褚呼山上兵士撤还，但前军因夜迷路，误入了张卫别营，张卫军士大惊退散。曹军乘险夜袭，大破张鲁军，张卫等乘夜遁走，张鲁溃败走巴中。但巴、賨的地方首领朴胡、杜濩和袁约等各率众降曹，曹操分任三人为巴东（今嘉陵江上游）、巴西和巴郡太守。张鲁在十一月拒刘备之招绥而应曹操的招降。曹操拜张鲁为镇南将军、阆中侯。曹操既占汉中，顺势又深入三巴地区。曹操以夏侯渊为督护将军，张部、徐晃为将军驻守汉中，自己班师回邺城。

古陈仓道入口

⊙ 曹操攻占关中简表

地区	主要战役	年月	曹军将领	敌军将领
关中	潼关之战	建安十六年（211年）三月至九月	曹操 夏侯渊、许褚、徐晃、朱灵、贾诩、曹洪、曹仁、张部	马超、韩遂 杨秋、侯选、程银、成宜、李堪、张横、梁兴、马玩
凉州陇西	冀城之围	建安十七年至十八年（212—213年）正月至八月	韦康 杨阜、杨岳、阎温、夏侯渊、汉阳太守	马超 杨昂
	卤城之战	建安十八年（213年）九月	杨阜、姜叙 赵昂、尹奉、李俊	马超 马岱、庞德
关西	显亲之战	建安十九年（214年）正月	夏侯渊	韩遂
	兴国之战	建安十九年（214年）二月至九月	夏侯渊	阿贵、杨千万
	讨伐宋建	建安十九年（214年）十月	夏侯渊 张部、张既、阎行	宋建 韩遂
汉中	氐人战争	建安二十年（215年）三月至五月	曹操 张部、朱灵	窦茂 韩遂
	阳平关之战	建安二十年（215年）七月	曹操 解慓、高祚、夏侯惇、夏侯渊、许褚、张部、朱灵、辛毗、刘晔	张鲁 张卫、杨昂、程银、侯选、庞德

在曹操征伐汉中期间，刘备正与孙权争夺荆州，双方都做好军事部署，剑拔弩张，战争已一触即发。刘备听闻曹操出兵汉中，立刻与孙权讲和，以湘水为界，重新划定刘、孙的势力范围。刘备也迅速回师赶返益州，于建安二十年回到了江州。

曹操驻军在南郑时，丞相主簿司马懿和谋士刘晔都曾建议曹操，乘刘备刚取得巴蜀，人心仍未归附、立足未稳，挥军南攻刘备。曹操未接纳建议，并引用东汉刘秀的话，反其意说“人苦不无知足，既平陇，复望蜀”。这是曹操清楚蜀地的阻隔，征讨不易，尤其会面临后勤运输的困难。

主帅

概述	战果
三月至六月，关中各军阀组成联军与曹军于潼关对峙。七月至九月，曹操与联军发生数起交战，始终以逸待劳。九月，曹操用离间计分化马超与韩遂，并在会战中大败联军	曹操大胜，关中军阀瓦解，曹实际控制关中。马超、韩遂、梁兴溃逃至凉州。侯选、程银投靠张鲁
马超逃至凉州，联合胡人与张鲁攻占除冀城以外的陇西地区，于建安十八年（213年）正月至八月包围冀城。由于求援失败，凉州刺史韦康决定投降马超	夏侯渊的援军被马超打败，马超成功夺取冀城，完全控制陇西。凉州刺史韦康与汉阳太守被杀。氐王杨千万与马超结盟
杨阜联络韦康旧部姜叙，及冀城心有不满之人为内应，发动兵变	马超被赶出冀城，带同马岱、庞德逃奔张鲁，失去对陇西的控制，以后对凉州的军事行动均告失败
夏侯渊听闻韩遂占据显亲，亲自出击。韩遂逃到略阳，被夏侯渊击败	韩遂在凉州的势力萎缩，更为依赖氐人、羌人的力量，手下更开始怀有异心。韩遂女婿阎行叛投夏侯渊。韩遂逃至羌、氐部落寻求保护
韩遂逃跑后，夏侯渊乘胜攻击兴国。大破兴国氐王阿贵、百项氐王杨千万。夏侯渊转战高平、屠各，大胜，收缴大量物资与降兵	阿贵部落被攻灭。杨千万投靠马超
夏侯渊自兴国出兵围攻枹罕，一月余攻破枹罕，杀宋建	河西诸羌部落全部投降。陇右的氐、羌部落势力大为衰退。陇右地区大致平定
三月，曹操入武都氐人部落征张鲁。五月，氐王窦茂战败被杀。韩遂逃至金城，被金城将领所杀	汉中一带的氐、羌部落势力衰退，韩遂势力完全瓦解。凉州再无可威胁曹操的军阀势力
张鲁之弟张卫试图以阳平关阻挡曹操事败。张鲁退至巴中，曹操派人安抚张鲁，张鲁决定投降	曹操控制汉中。张鲁、张卫、程银、侯选、庞德投降曹操

重点在淮南部署攻防线

另一方面，曹操亦知孙权之在淮南，关羽之在荆州，两者都虎视眈眈，蠢蠢欲动，加上朝廷内部也局面不稳，忧患重重，如贸然讨伐川蜀，有深陷泥沼之虞。他权衡利害，调派原驻守长安的夏侯渊把守汉中，自己则返回邺城。对于曹操占领汉中，势力深入三巴，刘备是很担忧的。大将黄权也对他说："若失汉中，则三巴不振，此为割蜀之股臂也。"刘备遂派黄权北上迎接败走的张鲁，但张鲁已归降曹操，于是用黄权之计攻破巴东郡的朴胡、巴西郡的杜濩，控制了三巴。

汉中位居关陇与益州的中间地带，形势影响整个西部地区。对于曹操，占有汉中，守可以作为关、凉的屏障，进可以作为征伐益州的前沿。对于刘备，守可以捍卫益州，进可以作为北讨曹操的前沿。汉中就成了曹操和刘备的必争之地，两人在汉中展开了近四年的争夺战。曹操对张鲁的汉中之战，得胜有几分意外成分，而曹、刘这对老对手的汉中争夺战，过程却相当跌宕曲折。结果刘夺取了汉中，曹被迫退出汉中。

这种结果，关乎由曹、刘、孙的三强发展成魏、蜀、吴三国鼎立这一局势。这场战争是三国历史上极其重要的战争。自从起兵以来，纵横战场，几近无往不利的曹操，先挫于滚滚长江的赤壁之战，再挫于险阻蜀地的汉中之战，终未达成统一中国的企图。不能否定的一点是，从军事形势去看，作为当时天险的长江与险阻的蜀地，是曹操遭受挫败的重要因素。

曹军占据汉中时，大将张郃时常率兵进逼巴地。刘备遂命令巴西太守张飞领军进驻宕渠（今四川省渠县东北）与瓦口，以拒张郃。两军在宕渠对峙达五十日，张飞设计引诱张郃率军出间道而大败之。张郃率随身数骑逃脱，仅以身免，只好退兵回南郑。刘备在巴地的威胁得以解除。

淮南的合肥（今安徽省合肥市）和庐江（今安徽省庐江县西南），是曹操对抗孙权的第一道防线，也是向南挺进的前线。所以曹操很重视加强这条防线和前线的各种军事设施。赤壁之战失败北返不久后，即建安十四年（209年）三月，曹操就在老家谯县制造战船，训练水军，并在淮南屯田备粮。又委派名将张辽、乐进和李典等人驻守合肥，可见其对淮南作为攻防线这一部署的注重。

瓦口关争议

巴西地区有多个瓦口。张飞战张郃的瓦口隘道究竟在哪？对此民间主要有三说：一、梓潼城北10里，金牛道上的瓦口关；二、阆中城北15里，瓦口隘村双垭山上的瓦口关；三、渠县（古宕渠）东北8里，流江河入渠江口的八蒙山。我们以为渠县较有可能。

梓潼是蜀汉北伐的战略集结地，遗留有大量的三国遗迹和传说。当地人应是以三国这段历史为荣，于是借用瓦口之名，令金牛道上出现了一座“瓦口关”。

而阆中北面的双垭山，自三国至元明的史籍，都未见有瓦口关的记载。只是到了清朝才有了在苍溪或阆中建造瓦口关或瓦口隘的记载。并谓“县东南十五里，汉张桓侯的故营，有庙”。另有说“瓦口关……即瓦口隘。在县城北约二十五里。接苍溪界”。可见双垭山并无瓦口关，到清代却突然出现。当地学者推测可能是清代根据《三国演义》第七十回“猛张飞智取瓦口隘，老黄忠计夺天荡山”托名造景，打造了瓦口隘或瓦口关。

又据《三国志》载，建安二十年张郃“别督诸军下巴西，欲徙其民于汉中，进军宕渠、蒙头、盪石，与飞相拒五十余日。飞率精卒万余人，从他道邀郃军交战，山道迮狭，前后不得相救，飞遂破郃。郃弃马缘山，独与麾下十余人从间道退，引军还南郑，巴土获安”。再结合《渠县志》所说“八蒙山三国古战场遗址，在县城东北方向三点五公里处，现属渠东乡八蒙村”，渠县的瓦口隘道应是历史上张飞战张郃的古战场。

⊙ 瓦口关有争议的几个地点

梓潼瓦口关

从双垭山望西南的阆中方向

传说的瓦口隘在阆中和苍溪交界瓦口隘村的双垭山上，距阆中西北15里，是通向汉中的关卡。

孙权率军进攻合肥

赤壁之战后的孙权，也积极拓展势力。他主要的军事行动有三个方面：一、借此喘息机会，决意剿灭境内屡屡叛乱为患的山越。针对山越的军事行动，几乎贯穿整个孙吴政权的统治时期，而孙吴的大将大多经过征剿山越的军事磨炼。从历史发展看，孙吴在开拓江南与讨伐地方割据部落方面，为中国江南地区的民族融合和汉化起过重要作用。二、在西境，为争夺荆州，与刘备不断发生争执和冲突。三、在西南方面，不断向岭南地区拓展，并将势力伸展到交州地区。当然，对来自北面的曹操的步步进逼，军事上孙权也是步步为营，甚至主动出击。

赤壁之战后，建安十三年十二月，孙权就亲自率领10万大军进攻合肥，结果无功而退。建安十六年孙权将都城由京口（今江苏省镇江市）迁到秣陵，依山而建成石头城，并改秣陵为建业（今江苏省南京市）。在通往巢湖的濡须口（今安徽省无为市东）做水坞，以控制由巢湖到长江的通道。次年十月曹操率40万大军大举南下。建安十八年（213年）正月曹军由张辽和臧霸指挥，进攻濡须口。孙权率领7万士兵，以甘宁为先锋应战。经过两个月互为攻防的缠斗，僵持不下，曹操撤军北返。

张辽率兵追杀孙权

建安十九年五月，孙权亲自领兵攻克曹操位于江北的重镇皖城（今安徽省潜山市），并任吕蒙为庐江太守。同年七月曹操又领兵南下亲征，进驻合肥。不久闻报夏侯渊已占领陇右，便转向西征，谋求夺取汉中，留张辽、李典和乐进守合肥。建安二十年八月曹操征服汉中张鲁，孙权又率10万大军进攻合肥，合肥曹军只得7000守兵。张辽和李典乘孙权军还未驻扎好营地，率精锐骑兵800冲击孙权军，大挫其锐气。孙军围合肥城十多天，屡攻不下，只好撤军。待孙军撤退，趁孙权与少数部队仍在逍遥津北岸，张辽率兵追杀。幸得吕蒙和甘宁迎战，而凌统拼死保护，孙权才得以险中逃脱。这场合肥之战，是名将张辽很出色的一场战役。

次年春，曹操占领汉中不久，回到邺城。十月又出兵征伐孙权。建安二十二年（217年）正月，曹操进军居巢（今安徽省巢湖市），二月进攻濡须口。吕蒙虽获小胜，但终抵抗不住曹军。孙权向曹操求和，而曹军也开始暴发疾病，便同意休战，曹、孙并结双重姻亲之谊。三月，曹操引军北返，留夏侯惇等屯驻居巢；孙权则留周泰驻守濡须口，保持相持之势。

由上面的简单描述，可见赤壁之战后的10年，曹、孙之间几乎年年互为讨伐，重要战事有7次之多。这10年间，曹操仍然视讨伐孙权为最主要的军事行动。这种战略部署是可以理解的，相对于其他对手，如能剿灭孙吴，对统一全国的形势最为有利，不是纯粹为报赤壁战败之仇。同时，赤壁之战后的近10年，曹操也连年不断地向西、南两路征战。在西路取得了关西和凉州，据有汉中，战绩可喜。南路与孙吴两方互为攻防，仍处于拉扯僵持状态，战绩不彰，这也反映了孙吴战斗力的强悍。局势到此，曹、刘、孙三方已陷入相互对战的局面。

合肥城的曹操教弩台遗址

为与善于水战的吴国作战，曹操曾在合肥筑高台训练强弩手500人，以御吴国水师，高台称“教弩台”或“曹操点将台”，台高5米，占地约4000平方米，四周围以青砖。今日位于台上的明教寺原名“铁佛寺”，始建于南朝，后毁于战火，清代光绪年间重建。

建于合肥曹魏新城遗址之上的仿汉建筑

刘备战曹操频频失利

因曹军进攻汉中，在建安二十年为荆州的归属而诉诸军事行动的孙、刘两方，转为和谈，且重新划分了荆州的势力范围，暂休对抗。建安二十年至建安二十二年的3年间，曹、吴之间接连发生几场大规模的攻防战，争持不下。建安二十二年春，曹军正与孙权发生濡须口之战时，在许昌朝中的中少府耿纪，谋杀了曹操的丞相府

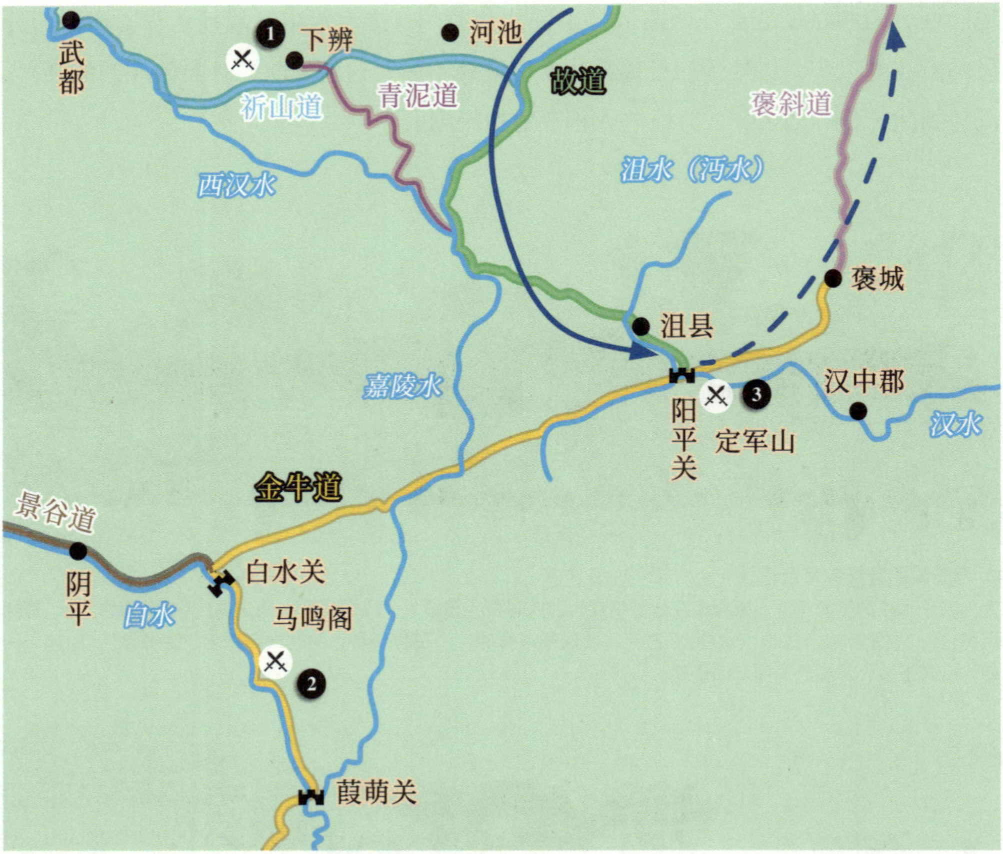

⊙ 曹操讨伐汉中路线示意图

❶ 建安二十三年（218年）春，曹操令曹仁率军攻打在下辨的吴兰。吴兰为曹仁所败并遭杀害，张飞、马超退走，曹军占领武都，再往天荡山进攻

❷ 刘备驻军在阳平关与曹军对峙，另遣将军陈式率兵十营断绝马鸣阁道，牵制东面的曹军在汉中外围，可惜陈式军为曹军徐晃所败

❸ 刘军的黄忠于定军山斩杀夏侯渊，曹军大败，沿褒斜道退军

长史王必，图谋挟天子以攻魏邺，并引关羽为援。刘备觑准这种情势，毅然率军北上，要与曹操争夺汉中。

建安二十二年，刘备接受法正的献策，留诸葛亮镇守成都，自己以法正为谋士，率领赵云、黄忠和魏延等将领出兵汉中。由刘备率领的军队是主力军，另又派张飞、马超及吴兰率军入武都，屯于下辨（今甘肃省成县西），作为侧军出击，牵制关陇地区的曹军。曹操遣曹仁和曹洪率兵迎战在武都下辨的蜀军。建安二十三年春，曹操令曹仁率军攻打在下辨的吴兰，吴兰为曹仁所败并被杀害，张飞、马超退走，武都也为曹军占领。

刘备亲自率领的主军，当年四月屯在阳平关下，与夏侯渊、张郃和徐晃等在城外相拒。另遣将军陈式率兵十营断绝马鸣阁道。刘备争汉中的战略部署是：自己率领的主力军正面攻打阳平关的曹军，另安排两侧翼军——以张飞等在西北武都牵制关陇的曹军，以陈式在东南马鸣阁扼守汉蜀通道，牵制东面的曹军在汉中外围，一西一南互为犄角之势。可惜陈式军也为徐晃所败。曹操明确指出："马鸣阁道，汉中之险要咽喉。刘备欲断绝内外，以取汉中。"对徐晃打败陈式，大为赞赏。两翼军事失利后，刘备率领的攻打阳平关的主力军，承受着很大军事压力。夏侯渊和徐晃在阳平关与刘备军对峙的同时，张郃另屯兵于广石（今陕西省勉县西），属汉中的东线布防。其作用，在南可以抗衡在巴郡的张飞；在北，则可以拱卫秦岭蜀道上兵粮的畅通。

勉县马超墓

马超（176—222年），字孟起，扶风茂陵人，少年已随父马腾起兵西凉，勇猛善战。封为偏将军、都亭侯。建安十三年，其父被曹操征调入朝任卫尉，留超在西凉统领部曲。建安十六年曹操攻汉中，马超知曹操所图在己，遂有"渭河之役"。次年马腾及全家为曹操杀害。超自称征西将军，弃汉中投奔刘备，协同进攻成都。封平西将军，定军山之役夺取汉中后，超领衔上表，推举刘备为汉中王。蜀汉立国，超为骠骑将军、凉州牧。章武三年（222年），马超病死于阳平关任所（今勉县老城），年仅47岁。

位于陕西勉县的马超墓今景

内忧外患，分身乏术

在阳平关，刘备与曹军相持了一年没有进展，僵持愈久对蜀军愈不利。刘备便急求诸葛亮发兵供粮，增援汉中。建安二十二年春，曹操在外有与孙权的濡须口之役，在内，又面临耿纪在许昌挟天子以攻魏邺，无法分身，直到建安二十三年七月才率军出征，九月到长安坐镇并指挥。

复建后的石门

东汉永平六年至九年（63—66 年）打通的石门隧道，是世界最早的人工开凿的交通隧道，位于褒斜道南端褒谷口（今陕西省汉中市汉台区，褒河西岸）。1975 年因褒河储水工程被漫没。图中石门是按原址一比一复建的。石门原有在中国书法史上有名的摩崖石刻《石门颂》和《石门铭》。《石门颂》摩崖为东汉恒帝建和二年（148 年）所刻，《石门铭》为北魏时所刻。因建石门水库，《石门颂》摩崖刻石被保存在汉中市博物馆。

建安二十四年（219 年）正月，刘军南渡汉水，沿山而进，在勉县东南的定军山扎营安寨。夏侯渊恃勇率兵抢夺，法正看准可击的时机，建议刘备命令老将黄忠居高临下，鼓噪冲杀。黄忠一马当先，斩杀了夏侯渊，曹军大败。张郃只好率领败军，撤退到阳平关。这就是著名的定军山之战。夏侯渊死，张郃能稳住乱军，重做军事部署，可见其勇谋兼备。

曹操知道汉中战事不利，率兵由长安出斜谷（秦岭北麓斜水流经的河谷），再经褒谷（秦岭南麓褒水流经的河谷），赶到阳平关。面对老对手曹操，刘备于汉中采取“敛众拒险，终不交锋”的战术。这样，双方相持了一个多月，曹军逃兵日多，曹操也考虑蜀道粮草运输困难，恐难以为继，遂于同年五月放弃汉中，撤军回长安。撤退之前，曹操以“鸡肋”为令，惹来主簿杨修“弃之可惜”的撤军预测。

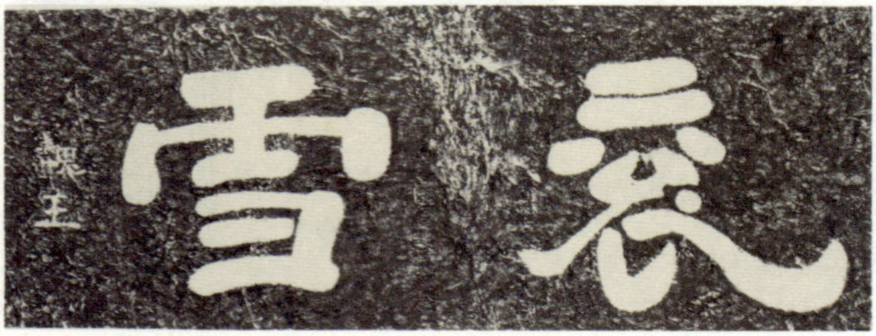

曹操题字“衮雪”（原拓）

石门附近的褒水河谷狭窄曲折，两侧悬崖高耸，河水湍急有如雪花滚动，曹操游此，便题上“衮雪”两字。“衮雪”为隶书，字径45厘米，字后署“魏王”两字，刻于褒水的大石上。衮雪石刻现移放于汉中市博物馆。此石刻是现在唯一能见的曹操手书真迹。

石门水库坝外下游的褒河今景

刘备汉中称王

刘备占领汉中后，令刘封顺汉水东下，攻克了上庸（今湖北省竹山县西南），再令孟达从秭归北攻汉中东部的房陵（今湖北省房县）。顺利夺得了东三郡（西城郡、上庸郡、房陵郡），刘备便以刘封和孟达统兵驻扎在三郡。此时蜀汉势力大增，可以说是刘备自起事以来，形势最好、势力最大的时候，夺得了横越千里汉中的战略要地，不仅达成“兼有荆益”，因据有汉中，既保障了益州，又据此为基地，隔秦岭而直迫关、陇的曹魏。另外，蜀汉开通了由汉中通向中原和荆楚的道路，形成了极有利的军事形势，蜀军借此通路，可顺汉水而下，经三郡而抵襄樊，与荆州连成犄角。但是，东三郡和关羽在荆州之间的联系，还隔着一个襄阳。或者因为在汉中取得了胜利，而荆益通路又存在襄阳的阻隔，在荆州的关羽做出了北伐襄南的军事冒险。

建安二十四年七月，刘备在汉中称王，这很具政治意义。一方面，由于曹操在建安二十一年（216年）受封为魏王，刘备称王，有与之抗衡的政治意义。另一方面，在汉中称王，象征继承汉高祖刘邦在汉中称王而终成帝业的轨迹。

汉中之古汉台

古汉台相传是公元前206年项羽分封诸侯、立刘邦为汉王时在汉中驻跸的行宫遗址。汉中又称“天汉”，汉高祖建国遂以汉为国名，所以汉中是汉帝国的发祥地。古汉台位于今汉中市的中心，建在高8米的台地上，台上最具标志性的建筑是始建于南宋的“望江楼”，可眺巴山和汉江，也是汉中市博物馆所在。

刘备设坛称汉中王处

刘备取得汉中后，平西将军马超等120名文武大臣上表汉帝，推举刘备为汉中王。于是刘备在此设坛，“拜受印玺，御王冠”。刘备先在汉中称王，后在成都称帝，国号汉。

汉中古汉台望江楼

专题14 定军山与空城计

《定军山》和《空城计》都是中国著名的传统戏目，其内容和情节乃根据《三国演义》改编而成。如谓《定军山》的剧情是一种增饰，《空城计》就是张冠李戴了。不过，这两段出于《三国演义》的情节，在曹操与刘备争夺汉中的历史中，实有其事，过程也惊心动魄。所以《三国演义》才将其作为重点描写，再被改编成动人的剧目。

（1）突袭制胜定军山

夏侯渊将定军山的大营打造得非常牢固，营外放置重重鹿角。张郃守备于鹿角东围，夏侯渊自守南围。刘备屡屡破坏鹿角，又数次强攻张郃，迫使张郃亲自搏战。虽然刘备不能攻克，但时令夏侯渊分兵支援。由于刘备在降山，居高临下，对夏侯渊的军事行动看得清楚。趁夏侯渊正抢修鹿角，法正急令黄忠趁势突袭。夏侯渊匆忙应战，被黄忠斩杀。主帅阵亡，曹营大乱，刘备乘势击破了定军山大营。

从定军山北望汉中盆地 从定军山北望，近景是汉中盆地，远处是秦岭勉县南缘群山，中间偏左的大山是天荡山。

定军山古战场的夏侯渊大营遗址

从定军山上俯瞰仰天洼

曹操占了汉中后，在汉中布置大将徐晃，辅助夏侯渊镇守阳平关。荡寇将军张郃驻军广石（今勉县西），夏侯尚、夏侯德与韩浩率部驻守天荡山。夏侯渊将大军屯驻在定军山南侧的仰天洼。

❶ 巴山山脉 ❷ 仰天洼

自天荡山南看汉中盆地西缘

自勉县天荡山向南远望巴山，中间是有漠水滋润的肥沃汉中盆地。

定军山制高点降山

建安二十四年正月，刘备执行了法正的建议：“自阳平南渡沔水，缘山稍前，于定军兴势作营。”（《三国志・先主传》）这样的军事行动，可步步为营进逼夏侯渊，吸引住魏军主力。另一方面，讨虏将军黄忠和扬武将军法正，率领精锐偷袭了定军山的制高点降山，形成了阳平关的侧翼，更重要的是，这里可以居高观察仰天洼中夏侯渊中军帐的部署。于是，夺回降山成了夏侯渊必须完成的任务。

从秦岭南缘南望勉县和巴山 ❶ 定军山 ❷ 勉县 ❸ 巴山

（2）张冠李戴的空城计

诸葛亮的“空城计”无人不晓，可这故事却是《三国演义》的张冠李戴。真实历史是这样的：刘备在建安二十二年率主力抢夺汉中，随行军师是法正，将军是赵云和黄忠等。在定军山，老将黄忠斩杀了曹军主帅夏侯渊，曹操闻此消息，亲自率兵，由斜谷出褒谷，与刘备相持于阳平关。刘备虽然采取“敛众拒险，终不交锋”的战术，但双方仍有小规模的交战。

一次，曹军运米至北山，有数千万囊，黄忠领兵去夺取，赵云也随黄忠出兵。黄忠过了约定时间未还，赵云率数十骑轻兵出营寨，去视察和迎接黄忠等。路上赵云遇上曹操前锋部队，遭到袭击。交战中，曹操大军杀到，形势险恶。赵云向前冲击曹军阵，且战且退。曹军虽受冲击但不久集拢，赵云陷于敌人包围，几经辛苦终于返回营地。随骑张著受创，赵云再驰马营救张著。曹操所率大军追至营地，在营地的沔阳长张翼，拟闭门拒守。但赵云进营地后，反大开营门，偃旗息鼓。曹操怀疑赵云有伏兵，遂引军退。此时赵云军雷鼓震天，在曹军后面以弓弩射击。曹军惊骇，自相践踏，堕汉水而死者甚多。次晨，刘备来到赵云军营视察昨日战斗的地方，说“子龙一身都是胆也”。（《三国志·赵云传》）众人作乐饮宴到黄昏，军中称赵云是“虎威将军”。

据《三国演义》孔明施空城计而创作的画像

勉县阳平关城门

勉县段的汉江，右边是秦岭，左边是巴山

赵云与曹军战斗的北山，就是今日的天荡山，在勉县的黄家沟村，因位于阳平关北侧，所以称为北山。诸葛亮在《后出师表》中多次说到曹操兵败北山，说的就是这里。西汉名将韩信曾暗度陈仓夜间过北山，队伍举火而进，远望如火龙蜿蜒而上，所以民间又称此地天灯山。后为纪念赵子龙此战，当地称此地为天荡山。在当地天灯山和天荡山发音是一样的，历史地名同音异名的情况常有。

勉县阳平关全貌

阳平关城左边是秦岭，右边是东汉水，但因上游筑了堤坝，坝下流水较干涸。左边下方则是沮水，流入汉水。 ❶ 北秦岭 ❷ 阳平关 ❸ 沮水 ❹ 东汉水

第四节　关羽攻襄 败殒麦城

当孙权与曹操在江淮地区相对峙，连年发动攻防战的同时，入主蜀地的刘备，也与曹操展开了争夺汉中的战争。刘、孙两方虽在大敌当前时维持着表面的结盟关系，实则各有打算纷争不断，终于大动干戈。首先，曹、刘、孙三家都视荆州为南征北伐、西进东讨必须据有的军事重镇。赤壁之战后，荆州虽为三家分占，但这只是暂时的局面。三家相互间虎视眈眈，无时不以夺取荆州为最重要的军事目标。孙权之“借出荆州”，只是大敌当前的权宜之计，心不甘情不愿。而刘备占益州后，势力更是陡增。

孙权欲索还荆州

这种局面，对孙权来说，形势不利。一方面，孙吴惧怕刘备兼有荆、益，据长江上游，对处于长江下游的自己造成威胁。另一方面，刘备兼有荆、益，无异影响了孙吴实现“长江之极，以取天下”的远图。孙权图三路北取天下，当前的现实是，西路益州为刘备所占，只剩下中路的荆、襄与东路的淮河两线。纯由东路，是无法远图的，因为东路是四战之地，难以防守，不利进退。

所以两线中，夺取荆州，固定中线，关乎孙权政权存亡。刘备占领汉中第二年（215年），孙权派诸葛瑾为使者，西上谒见刘备，索还荆州，刘备便托辞夺取西凉后才能归还。孙权交涉不成，竟不惜诉诸武力，委派一直主张夺回荆州的大将吕蒙率兵，先后夺取了由刘蜀占领的长沙、桂阳和零陵三郡。刘备得悉消息，便亲自率兵5万东下公安，并命关羽领兵入益阳（今湖南省益阳市东），与吕蒙军争夺三郡。孙权也亲自率军驻扎陆口，命鲁肃领兵到益阳，对抗关羽。双方剑拔弩张，大战一触即发。

一直主张孙、刘结盟的鲁肃，不想出现不可收拾的破局，便约关羽谈判。这就是人所周知的“关公单刀赴会”故事的由来。正在这时，刘备得知曹操派夏侯渊和张郃出兵汉中，便与孙权请和，商定以湘水为界，平分荆州。湘水以东的江夏、长沙和桂阳归孙权；湘水以西的南郡、零陵和武陵归刘备。其实，刘备所占的三郡，其中南郡北部的襄阳和樊城，仍为曹操控制。所以刘备所占的荆州地区，北面与东面分别与曹、孙对峙，且地理蹙促，经济相对落后；而荆州又与益州为山川阻隔，形势最为不利。

建安二十四年（219年）七月，刘备刚取得汉中，又攻占了汉水上游，迫近荆楚的上庸，遂称王汉中，为“汉中王”。或者基于此种形势，关羽毅然由江陵挥军北上，要夺取曹仁驻守的襄阳和樊城。关羽这次的军事行动，事先似乎未与在益州的刘备和诸葛亮做过沟通，是一次单独行动的军事冒险。曹操对关羽驻荆州，一直心存顾忌，委派多名大将重兵驻守襄、樊。为加重防范，又派徐晃屯兵于襄、樊以北的宛城（今河南省南阳市）。曹操获悉关羽进攻襄、樊，再派于禁领兵，会同庞德，驻扎在樊城以北做协防。可见曹操对这南北军事要道防备之严，以及对关羽的重视。

八月，趁半月大雨连连，关羽率水军攻击襄、樊，降于禁，杀庞德，这就是《三国演义》“水淹七军”的著名故事；又分别围困曹仁于樊城和吕常于襄阳。曹军有城破之险，周围地方也出现叛降，甚至在曹操老巢许昌以南的地区，都有不少地方响应关羽。关羽一时“威震华夏”，使得曹操曾一度考虑迁许都北过黄河，以避其锋。在此紧要关头，徐晃援军抵达襄、樊，曹操也亲自南下，驻军于摩陂（今河南省郏县）。在这场至关重要的战役中，让曹方扭转局面的，不是军事奇策，而是纵横捭阖的外交手段。这也让我们认识到所谓战争，除军事上的战略和战术外，与战事配合的外交也很重要。

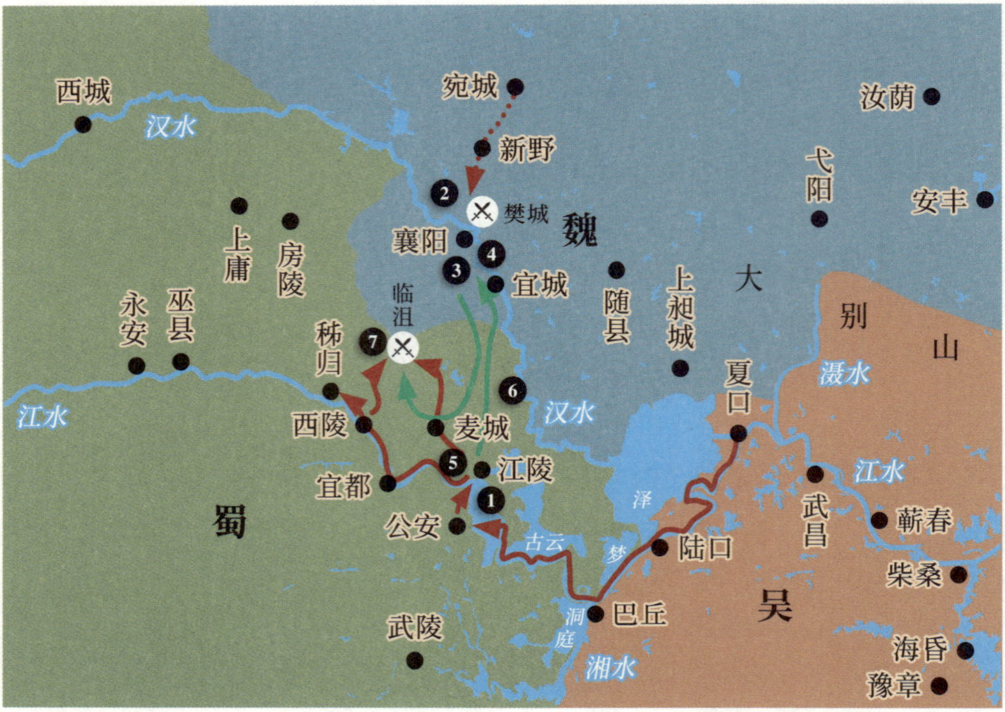

⊙ **孙吴夺荆州示意图**

❶ 关羽由江陵挥军北上，要夺取曹仁驻守的襄阳和樊城

❷ 曹操派徐晃屯兵于襄、樊以北的宛城，再派于禁领兵，会同庞德，驻扎在樊城以北做协防

❸ 关羽率水军攻击襄、樊，降于禁，杀庞德；围困曹仁于樊城，吕常于襄阳

❹ 徐晃援军抵达襄、樊，曹操也亲自南下

❺ 孙权率军沿江西上，一举攻克了江陵、公安，降服江陵的军民

❻ 关羽前后被夹攻，回救江陵也不成，只好退守麦城

❼ 关羽孤立无援，突围后，在漳乡为孙权将军潘璋擒获，被杀

关羽路线
徐晃增援路线
东吴偷袭路线
蜀国势力
曹魏势力
孙吴势力

诱使孙权包抄关羽

曹操在司马懿和蒋济的建议下，诱允割江南之地予孙权，要他从后袭击关羽。孙权和属下将领对关羽据有荆州且素来态度骄傲早生不满，如今关羽“威震华夏”的军势，更令孙权不安，使其答应了曹操的建议。鲁肃死后继其位主持孙吴军事的吕蒙，以及后起之秀的陆逊，设计迷惑关羽和其守军。孙权自己率军沿江西上，一举攻克了江陵（今湖北省荆州市）、公安（今湖北省公安县），降服江陵的军民。关羽前后被夹攻，回救江陵也不成，只好退守麦城（今湖北省当阳市东南）。建安二十四年十二月，孤立无援的关羽，突围后在漳乡（今湖北省当阳市西）中伏，为孙权将军潘璋擒获杀死，时年刚满60岁。

关羽文武双兼

关羽这次对襄、樊的突袭性军事行动，由出兵到战败，都是孤军作战，蜀地在军事上全无部署和配合，成为历史公案，至今令人不解，也引起多番忖测。何解关羽由军势如虹到两面受敌，刘备都未曾派兵助战？其间可忖测的空间太大。一些无凭证的推测性放言，实对历史的理解无补，只是逞口舌之快。事后做历史的检讨，以关羽孤军一人，而要抵抗战将及谋士如云的曹、孙两方，实少胜算。

关羽是三国公认的“万人敌”虎将，“好左氏传，讽诵略皆上口”（《三国志・关羽传》），不是一介勇夫。他修文习史，算得上文武兼全的将帅型人物。故此，刘备入蜀，以诸葛亮和关羽留守荆州这仅有的大本营。后来诸葛亮率众将入蜀支援，仅留关羽独自镇守，可见其责任之重，也反映了刘备和诸葛亮对关羽能力的信任。

《左传》是记载春秋时代的历史经典，又是文学名著，也是两汉三国时人们重要的修习典籍，其宏旨在褒扬忠义。对《左传》朗朗上口

关羽墓冢、祭亭

麦城关羽墓冢始建于东汉建安二十四年十二月，是埋葬关羽正身之地。祭亭始建于南宋淳熙十五年（1188年），历代皆有修建。

的关羽，不仅修习古代历史，也相信其“褒扬忠义”的精神。《左传》对被誉为“义薄云天”的关羽，在人格塑造上起过重大影响。但关羽性格上却存着严重的缺点——刚愎而自矜，他一生为人诟病的，也多是这一点。其终致兵败身殒，也可归咎于此。阅世识人多了，就明白人之得失成败，来自性格的影响大矣！

孙权这次因叛吴蜀之盟，而袭取了荆州之地。曹操假孙权之手，解除了关羽来势汹汹的威胁。而刘备则损失巨大，失去了荆州和关羽，“兼荆、益”的战略部署也破灭了，从此以后，刘蜀再无法实践诸葛亮制定的东线出荆州、西线出秦岭的二路北伐战略。对意欲北伐曹魏的诸葛亮来说，只能局促于蜀汉一地，局限于出关陇一路，其艰难可知。从共同对付强敌曹魏的角度看，孙吴其实也得不偿失，这大大影响了孙、刘日后经营天下的格局。

次年（220年），曹操死于洛阳，曹丕嗣位，不久称帝，建国号魏，定都洛阳，东汉正式灭亡。稍后，刘备也称帝，建国蜀汉，定都成都。孙权称臣于魏，被封为吴王，定都于武昌。至此历史进入了魏、蜀、吴三国鼎立的新局面。

专题15 古谯县与古逍遥津

亳州谯县是曹操家族、夏侯惇家族以及华佗和嵇康等历史名人的故里，亦见证了曹操军旅生涯的诸多重要事件。合肥则是魏吴江淮千里防线的最重要攻防点。这两地都在三国历史上有不可忽视的地位。

（1）曹魏陪都谯县

东汉豫州的治所在谯（又称亳、沛国），淮河最大的支流涡河在亳州城流过。曹操出生和成长于谯，20岁在乡举孝廉，25岁（179年）因受堂妹夫的株连回乡避祸，并在此娶了卞氏为妾，卞氏是曹丕和曹植的生母。

曹操34岁（188年）辞官后一度返乡隐居。建安七年（202年），曹操击败袁绍后，带着军队凯旋回乡，并颁布了著名的《军谯令》："吾起义兵，为天下除暴乱。旧土人民，死丧略尽，国中终日行，不见所识，使吾凄怆伤怀。其举义兵已来，将士绝无后者，求其亲戚以后之，授土田，官给耕牛，置学师以教之。为存者立庙，使祀其先人，魂而有灵，吾百年之后何恨哉！"（《三国志·武帝纪》）

此令是理解曹操和三国历史的极重要资料。

一、东汉末三国时期，死亡人数极多。因社会战乱，生灵涂炭，中原人口大量减少，史不绝书。《蒋济传》就有"今虽有十二州，至于民数，不过汉时一大郡"。人口剧减是日后出现"五胡乱华"的一个很重要的原因。《军谯令》中曹操说其老家民众"死丧略尽"，是自身目睹的情况。

二、东汉末和三国时代，军队都成了私人的。既属私兵，最容易号召和信任本土人和家族中人。曹操起兵时的军队成员多来自亲戚、宗族和乡亲，有浓厚的乡土和宗族观念。

三、曹操战胜了袁绍，称雄北方，势力稳定，所以回到老家。他为安抚人心，提出一连串保障乡人的措施，这反映他是非常懂得政治操作的政治家。

建安十三年（208年），赤壁之战后，曹操由襄阳北返，曾经过谯。同年十二月，孙权率军围困合肥。建安十四年（209 年）三月，曹操亲率大军至谯，孙权因围攻合肥城日久不下，烧围退走。曹在谯“作轻舟，治水军”。七月，曹操引水军自涡入淮，出肥水，屯军于合肥，开芍陂（今安徽省寿县）屯田，另屯田淮南。曹操率舟船进入淮河口泊于东山时，曾雅兴大作，命随行的曹丕和王粲同作《浮淮赋》。曹丕在所撰赋的序中说：“建安十四年，王师自谯东征，大兴水运，泛舟万艘。”王粲赋则有“背涡浦之曲流兮，望马邱之高澨。……钲鼓若雷，旌旄翳日”。

曹操同年十二月再回到谯。曹操的上述行程，是出于一项重大的军事部署：打造大规模的水军，打通涡河、淮河和肥水一线水路，将谯、合肥和寿州诸城连成一道军事防线，在芍陂和淮南屯田保证军队粮饷。曹操此次南下，逗留达九个月并经营淮河一线，其对抗孙吴的军事意图是明显的。一批随军文人，由赤壁之战到之后在谯，沿途与曹氏父子诗文唱和，隐然开出一代“军旅文学”之盛，这也是之后“邺城建安文学”的先声。有学者特别考究了曹、孙在江淮地区与建安战争文学在建安文学中的重要性。（参考吴怀东《三曹与魏晋文学研究》）

建安二十一年（216年）二月，曹操进位魏王。冬十月，南下征孙权，十一月至谯。次年正月，曹操军于居巢，二月进攻拒守于濡须口的孙权，孙权退走。三月，曹操留夏侯惇、曹仁、张辽等屯居巢，自己引军北返。建安二十一年在谯，是曹操最后一次回老家，并是阖家回乡。曹丕等人都留下诗文记颂其事，大有富贵还乡的味道。曹丕称帝后，封其出生地谯为陪都之一，证明曹家有着浓厚的故土观念。

（2）张辽与逍遥津

逍遥津在今安徽省合肥市东北隅，古为施水（今南淝河）渡口，架有津桥，见证了张辽与孙权的激烈战斗。孙权亲率10万大军攻合肥城时，曹操名将张辽以7000守兵对抗。敌众我寡，形势危急。张辽趁吴军阵脚未稳，率800勇士出击偷袭吴营。吴营大乱，孙权撤军走到逍遥津，张辽又率领精兵追至围攻，并拆掉了津口渡河桥，孙权得大将死命抵住张辽，挥鞭策马，飞跃河水，才保住性命。

曾经的逍遥津如今已成为逍遥津公园，无复当年战场模样。不过公园东侧有“飞骑桥”遗址，相传是孙权为曹军紧追时跃马脱险之处。

逍遥津公园门口

古逍遥津已变为现在的逍遥津公园

张辽白玉桥钮三套印
张辽存世玉印，印文分别是“前将军印”“张辽之印”及“文远”。（陈文岩医生藏）

逍遥津公园“飞骑桥”石雕
逍遥津公园以石雕表示此处为传说中孙权跃马的河桥遗址。千年悠悠，沧海桑田，人们只能靠想象复原当年的惨烈战况。

张辽大战孙权图
张辽，字文远，三国时期曹魏五子良将之首，建安二十五年（220年）被封为前将军。建安二十年（215年）张辽镇守合肥，以7000人大败孙权亲率的10万大军，几乎生擒孙权。（董培新绘）

第五节 火烧夷陵 刘备病逝

建安二十四年（219年），孙权夺取荆州，杀害了关羽。翌年十月，曹丕篡汉建魏，自立为帝，号文帝。章武元年（221年）四月，刘备在川蜀称帝，以继承两汉，所以国号称“汉”，标示正统，史称“蜀汉”。刘备称帝仅三个月后的七月，就率四万大军伐吴。这便是三国著名的，发生在孙、刘之间的“夷陵之战”，又称“猇亭之战”。

刘备急不可待出兵东征孙吴，史评说原因是“忿孙权之袭关羽”。古今不少论史者，也认为刘备这次出兵，是忿兵，是感情用事。刘备此次出兵在时机把握上显得有些鲁莽，我们虽不能否定他有意报关羽被杀之仇，[1]但若留意这两三年间的局势变化，考察当时刘蜀所处的形势，也许会对刘备兴兵的动机了解更多。

立国后扬汉统显声威

刘备虽然打败曹操，取得汉中，却丢失了荆州。从全国的局势看，仍无改刘蜀困厄于西南一隅的形势，格局蹙促，无从贯彻“隆中对”制定的以西、中两路同时并举的北伐战略。战略之为战略，必须有舒展的空间，有周旋的余地。只凭单一进

[1] 明末清初四大启蒙思想家之一王夫之认为刘备不顾一切攻打吴国，为关羽报仇是“毒民以逞，伤天地之心”。清末民初思想家章太炎提出，关羽是间接被刘备及诸葛亮所杀害，“不惜以荆州之全土假手于吴人”。两位都是重要学者，一偏重哲学，一偏重文字学，似未能从历史形势去考核分析，而有此臆想之论。

攻路线，且以弱攻强，其艰难不言而喻。重新夺回荆州，相信是刘备一直的盘算，也是诸葛亮的愿望。诸葛亮没有坚决反对刘备之用兵孙吴，理由可能也在此。在诸葛亮的计算中，刘备出兵虽然未必能胜，至少不会大败。

从时机上来看，刘备觉得已具备了出兵的条件。曹操死后，曹丕篡汉立魏，一时自顾不暇，不像刘备出川与孙吴争荆州时（215年），曹操率兵入汉中，会威胁到益州。刘备入川后，内部经多年整顿，政局和经济已趋稳定。在心理上，刘备既称帝立国，也想扬汉统显声威。听闻刘蜀要大举征伐，孙吴是恐慌的，曾多方面求和。这种举动反映，孙权袭取荆州，是出于机会主义。但在实际利益上，孙吴却毫无退让之意，所以刘备没答应。这场战役刘备的军事对手是年轻的陆逊。入晋后，著名文学家、深谙三国历史的陆逊之孙陆机，强调刘备这次东征，“志报关羽之败，图收湘西之地（南郡、武陵和零陵）”（《辨亡论》），相信他的说法是有所本的。不过，就蜀汉方面而言，刘备发动这场战役，着实有不少令人迷惑不解的地方。

战略、战术皆犯严重错误

首先，此次出征，在战略和战术的安排部署上，刘备都一意孤行，或是人老了，变得固执。其在曹魏势力大占上风的情况下，以战争破坏蜀、吴的结盟关系，政治上是失算的，所以“群臣多谏”。一生对刘备忠信亲密的宿将赵云，更坚决反对，并陈以大义，说“国贼是曹操，非孙权也。且先灭魏，则吴自服。……不应置魏，先与吴战；兵势一交，不得卒解也”。刘备竟“不听，遂东征，留云督江州”。从这段话，再加上入川后，劝谏刘备不应分川宅地以酬功臣，再证之以赵云在关键时候一些只言片语的历史记载，赵云是很有政治眼光和政治意识的将军，远非同时期的熊虎之将可比。从史载的蛛丝马迹看，诸葛亮比刘备更重视赵云，虽则赵云多次救护刘备父子于危难。诸葛亮似乎也不大同意此次的军事行动，却没能制止，似有难言之隐。刘备这次东征除了调动义如兄弟的大将张飞，率1万兵由阆中做援军，担任作战主力的，竟无蜀汉的宿将和名将，也缺乏出色的智谋人士辅征。大军到了夷陵，大将黄权建议并自荐，先做前军试战，刘备也不同意，反任命他为镇北将军，在北边防范南下的魏军。

在战争过程中，当形势丕变，戎马生涯四十年的刘备，无论是在战略还是战术上，都犯了严重的错误。战略上，未能水陆并进，全力搏击，速战速决，一举攻破，而陷于僵持状态。面对分据中游与下游擅于水战的吴军，此种状态甚为不利。战术上，战事竟拖延达年余，以致军惫兵怠。加上从巫峡到夷陵长达数百里，都是临江壁立，波涛汹涌，崎岖茂林、幅地狭窄的复杂地形，刘军竟连营数十屯，首尾不相连，布阵错误严重。这种部署，不仅为临阵的陆逊所洞悉，就连远在战场千里以外的诸葛亮和曹丕，获悉后也都惊愕不已，认为犯了兵家大忌。（参见《三国志·文帝纪》《三国志·法正传》）

刘备轻视孙吴陆逊

虽然一生戎马，但刘备的军事才能并不突出。这次征东之役，竟然如许自信，似重蹈他以前在荆州不重视战略的弊病。或者由于赤壁之战、领军入蜀、攻灭刘璋、再取汉中等一连串的胜利让刘备过高估计了自己的军事才能。他忽略了以上一连串的军事胜利，源于身边有诸葛亮、庞统和法正等出色谋士的擘画，有关羽、张飞、赵云、马超、黄忠甚至魏延等一众名将的冲锋陷阵。夷陵之战，却没有名将、宿将，也无出色的谋士随从。这场战役，也反映了刘备轻视孙吴，更轻视了年轻的陆逊的心态。论者说刘备之败是“骄兵”的结果，是有道理的[1]。

相对于蜀汉，孙权却大胆起用年轻、资历不深的主帅陆逊。在这场战役中，陆逊对战略和战术运用如神，终于凭“火烧连营”的战术大败刘备，使夷陵之战也成为中国战史上的著名战役。陆逊成为继周瑜、鲁肃及吕蒙之后，智勇双全的孙吴军事统帅，力挽孙吴于危难。

---

[1] 马植杰：《三国史》，北京：人民出版社，1998年。

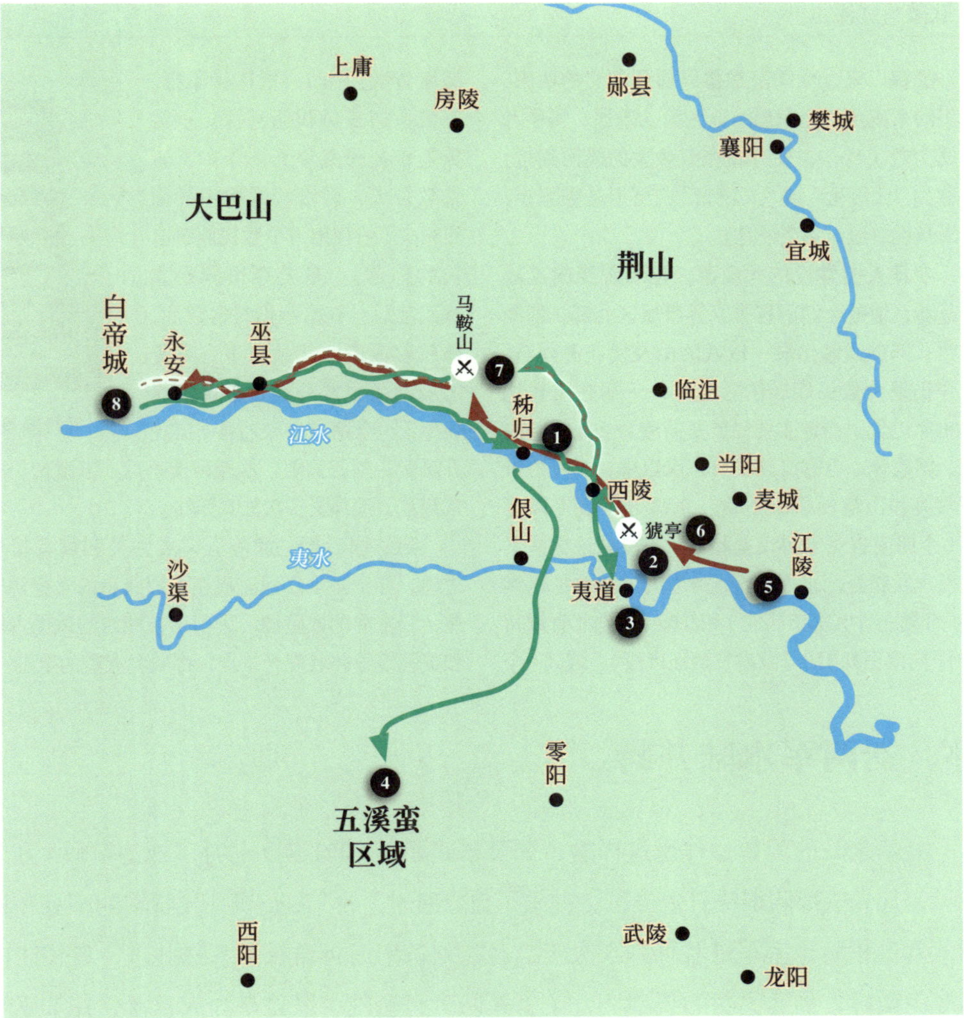

⊙ **夷陵之战路线示意图**

❶ 刘备率师 4 万人，占领了巫县和秭归，进驻秭归

❷ 刘备率诸将自秭归水陆并进，自长江南岸缘山截岭，到达夷陵的猇亭，舍舟登陆后，以猇亭为大本营

❸ 刘军的前锋部队包围了守夷道的孙桓

❹ 马良越很山，到武陵源招纳五溪蛮起兵反吴

❺ 吴国陆逊领兵由江陵出发，到达猇亭和夷道，两岸成两军对阵的攻防线

❻ 陆逊发动火烧连营，斩刘军督军张南、冯习和胡王沙摩柯；刘军溃败不止

❼ 刘备退保马鞍山

❽ 刘备退到秭归，再逃归白帝城

武陵与武溪蛮

汉魏以来，今湖南常德以西到湖北的西南、四川的东南及贵州东部的地区为武陵郡。居住者多属少数民族，主要分布在五条大的溪河附近，被称为“武陵蛮”或“五溪蛮”。至于是哪五溪，历来众说纷纭，莫衷一是。

今日人们常说的武陵源，也属曾经的武陵郡范畴，地处今湖南省张家界市城区北部，即湖南西北部的武陵山脉，以武陵山及桃花源闻名，至今仍是少数民族居住的地方——居住史长达2000年以上。当地主要民族是苗族、土家族、白族、侗族等，也有汉族。自东汉以来，山陵地带的蛮夷和山越便叛服不常。东汉五溪蛮更以充县（今湖南省张家界市桑植县）为根据地，南下西河，发展至沅水下游至澧水流域；向北抵达夷道（今湖北省宜都市西北）和江陵（今湖北省荆州市）；向南至舞阳（今湖南省洪江市西）、武冈（今湖南省武冈市），抵达桂阳郡。五溪蛮与东吴积怨甚深，东吴黄盖曾征伐武陵五溪渠帅，斩首数百人，后由沙摩柯担任部族精夫（古代南方少数民族对酋长的称谓）。东吴夺得荆州兼有武陵后，五溪蛮仍时常叛乱，孙权曾派潘濬领兵讨平。夷陵之战刘备委派马良过佷山，前往序溪（今湖南省溆浦县）招抚五溪蛮。刘备兵败，沙摩柯被杀后，五溪蛮仍时常叛乱，遭孙吴多次派兵镇压。

武陵源景区

到三国后期，武陵五溪成为吴和魏晋接界之地，亦是必争之地。现在人们熟悉的常德桃花源，张家界的武陵源、天门山，湘西的凤凰古城和芙蓉镇等著名观光景点，都属大武陵的范围。

孙、刘两军水陆并峙

夷陵之战的简单过程是这样的。蜀汉章武元年（221年）七月，刘备率师4万人伐吴，其先头部队很快打败吴军，占领了自“荆州之战”后归属孙吴管辖的巫县和秭归，刘备稍后也率军进驻秭归。次年二月，刘备率诸将自秭归水陆并进，自长江南岸缘山截岭，到达夷陵的猇亭[1]。刘备军队舍舟登陆，以猇亭为大本营，并从巫峡到夷陵，沿岸“树栅连营七百余里”，屯营数十。刘军的前锋部队也到了江南的夷道，包围了把守夷道的吴大将孙坦。刘备再遣马良越佷山，到武陵源招纳五溪蛮，从背后起兵反吴。孙权以陆逊为大都督，领兵5万人，在猇亭和夷陵道的长江南北两岸布防，形成堵截的防线拒敌。所以到章武二年（222年）二月，孙、刘两军以长江北岸的夷陵和猇亭，江南的夷道形成了对阵的攻防线，水陆并峙。

[1] 关于猇亭是在江之南还是江之北，至今学术界众说纷纭，未有定说。以前多指今日湖北省宜都市西北长江北岸，现有另一些说法。如有人依据更多的文献、史志中的记载，猇亭之战后“备升马鞍山”，推论猇亭的具体位置是在长江南岸的长阳县东部。

张家界远眺

湘西芙蓉镇

历代土司王朝以酉河山崖上的芙蓉镇为贸易中心，利用山川隔绝管治溪州。尤以彭氏土司王朝的统治延续到清末，历经800余年。小说《边城》、电影《芙蓉镇》生动描述了这个千年古镇。

张家界天门山

天门山古称嵩梁山，三国吴永安六年（263年），峭壁洞开，形成迄今的景观，称“天门洞”。吴主孙休认为是吉兆，易嵩梁山为天门山。

行走在湘西酉河上的小船

从酉水码头出发，小船运载货物及人横越酉河。虽然经历了千年岁月，但山川风貌、风俗世情依稀如旧，尚可想象三国情景。

陆逊出身于吴县四大家族的陆家，在荆州之役已露头角，于吕蒙死后接替其为吴军主帅。陆逊是一位有勇有谋的儒帅，能忍辱负重，有战略思想，懂战术。孙权手下宿将和名将众多，却选中较年轻、资格相对浅的陆逊委以重任，和之前孙权用鲁肃和吕蒙为统帅相互印证，说明作为领袖的孙权确有过人的知人之明，尤其擅用智勇双全者为军事统帅。相反，刘备却低估了孙吴，看轻了陆逊，未就荆州之役失败做出检讨，不了解陆逊的军事才能，犯了不知彼的大忌。

火烧连营致命一击

夷陵是长江中下游的重要防线。陆逊在战中上疏孙权报告军情时明确指出："夷陵要害，国之关限，虽为易得，亦复易失。失之，非徒损一郡之地，荆州可忧。"并说"臣初嫌之（说刘备），水陆俱进，今反舍船就步，处处结营，察其布置，必无他变"。他甚至很自信地请孙权"高枕，不以为念也"。陆逊一生行事沉稳，不是喜吐大言的人，却在战役的紧要关头如此上疏表白，应是对刘备"必无他变"的不灵活战

⊙ **陆逊生平年表**

年份	年龄	事件
183年	1岁	出生于吴郡吴县
203年	21岁	投入孙权旗下，担任东西曹令史
216年	34岁	平鄱阳民乱有功，升定威校尉
219年	37岁	代替吕蒙担任偏将军右部督，协助吕蒙从关羽手中夺取荆州
221年	39岁	于夷陵之战大胜刘备，封辅国将军、江陵侯
228年	46岁	于石亭之战大胜曹休
229年	47岁	拜上大将军，辅佐太子
236年	54岁	参与北征，与诸葛瑾进攻襄阳
244年	62岁	拜丞相，同年，因参与南鲁党争遭孙权谴责
245年	63岁	去世

奉节白帝城远眺

白帝城相传乃东汉公孙述所建，刘备退居后改名永安宫，在梅溪河口有八阵图迹。白帝庙位于白帝城山顶，一面傍山，三面环水，下临长江夔门，形势险要，是扼守三峡之门户。白帝城多三国蜀人物塑像。历代文学家李白、杜甫、刘禹锡、陆游等都曾在此发思古之幽情。其中李白的《早发白帝城》最脍炙人口："朝辞白帝彩云间，千里江陵一日还。两岸猿声啼不住，轻舟已过万重山。"

白帝城处的江面（左上）、从白帝城俯瞰瞿塘峡的夔门（左下）

术了然于胸，而有破敌的信心和计谋。

陆逊的战略和战术，一是以逸待劳。他敢于舍弃巫山和秭归的险地，也不求一时一地的得失，以避刘军来势汹汹的兵锋。二是借助沿江崇山峻岭，缘山行军或者屯营，以地势极为不利的环境困住刘军，伺机反击。终于等到章武二年闰六月，滞阻半年的刘军困乏不堪，再又是夏日炎炎之时，陆逊突然发动诸军以火俱攻，火烧连营，致使刘军溃败不止。吴军斩杀了刘军督军张南、将军冯习和胡王沙摩柯。汉军的舟楫器械、水步军资一时略尽，兵士死亡万数。刘备退保马鞍山（今湖北省宜昌市西北）60里，又为吴军的火攻四面围迫，再损失万人。刘备狼狈不堪，乘夜遁走，仅以身免，退到秭归，再逃归白帝城（今四川省奉节县东）。闻刘备军败，赵云急率军从江州赶到，捍卫白帝城。陆逊率军追到巫县，怕曹丕乘机南下，戛然而止。

汉末三国，大小战事频仍。夷陵之战乃孙、刘荆州之战的延续，是影响三国局势走向，以一战而改大局的关键性战役之一。刘蜀因为孙吴一败再败，自此失去了实现所谓隆中战略的机会。此战略提出"跨有荆、益"，实施一出秦川，一向宛洛，两路北伐，如此"霸业可成，汉室可兴"。

专题16 长江要地三峡

长江三峡是中国著名的旅游景点，三峡东口的三峡大坝葛洲坝又是世界闻名的现代水利工程。在冷兵器时代，甚至到了20世纪前半段，长江都有“天险”之称，从交通和军事角度看，三峡更是长江“天险中的天险”。长江三峡，不仅是吴蜀夷陵之战的战场，在整个三国也一直是重要军事战线。

以“三峡”为地名，大概始于三国魏晋时期。所谓三峡，是指长江上游尾段的三个河谷，分别是：瞿塘峡、巫峡和西陵峡，全长是93公里。三峡西边，由今日四川奉节的白帝城开始，称瞿塘峡。这里古代属巴东郡，所以又称巴东峡。瞿塘峡顺流东向，是巫峡，巫峡因位于巫山得名。战国时楚国曾设立巫山郡，秦朝改为巫县。出了巫峡，往东是西陵峡。西陵峡又称巴峡，西自官渡口，东达今湖北宜昌的南津关。

由于三峡处于中国大地形的第二阶梯向第三阶梯的过渡地段，此处地形落差巨

三峡东入口

这是西陵峡的东入口。西陵峡是长江三峡最东边的峡谷，过了此处就进入了江汉平原，是中国地势第二、第三级阶梯的重要分界线。三峡以滩水险见称，西陵峡尤甚，所谓“西陵滩如竹节稠，滩滩都是鬼见愁”。西陵峡有大小滩险20余处，平均3公里就有一处。秭归、巴东两个县城，分别位于宽谷的两端。

大，水流劈山凿石，形成了雄伟的瞿塘峡、幽深秀丽的巫峡及滩多流急的西陵峡。三峡以山高、壁峭、崖悬、水急及滩险闻名，流水最狭窄处不足百米，但湍流却如万马奔腾。出了西陵峡东口，便是开阔的江汉平原，原属楚地。围绕三峡也流传有不少神话、历史故事和附会山川形胜的传说，这些都为三峡增添了丰富神秘的人文色彩。

无论是从交通还是从军事意义上衡量，长江三峡都很重要。因为长江上游是一个盆地，周围每个方向都是崇山峻岭，只剩下经三峡东向的往来孔道。所以出入成都与重庆顺流到湖北，必须经三峡。商周时期的三峡地区，已有邦国和部落。春秋战国时期三峡的政治地理，起了大变化，楚国加强了对此地的拓展和控制。秦朝统一中国，灭了蜀、巴和楚国，在三峡地区置巴郡等。汉武帝时三峡分属益州的巴郡和荆州的南

⊙ **三国时期三峡军事力量表**

地名	甲方	乙方	战役
永安（今四川奉节）	罗宪	盛宪、步协、陆抗	吴攻伐蜀（263年）
巫县（今四川巫山）	刘备	陆议、李异、刘阿	夷陵之战（222年）
西陵/夷陵（今湖北宜昌）	曹仁	甘宁、步臧、步阐	赤壁之战（208年）
	刘备、吴班、冯习、黄权、马良、沙摩柯	陆逊、朱然、韩当、潘璋、诸葛瑾、孙桓	夷陵之战（222年）
	步阐、杨肇、徐胤、羊祜	陆抗	西陵之战（272年）
	王濬、唐彬	留宪、成璩、郑广	吴灭蜀之战（280年）
江陵（今湖北荆州）	曹操、曹仁、乐进、文聘	孙权、刘备、周瑜、程普、关羽	赤壁之战（208年）
	曹真、张郃、夏侯尚	诸葛瑾、朱然、徐盛	江陵之战（223年）
	杜预	王延	吴灭蜀之战（280年）
夏口（今湖北武汉）	孙权、凌统	刘表、黄祖	夏口之战（203年）
	孙权、周瑜、吕蒙、凌统	刘表、黄祖、陈就、张硕	江夏之战（208年）
	王浚	吴军	吴灭蜀之战（280年）

郡。光武帝刘秀时期，割据巴蜀而称帝的公孙述，占有整个三峡地区。在建元十一年（375年），汉光武帝派岑彭和吴汉率军征伐公孙述，溯流而上，下夷陵，破秭归，入江关（今四川省奉节县）；次年再克江州（今重庆市），攻入成都，三峡便归东汉版图。三国时期，三峡地区分属吴、蜀两国。蜀占有巴东、涪陵及巴郡；吴据有荆州之宜都郡和建平郡。魏景元四年（263年），蜀亡，巴东、涪陵和巴郡归魏。西晋咸宁六年（280年），西晋灭吴，建平和宜都两郡尽归晋版图。

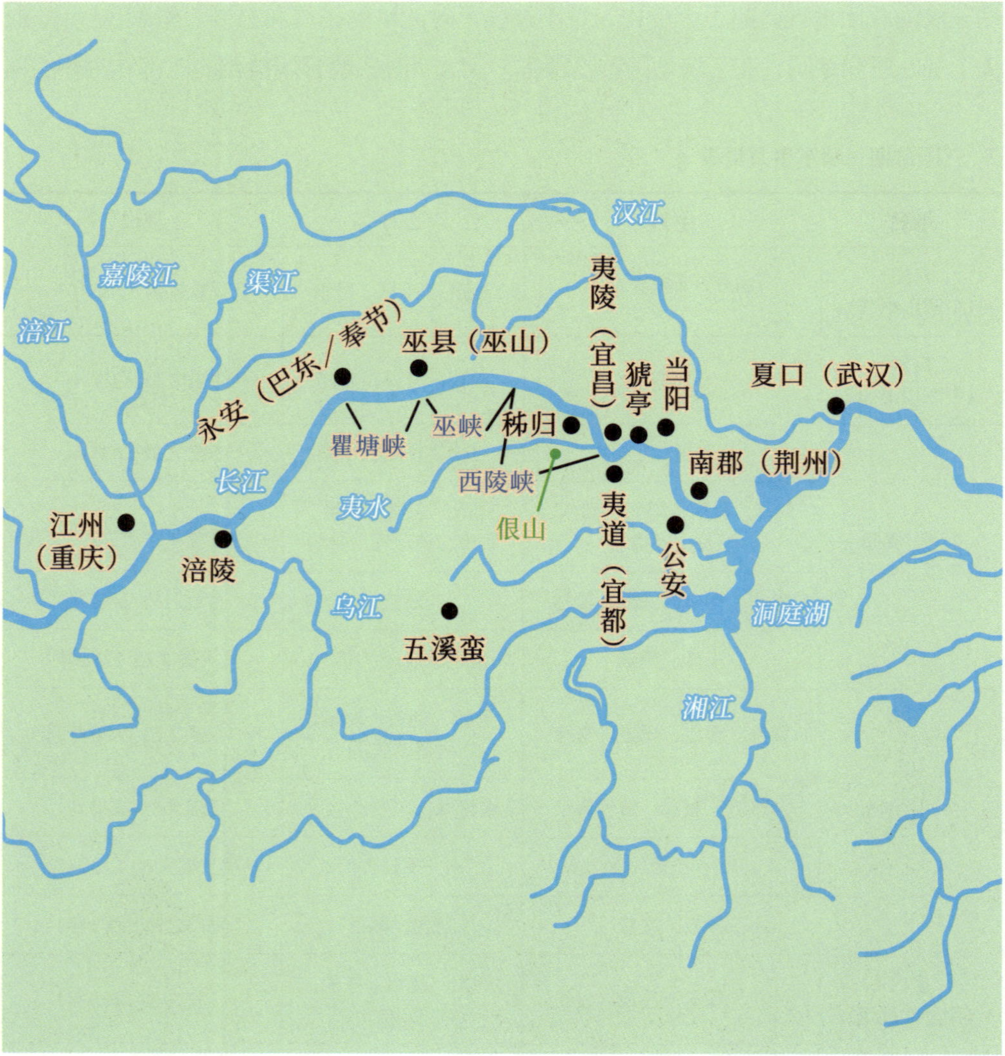

⊙ 长江三峡古地图

走进瞿塘峡

巫峡风光

虢亭古战场遗址

长江夷陵处修建的沿江栈道

西陵峡东张飞塑像　赤壁之战后，张飞任宜都太守，扼守西陵要塞。

紧邻瞿塘峡的白帝城白帝庙

西陵峡与南津关

起于秭归香溪口的西陵峡，其西段有兵书宝剑峡，再向东过著名险滩15公里就是牛肝马肺峡。出了牛肝马肺峡，是崆岭滩，亦是古代建平郡和宜都郡的分界处，崆岭峡因崆岭滩的险滩而著名。再往前就是宜昌市的黄牛岩与黄陵庙。继续向东是灯影峡和黄猫峡，最后到达南津关，其是西陵峡的东口、三峡的终点。咆哮奔腾的长江流出南津关由东急转南作90°大转弯，从此江面宽阔，高山峡谷变成丘陵峡谷，最终由长江中下游的平原通海。

刘封城遗址
该遗址位于南津关北岸山顶，据说系刘备养子刘封任宜都太守时所筑防御城堡。

黄陵庙
据说孔明入川时，为纪念大禹治水功德重建了黄陵庙，庙址位于西陵峡南岸。传说中由诸葛亮撰写的《黄陵庙纪》，恐是产生于南宋到明代期间的伪托之文。（参考诸葛亮《诸葛亮集》）

石牌要塞

石牌要塞位于西陵峡右岸，因江边兀立的巨石得名，长江在此处右转110°，为战争天堑，是历代兵家必争之地。

三游洞楚塞楼

此楼位于三游洞山顶，是后代修建。登楼西望可见葛洲坝雄姿，东眺可睹西陵峡。

三游洞古军垒遗址

古军垒位于南津关处西陵山的三游洞后山，东临峡口，南临大江。据考古所得，此古军垒建于东汉，沿用到六朝。

三游洞江景

三游洞在南津关的西陵山上，位于峭壁之腹，下临深谷，有洞穴，在山顶可览南津关长江上中游景色。1056年苏洵、苏轼和苏辙三父子由眉州到开封应试，还有陆游经三峡等，都在此留下了游迹和文学作品。

由汉末群雄争霸
到魏蜀吴三国鼎立，
到二八〇年三家归晋，
中国终于重归统一。

位于四川广元剑门关的蜀军将领纪念塑像

第四章

再造一统

东汉建安二十五（220年），文帝曹丕篡位，建立魏国，年号黄初，意味着东汉正式覆亡。魏建国次年（221年），蜀汉建国，年号章武。吴在229年才建国，年号为黄龙。经过东汉末年三十多年的群雄逐鹿，终演变成“三国鼎立”的分裂局面。但名副其实的魏、蜀、吴“三国鼎立”，年期并不长，只有几十年光景。

263年，魏将邓艾降服刘禅，蜀汉最先覆亡，蜀汉立国只得42年。265年，司马炎篡魏改国号为晋，曹魏立国也仅仅45年。晋太康元年（280年），晋征降孙皓，灭掉吴国，孙吴享祚虽然最长，也只有58年。至此“三家归晋”，中国重归统一。如由220年曹魏立国到280年晋之灭吴这样计算，时间长度刚好是60年。60年中的最后14年，其实只是晋、吴两国的对峙，所以“三国鼎立”是一种方便的说法。“三国鼎立”的60年，按中国历史的分期，上接东汉王朝，称之为“汉末三国”；下开南北朝，称之为“魏晋南北朝”。即使将“三国时期”上延到东汉末年，时间长度也不到一百年，相对于悠久的中国历史的确很短。但这不过百年的三国历史，却是一个风云激荡的大时代，在历史长河中起着承先启后的作用。

“三国鼎立”的历史特征是战争不绝。最后蜀、吴的覆灭也是战争征伐的结果。不夸张地说，“三国鼎立”的几十年，一直处于战争状态。

秦岭淮河分南北
——三国鼎立的攻防线

三国鼎立几十年的军事对峙，其形势与中国的自然地理关系很大。在冷兵器时代，战争极受自然地理的制约。大体来说，蜀、吴在南方，面对的是北方的曹魏；同处南方的蜀、吴，两者之间的对峙是西与东。三者之间的互相对峙，各有明显的攻防线，而三国的重要战事，大多发生在两者之间的攻防线上。攻防线的位置，与中国南北、东西的地貌，有着密切关系。了解了中国大地的地貌，对三国历史的种种就容易明白得多。

中国的地貌结构分成南北，西部以秦岭，东部以淮河作为分界线；自然生态与人文风俗，也分南北。“南船北马”的习说，形象刻画出南北之间的分野。划分中国南北的秦岭与淮河，就成了三国魏、蜀、吴之间对抗的主要攻防线。

在相当长时间的中国历史中，不时出现南北政权和军事对峙的局面。虽有秦岭和淮河的天然阻隔，但仍然存在可以穿越南北的水陆通道。这些通道，尤其在险要处，也成为军事战略的关隘所在。三国时期南北的军事通道，主要分东、中、西三线。西线，以秦岭为蜀、魏的攻防线；东线，则以江淮地区为魏、吴的攻防线；中线，最初是魏、蜀，后来是魏、吴之间的攻防线。

“赤壁之战”后，三国之间战争不断。三方的领土此消彼长，但基本疆界还是稳定的。吴、魏之间的攻防腹地，大体在长江、淮河之间。西面沿着大别山、大洪山、荆山南麓、巫山，则是吴与魏、蜀的接壤地。魏、蜀之间的攻防线是以大巴山与秦岭为界。至于蜀、吴东西的攻防线，主要是巴山和长江三峡，它们位于中国大地理的第二、第三级阶梯过渡处，也是中国南部东西之间的天然分界线。

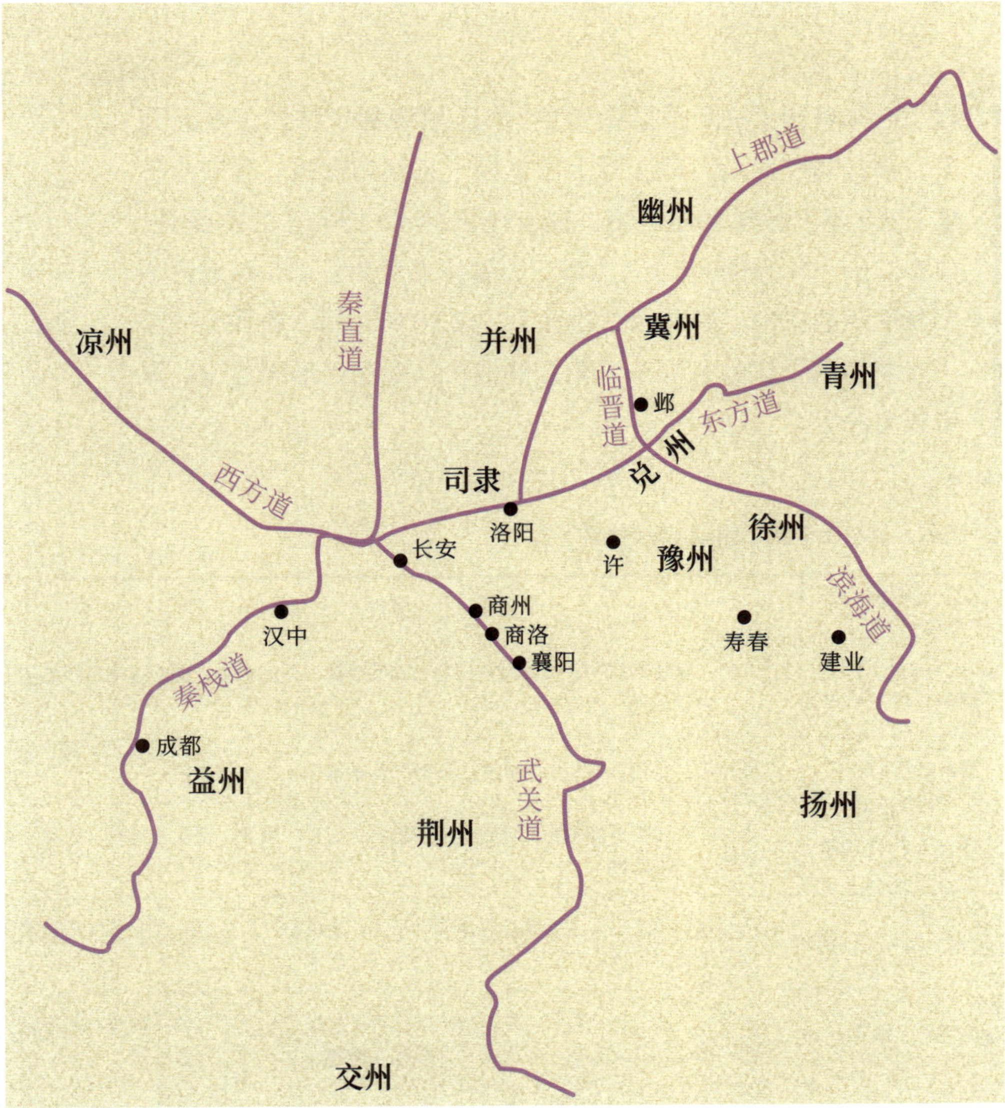

⊙ 三国时期南北军事通道示意图

第一节　曹丕篡汉　五代而斩

自196年曹操“挟天子以令诸侯”，迁献帝都于许昌，改元建安，自任司空之后，他实际上已掌控了东汉的朝政。建安十三年（208年）曹操之任丞相，建安十八年（213年）之封魏公，建安二十一年（216年）之为魏王，并以邺城为王都，渐渐形成了魏王朝的体制，算是另立朝廷了。只10年时间，曹操就一步一步地窃取了汉献帝和东汉朝廷的威权，令汉廷形同虚设，汉帝成为傀儡。

⊙ **曹魏、司马氏掌权时期内臣叛变事件**

年份	事件
【东汉】 建安元年（196年）	八月，曹操迎献帝迁都许昌，被授为司隶校尉、录尚书事，诛杀尚书冯硕等三人，将领韩暹、杨奉转投袁术
建安四年（199年）	曹操屯兵官渡。常从士徐他等入其帐内图杀曹操，为许褚杀掉
建安五年（200年）	正月，车骑将军董承称受献帝衣带中密诏杀曹操。事泄，曹操杀董承、王服及种辑，且夷三族
建安十九年（214年）	十一月，伏皇后父亲伏完图谋曹操。事泄，曹操幽死皇后，杀皇二子以及其宗族兄弟百余人
建安二十三年（218年）	正月，太医令吉丕及子吉邈、少府耿纪等人密谋叛乱攻击许县。事败，丞相府长史王必与颍川典农中郎严匡平定叛乱。曹操下令就地处死叛乱者
【魏】 正始十年（249年）	正月，司马懿发动高平陵政变，曹爽、何晏等人被杀，夏侯霸投奔蜀。司马氏专政。太尉王凌与外甥兖州刺史令狐愚图废曹芳，改立楚王曹彪。未及举事，令狐愚病死
嘉平三年（251年）	王凌在淮南谋反司马懿。司马懿袭擒王凌，王凌自杀。王凌、令狐愚等人被诛灭三族，曹彪亦被赐死

曹操畏名义而自抑

曹操生前不取汉而代之，不是不具备条件，也非无此意图。曹操生前不做皇帝，用他自己的话说，“若天命在吾，吾为周文王矣”（《三国志·武帝纪》）。意思是说，他虽然有足够资格和条件做皇帝，但何必呢？不如学学周文王，让儿子周武王去做吧！曹操自从控制了朝廷大权后，在不同时候和不同场合，多次表达过对皇位的兴趣，虽然隐晦，这些言辞还是反映了当皇帝的心思无时不在他心中盘桓。

他自己不篡朝立国，是经过种种计算和考虑的。曹操一生，擅用机心，思想复杂，他的心态也随着时间和权力有所改变。青年时期，他挺身而出，敢为天下先，以拯民于水火、扶助汉室为职志，甚至冒险犯难。壮年之后，他权倾朝野，独专朝纲，也曾有过“周公吐哺”维持汉室江山的心志。但愈近晚年，愈萌发取汉而代之的野心。司马光在《资治通鉴》中就明白地指出了这一点，说：“以魏武之暴戾强伉，

（续表）

年份	事件
嘉平六年（254年）	二月，中书令李丰、太常夏侯玄等人图推翻司马师。事泄，李丰等人及余党皆被杀。九月，司马师废帝，立曹髦为帝
正元二年（255年）	正月，镇东将军毌丘俭、扬州刺史文钦在寿春起兵讨伐司马师。司马师派兵镇压，毌丘俭败死，文钦投奔东吴
甘露二年（257年）	司马昭召诸葛诞入朝。四月，诸葛诞在寿春起兵拒命，称臣于吴。司马昭围寿春。东吴派兵援救而败
甘露三年（258年）	二月，司马昭攻陷寿春，城破，诸葛诞被杀
甘露五年（260年）	五月，魏主率宫中侍宦讨司马昭。成济弑帝，司马昭诿罪于成济，立曹奂为帝
景元四年（263年）	司马昭命邓艾、诸葛绪、钟会等各路伐蜀。蜀后主刘禅降魏
咸熙元年（264年）	钟会诬邓艾谋反，与蜀降将姜维谋杀魏国诸将，图据蜀自立。两人反在军乱中被杀
咸熙二年（265年）	八月，司马昭死。子司马炎嗣位相国、晋王。十二月，司马炎逼魏主禅位，是为晋武帝

加有大功于天下，其蓄无君之心久矣，乃至没身不敢废汉而自立，岂其志之不欲哉？犹畏名义而自抑也。”曹操一生的思想和行为，多少受东汉以来儒家注重名节的风气的影响。一代大史学家司马光，勘破汉末社会的世情和曹操的心底，而有此论。

相比刘蜀、孙吴政权，曹操生前及其后几代继位者，皆遭遇过内部政变和反叛。这与曹操“挟天子”，以至继位的曹丕侵凌汉室、篡夺汉祚，还有对逆其意志者打击不遗余力，都大有关系。后来司马氏对待曹氏皇室，情况与曹魏对待汉室如出一辙，所以也是连连遭遇叛变。

曹操主政期间，残酷杀戮东汉皇室中人和忠于皇室的大臣；也毫不留情地杀戮他认为会阻碍自己夺取汉廷权力的人，甚至是辅助他的功臣、能臣和贤臣。曹操晚年为保证曹家的权位和后代接班，费尽心机，也用尽了手段。最后在曹丕与曹植激烈的嗣位纠纷中，曹丕以矫饰取得了嗣位。曹操手下谋臣，大都是体国恤民的人物，自从曹操取汉而代之的野心暴露，便有不少功臣和贤臣陆续遭到杀戮。到了曹丕、曹叡，围绕他们的重臣，如吴质、贾诩、司马懿、钟会等，都属于佞臣，与前期曹操重用的谋臣有很大分别。

曹丕与曹植嗣位之争

曹丕和曹植是同母兄弟，但曹丕并不是长子。长子曹昂在征伐南阳张绣时，为救父亲曹操而遇害。相当长的时间里，曹操为选立曹丕还是曹植嗣位，举棋不定。曹植为人较率性情真，曹丕则矫情自饰，最后曹操选立了曹丕为太子。好几次曹操交给曹植重要任务，曹植都因违规而惹怒曹操。聪明的曹植，竟会在担当重要任命时犯下重大错误，有点不可思议。或许真如曹植自己说的，不愿重蹈袁绍两子因争嗣而致覆灭的覆辙，不欲与曹丕竞争。

从蛛丝马迹可见，曹操心目中前期是偏向曹植的，到后期才选择了曹丕。相信这样的决定和曹操在考量方面的变化有关——曹家是要维持汉室还是篡夺汉室。曹植的倾向是维持汉室；曹操诸子，也只曹丕有代汉之意，这正合曹操的想法。何况曹丕最年长，曹操又眼见袁绍和刘表废长立幼的下场，岂会无动于衷。一众亲近曹丕的大臣，也以袁绍和刘表的前车之鉴为其说项。曹操死后不到一年，曹丕就篡汉

曹节存世印章
献帝皇后伏氏遭废黜死，建安二十年(215年)春，献帝立曹操之女为皇后。这是皇后曹节用章。(陈文岩医生藏)

建魏。做了皇帝的曹丕，对曹植极为忌恨，屡欲除之而后快。曹丕不仅忌恨曹植，对其他兄弟也不遗余力打击。曹魏自曹丕起，一直苛待诸弟和宗室，是促成曹魏衰亡的重要原因。[1]

禅让的始作俑者——曹丕

建安二十五年正月，曹操病死，终年66岁。曹丕嗣位为丞相、魏王，改元延康。不到一年，曹丕以“禅让”的形式，迫逼汉献帝退位，篡汉建魏，称魏文帝，都洛阳，改元黄初。

曹丕建魏，是窃取了上古“尧舜禅让(唐虞故事)”传说的篡夺行动。关于上古部落联盟盟主的替换形式缺少史据，只有舜之代尧、禹之代舜的“禅让”传说，当中或有儒家赋予的几分理想化成分。先秦三代之商汤与周武以征伐得国，历史上称为“革命”。秦之一统六国，汉高祖和光武帝先后建立两汉，都是经过武力征服而取得政权的。

魏文帝曹丕像(美国波士顿美术博物馆藏)

[1] 周一良:《曹丕曹植之争》,《魏晋南北朝史札记》,北京:中华书局,2007年;陈登原:《国史旧闻》,北京:生活·读书·新知三联书店,1958年。

曹丕的代汉，实开中国历史窃夺政权的形式。篡夺过程中，曹丕为营造取得政权的合法性，为舆论制造正当性，也为了向后世历史交代，而袭取了古代传说的“禅让”。其间的运作，从过程的有步骤、舆论制造的周延、谶纬祥瑞的利用，到曹丕一再辞让的作态，都可谓部署周密。为《三国志》作注的裴松之，曾亲身经历以“禅让”成功代晋的南朝宋，对始作俑者的曹丕和魏代汉这桩历史公案，分外有兴趣。他在《三国志·文帝纪》中，对这段“禅让”的历史盈篇累牍、洋洋洒洒做了注释，比起全书其他地方的态度截然不同。一方面反映了裴松之认识到曹丕以“禅让”取得政权，对日后历史有重要影响。另一方面，也反映了裴松之对曹丕和一众拥立者推行“禅让”过程的浓厚兴趣，着意还原其真相，也借此彰显南朝宋之代晋的“禅让”形式的本质。

曹丕代汉受禅台模型（河南许昌博物馆藏）

曹丕开中国历史所谓“禅让”的朝代替代形式，随之司马氏也以“禅让”篡魏建晋，如出一辙。此后南北朝的宋、齐、梁、陈、北周、北齐、隋以至五代的梁，都如法炮制，“禅让”几乎成为历史上一种政权替代的惯用形式，影响深远。而据《魏氏春秋》记载，在登位仪式中，“帝（指魏文帝曹丕）升坛礼毕，顾谓群臣曰：‘舜、禹之事，吾知之矣’”，心中有鬼，表露无遗。曹丕费尽心思操作“禅让”一幕，侧面反映了因为刘蜀和孙吴的存在，曹丕为了曹魏政权的合法性，非做足功夫不可。尤其蜀汉以兴复汉室作为号召，会对曹魏形成更大的挑战。

曹丕当皇帝只有6年（220—226年），死时仅40岁，尚在壮年。曹丕既立新国，在位期间，对外对内，很希望有一番表现。内政上主要有几个方面的措施：一、改汉朝以来实行的察举取仕的制度，采用陈群建议的九品中正制，由地方有名望的官员，根据管辖境内人物的德行和才能，分成九等去任用。这种制度影响深远。最初其意图是用人能循名责实，后这一制度经衍化发展，却助长了两晋南北朝门第社会

九品中正与门第社会

东汉及其后的魏晋南北朝，是一个很分化及贫富悬殊的社会。造成这一现象的关键，是取士任宦的制度。魏文帝曹丕时，大臣陈群提出九品中正制，以德才为评定标准，定人物为九品，以品取士，再按品高低任宦。中正掌士人品定之权，并由吏部选举一批德才兼备的人担当中正。后来，中正一职沦为世家大族把持，高品均为世家霸占。品的评定原则，也由个人才能，改为算计门第和官资，以致到了西晋，出现“上品无寒门，下品无士族”的现象，这助长了两晋南北朝门第社会的形成。（参考陈仲安、王素《汉唐职官制度研究》）

的形成。二、提倡尊孔崇儒，尚德治。三、限制宦人任官和妇人参政。其他是推动屯田、发展经济、禁重税、倡薄葬等。以上的第一、第二两项，多少背离了曹操的政治思想，是受陈群、司马懿等豪门大族出身的亲近重臣的影响。

对外方面，曹丕继承父亲曹操征灭吴、蜀，统一中国的企图。他曾两次亲率大军伐吴，因长江波涛汹涌，无法突破天堑而罢。第一次是黄初五年（224年）八月，曹丕率舟军沿蔡、颍二河进入淮河而到寿春，九月到了广陵（今江苏省扬州市）。怯于孙吴虚张声势、建假城楼数百里及浮战舰于江上的声势，又遇上风暴，只好撤军。第二次是黄初六年（225年）八月，曹丕率舟师，由谯县沿涡水入淮河，十月抵广陵。见吴已设重兵，天气趋寒，江水冰冻，不能入江，感叹一句“嗟乎，固天所以限南北也”，只好又回师。两次亲征都无功而退。有论史者认为曹丕的南征，主要目的不在征吴，而在防范掌管青、徐二州的臧霸的反叛。

另外，于境北的鲜卑和乌桓，以及西域各国，曹丕分别设立了护乌桓校尉和戊己校尉，采用招抚和怀柔政策，重开关系，稳定边域。曹丕也算才兼文武，是历史上一位出色的文学家，他也以此自诩。但曹丕为人气量不足、魄力不大、品格不高，

护乌桓校尉

针对少数民族乌桓在东汉内迁中原的趋势，为加强管理，两汉设置了护乌桓校尉，负责监领内附乌桓，包括安排各首领朝贡天子、安置质子、布置互市等事情。东汉为加强此职的军事职能，又令其掌握了一定数量的军队。随着乌桓族与汉族杂居，乌桓军政事务趋于地方化，护乌桓校尉由中央职官演变成幽州地方军政长官的固定兼职。曹魏亦沿袭两汉制度，为应付外族日益严重的对边塞的侵扰，曹丕任王雄为幽州刺史并领护乌桓校尉，从此幽州刺史领护乌桓校尉成为定制。

戊己校尉

为控制和管理西域诸属国，汉帝国采取屯垦戍边配合政治控制的办法，设置了戊己校尉，职掌屯田事宜。屯田是一种国家经营的军事性生产活动。戍田卒在边塞上劳动，是履行国家义务的徭戍劳动；屯田生产的农作物须上缴国家，国家亦负责戍田卒的生活及生产工具。三国曹魏沿袭汉制设立此官职，驻守高昌，张恭为首任戊己校尉。《晋书·地理志》记载：“魏时复分以为凉州，刺史领戊己校尉，护西域，如汉故事，至晋不改。”足以反映统领西域事务的最高行政长官不是西域都护与西域长史，而是凉州刺史领戊己校尉。

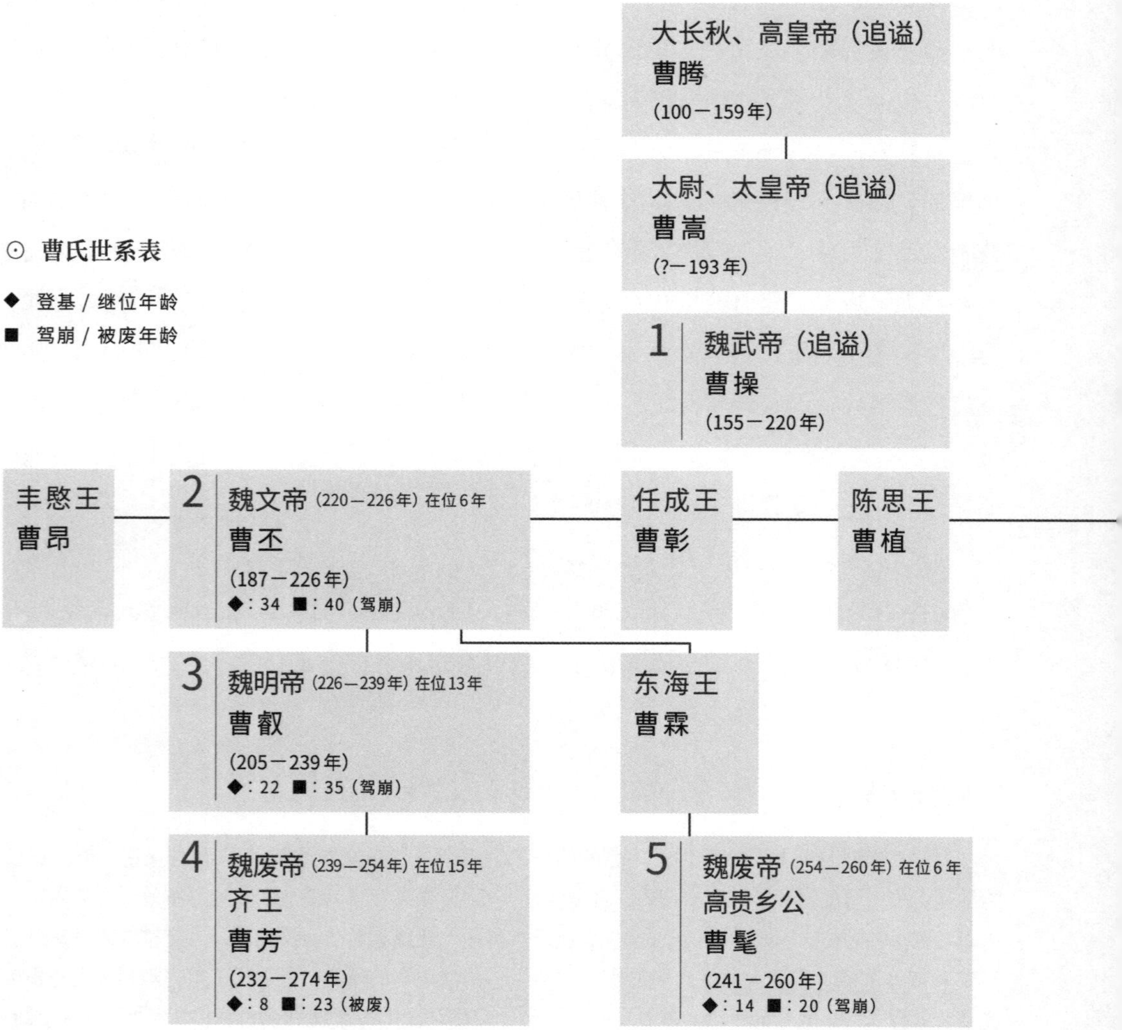

⊙ 曹氏世系表

不具一代开国君主的才略和魄力。尤其私心自用，对兄弟刻薄寡恩，防范打击，削弱了曹宗室的势力，而种下了司马氏篡夺之远因。

曹丕品性多面

曹丕（187—226年）在历史上属毁誉参半的人物。他迫逼曹植七步成诗，给世人留下了兄弟相残、刻薄寡恩的形象。他假借“禅让”形式篡汉建魏，也留下篡夺之名。但曹丕又是建安文学的领军人物，他的《典论·论文》，被认为是中国文学理论的划时代之作。曹丕“年八岁，能属文，有逸才，遂博贯古今经传诸子百家之书。善骑射，好击剑”，且“好文学，以著述为务”（《三国志·文帝纪》）。他留下的文字，少见经传诸子方面的著作和论述，可见其专擅文学。

曹丕为人品格不高，甚至私德不修。郝经撰《续汉书》就谓丕为人“轻薄佻靡，未除贵骄公子之习，不矜细行，隳败礼律，刻薄骨肉，自戕本根”，这种评论是有所根据的。

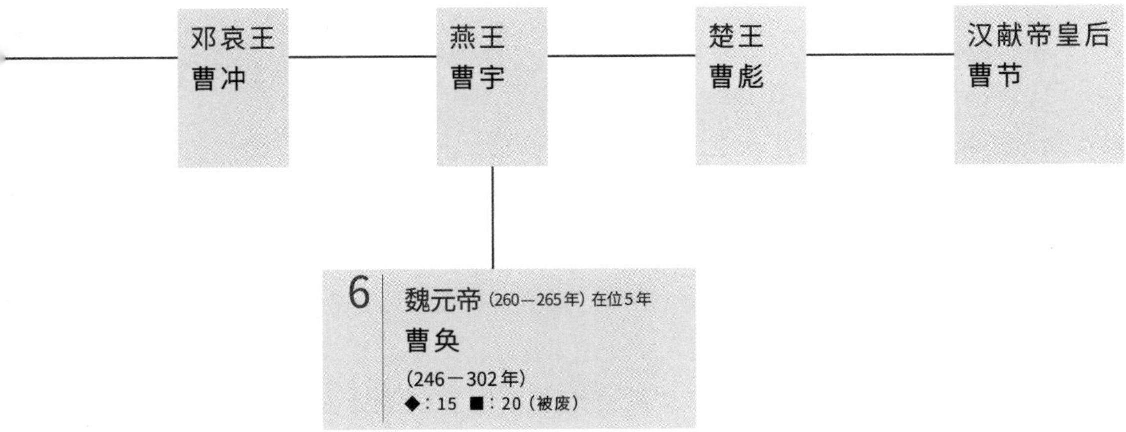

首先是贪婪。“（曹）洪家富而性吝啬，文帝少时假求不称，常恨之，遂以舍客犯法，下狱当死。群臣并救莫能得”，幸下太后救援，才得免官削爵。《魏略》载，曹操征汉中，曹丕在孟津，“闻（钟）繇有玉玦，欲得之而难。（公）密使临淄侯（曹植）转因人说之，繇即送之”。丕以书信报钟繇，说“得观希世之宝，不烦一介之使，不损连城之价……而无蔺生诡夺之诳”，曹丕从钟繇手上取得稀世之宝，行为不啻为强夺豪取，竟厚颜以美辞掩饰。

其次是轻薄佻靡。其“知忠（王忠，任魏中郎将）尝啖人（做贼时），因从驾出行，令俳取冢间髑髅系著忠马鞍，以为欢笑”，又“既而文帝得立，抱毗（辛毗）颈而喜曰‘辛君知我喜不’”，辛毗归家以此告诉女儿宪英，宪英叹曰：“代君……宜戚而喜，何以能久？魏其不昌乎！”（《三国志·辛毗传》）《魏氏春秋》记载曹丕在举行“禅让”仪式时，“帝升坛礼毕，顾谓群臣曰‘舜、禹之事，吾知之矣’”，一副自鸣得意的神态。

曹丕亦好色、沉迷享乐。建安文士文赋，多记曹丕喜欢“朝游夕宴，究欢愉之极”（谢灵运《拟魏太子邺中集诗序》）。建安九年（204年）曹操攻屠邺城，曹丕闻袁熙妻甄氏貌美，急不可待纳之为妾，以致孔融与曹操书，书中说“武王伐纣，以妲己赐周公”，嘲弄曹氏父子。因历史实无此事，曹操不解，来问孔融，孔融便直接告诉曹操，自己只是“以今度之，想其当然耳”（《三国志·崔琰传》）。孔融性狷介直率，晚年对曹操多有嘲讽，是知其弄权篡汉的野心。

胸襟狭隘，有仇必报。如黄初元年（220年）长水校尉戴陵谏不宜数行弋猎，拂逆曹丕喜欢寻乐的劣性，获罪几死。他杀绝王粲子女，羞辱由吴归魏的于禁，又训斥曾杀其兄曹昂的张绣，并残杀失宠的甄后，不一而足，虚饰寡情。《三国志·文帝纪》载黄初元年七月“军次于谯。大飨六军及谯父老百姓于邑东”，引裴松之注引《魏书》曰：“设伎乐百戏。”从事三曹研究的著名学者黄节说：“是时武帝崩才数月，而文帝纵乐如此，乃知此诗词虽哀切，而全属伪饰也。”（黄节《魏武帝魏文帝诗注》）对曹丕这种伪饰行为，史多有记载。

宗室功臣曹休

曹休（170—228年），字文烈，沛国谯县（今安徽省亳州市）人。曹操族子，随同曹操南征北讨。历任镇南、征东大将军，屡建功勋。文帝死，曹休与曹真、陈群、司马懿四人受遗诏辅政，官至大司马。石亭之战（228年）中为孙吴陆逊设计，一败涂地，士卒伤亡万余，军资消散殆尽。他上书朝廷谢罪，明帝念其为宗室，不予问责。曹休惭愧愤恨，疽发于背而死，被葬于洛阳邙山。

曹丕死，子叡继位，是为明帝。曹丕临死，遗命中军大将军曹真、镇军大将军陈群、征东大将军曹休和抚军大将军司马懿“受诏辅政”。曹叡即位时22岁，有相当的能力，身边还有可信的曹氏宗室功臣曹真、曹休等人辅助，曹操时代一批有军事政治经验的能臣尚在。所以曹叡在位13年（226—239年），对外仍能压制蜀、吴，对内能推行一些稳定统治的政策和措施。但曹叡却耽于内宠，皇后以下妃嫔分十二级，爵比大臣，各式宫女达数千人，又设女尚书协办奏章。叡又性喜奢华，大兴土木，不停营造宫殿，征调大量民力，以致百姓失去农时。当曹叡继位时，曹魏两代的老对手、对曹魏人事深有了解的孙权，曾向诸葛瑾面议曹家三代，说“（曹操）至于御将，自古少有。（曹丕）比之于操，万不及也。今（曹）叡之不如丕，犹丕不如操也”。再具体分析了曹氏三代君主与辅臣关系的不同，最后总结说：“自古至今，安有四五人把持刑柄，而不离刺转相蹄啮者也！”（《三国志·诸葛瑾传》）孙权所论虽然不完全在明帝时兑现，但在明帝养子齐王芳继位时却完全兑现，终致曹魏政权移祚于司马晋。

专题17 魏吴攻防要塞

曹魏管辖的势力在北方，核心地区在黄河两岸，重要的都城是洛阳、邺城、许昌和谯。明帝曹叡就说："先帝（指曹操）东置合肥，南守襄阳，西固祁山，贼来辄破于三城之下者，地有所必争也。"指出了曹魏东、中、西三线对吴、蜀进行军事攻防的三大重镇。其后承继曹魏的司马晋，亦维持如此的军事布局。

魏吴东线的攻防线是在淮河（淮水），这与中线的南阳、襄樊互为犄角，连成一线。双方交战介乎长江和淮河之间。对吴国来说，江汉区域（襄阳、江陵、夏口）是西线防御，濡须、寿春防线是中线，中渎水是东线。对魏国而言，江淮之间是东线，江汉之间是中线。这地区形势复杂，水系纵横，亦有若干南北通道，更有群山阻隔。

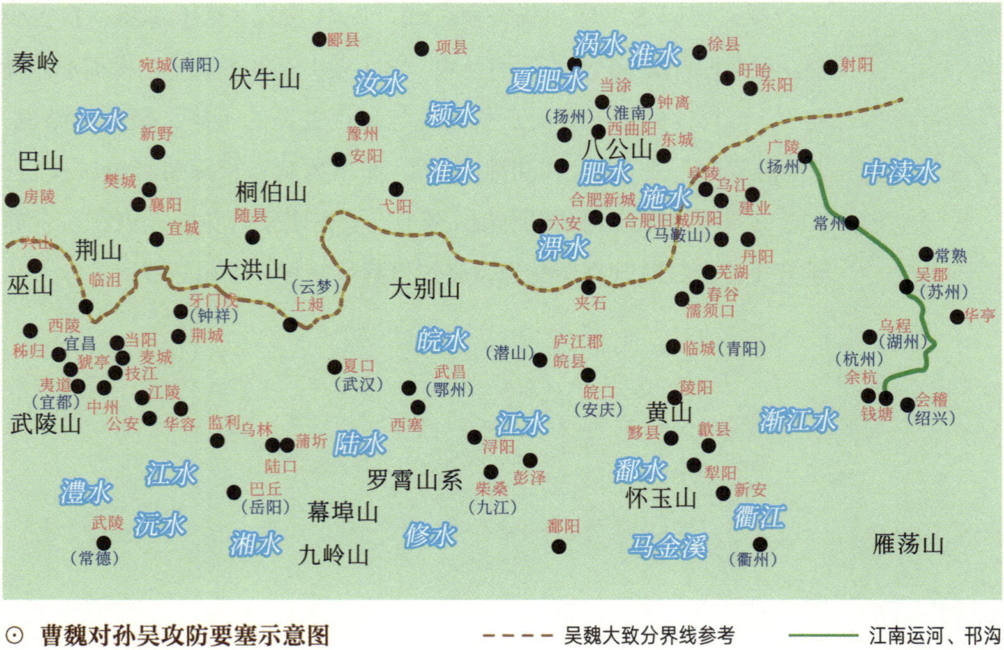

⊙ **曹魏对孙吴攻防要塞示意图**

受这样的山川沼泽的限制，吴、魏开展大规模军事行动很少单纯靠陆路，必须同时利用水道。善于水战的孙吴，“上岸击贼，洗足入船”（《三国志·吕蒙传》）。只善陆路骑射的曹魏，几十年来也苦心经营水军的理由亦在此。双方南攻北伐的水道，集中在三条南北走向的河流之上。最东边的是中渎水，从广陵东的长江北岸开始，向北过精湖、射阳湖，至末口进入淮河。中路由濡须口逆流北上，过东关进入巢湖，再入巢湖北岸的施水，过合肥进运河，沿肥水过芍陂（今安徽省寿县南）在寿春（今安徽省寿县）入淮。西边线路在夏口沿汉江逆行，过鄀县（今湖北省宜城市东南）、宜城（今湖北省宜城市）到达襄阳（今湖北省襄阳市）。再从襄阳向北到宛城（今河南省南阳市），经方城（今河北省固安县西）进入豫东平原。

曹魏自“赤壁之战”后，布置了中线在襄樊，东线则将江淮间的寿春、合肥、居巢（今安徽省巢湖市）等作为军事重镇，形成了立体的前沿攻防线。

（1）寿春——曹、孙必争城池

汉末三国时期，寿春作为扬州的郡治，具有重要的战略位置，尤其在魏、吴对峙时期。寿春又称寿阳、寿州，历史上屡为州、郡、府及道的治所，东汉末年是袁术的大本营，其在此地僭越称帝。袁术败亡，曹操便控制了寿春。由于袁术对扬州的剥削摧残，寿春已是十室九空，几成死城，战略地位变得不重要。曹操势力扩展到扬州地区后，寿春的地位便为合肥所取代。

曹操病逝，曹丕即位之后，对孙吴发动了三次大规模进攻，都以失败告终。曹魏也逐渐对东边的攻防线做了战略调整。最大的调整是，由于合肥连年遭受战争摧残，军防与生产显得疲敝，军事价值减弱，曹魏便迁扬州治所北返寿春，并动迁江淮地区的百姓北上，实行屯田安民，寿春的军事重要性和经济实力再得到提升。所以在曹魏及其后司马晋时期，寿春又取代合肥，成为最重要的前沿军事重镇，其地位的变化，与魏晋后期对孙吴的对抗由原来的积极征伐转变为积极防守也有关系。后来魏晋的淮南三叛，叛军都是集结于寿春起事。同样，其后孙吴北征，主要目标也弃合肥趋寿春。所以寿春在三国后期成为双方必争的城池。

寿州城北面的淮河、八公山、肥水是寿州的三道天然防线。现在所见的城防，

寿春北门鸟瞰

寿春古城墙 黑色标牌标示了 1991 年淮河特大洪水的水位。

寿春北城门门洞

寿春古城北门

颍水由西向东汇入淮水 ❶ 颍水

淠水由南向北汇入淮水 ❶ 淮水 ❷ 淠水

正阳关淮河河道 寿春城附近的正阳关，古名羊市，是淮水、颍水、淠水交汇之地，也是淮河中游的重要水运枢纽。

是南宋时遗留的，充分体现了“守江必先守淮”的战略。现存寿春城的防卫系统依然保持完整，是古代重要战略城池的范本。寿春城周长7000米，高约8米，城外东南为濠，宽约60米。城有四门，东为宾阳，南为通淝，西称定湖，北名靖淮。四门都有护门城。

明代为加固墙基，于城墙外侧以条石叠砌一周，保护城墙不被洪水浸蚀，而且四门中的西门外门朝北，北门的外门朝西，东门内外两门错置，在设计上有“歪门斜道”的说法。这种特殊的城墙设计，不仅有利于军事防卫，也具防洪水功能。城墙上的黑色牌子，是标示1991年淮河百年一遇特大洪水所及的水位，城墙起了挡住洪水保护城市的作用。

（2）合肥——曹魏转战防御的枢纽

合肥位于分属长江水系与淮河水系的施水和肥水汇流处的逍遥津，距南京150公里，中间隔着巢湖。巢湖可由濡须口相连长江，北部又通过施水和肥水与淮河相连。寿春位于淮水和肥水的分叉点，芍陂则在寿春之南。由淮水往西北，溯颍水而上可抵许都，溯涡水而上可到谯县……综合以上，许都、谯县、寿春、芍陂、合肥、新合肥、巢湖及长江可以水道贯通。这条水道沿线就成了曹魏军事部署的纵深攻防线。合肥也成为孙吴北向攻击曹魏前沿的主要城池。曹魏构建面对孙吴东边的“南部攻防线”，原先是以寿春为中心，但因寿春残破，遂以合肥为中心。

建安五年（200年），曹操任命刘馥为扬州刺史，但扬州治所的庐江已为孙策所占，刘馥只好在合肥重新建立治所。刘馥兴办屯田，招揽流民，造水利，令合肥的富庶和人口一跃超越了扬州、徐州等其他城市。合肥地理上本就处于南北交通要道，自此一举取代了寿春和南阳的战略地位，开始成为魏、吴激烈争夺的战略城市。

建安十三年（208年）冬，赤壁之战后不久，孙权亲自率军包围合肥，张昭出击合肥西北的当涂（今安徽省当涂县），以配合周瑜在江陵对战曹仁。采取的就是中、东两线作战的战略。曹、刘、孙三强鼎立初期，由于刘备据有荆州，曹操和孙权双方的争持主要在淮南地区。曹操更派张辽、乐进、李典三员大将和7000名精锐主力，加上原有驻军，用作镇守淮扬地区的主力。另一方面曹操又派于禁、臧霸等人扫荡淮南，重新将淮南地区纳入管辖，确保了合肥防务的安全。从此，合肥成了曹魏东部战线的核心枢纽，曹魏要誓死守卫，孙吴则不惜一切代价去夺取。在此后江淮地区的攻防战中，孙吴主动进攻的有34次，其中半数目标在合肥。可直到东吴灭亡，也没有一次能攻进合肥城，合肥成为曹魏当之无愧的门户。

合肥新城三国遗址复原模型

为了缓解边军的压力，建安十八年（213年），曹操将徐州、扬州边境的10多万居民内迁。长江到合肥以南地区，只留下一座皖城作为呼应。孙吴方面也采取相应措施，将边沿居民南迁。于是江淮之间的

合肥三国新城遗址公园全貌鸟瞰

公园建于曹魏新城遗址之上，位于今安徽省合肥市西15公里的鸡鸣山麓，在肥水故道北岸。新城遗址周长达1500多米，南北长330米，东西宽210米。城垣框架基本保存完好，考古发掘有东中门遗址、西城门遗址、兵器作坊等。

❶ 护城壕 ❷ 东中门遗址 ❸ 城墙残存 ❹ 东侧门遗址 ❺ 兵器作坊 ❻ 军营遗址 ❼ 校场遗址 ❽ 北门吊桥 ❾ 北门遗址 ❿ 西城门遗址 ⓫ 肥水故道

地区，便形成一片数百里长宽的无人地带，成为双方数十年间的攻防战场。到建安十九年（214年）孙权拿下皖城后，合肥对曹魏来说，就完全成了孤城。

到建安二十一年，曹、吴双方在江淮地区前后交战了十多回，曹操也不断加强合肥的兵力。但合肥经过了三国前期的激烈争夺和数十次大小战役，已破败不堪，到三国后期终于不堪负担。曹魏于是将江淮前沿的边防重镇再度转移，北返至寿县。建安二十二年（217年）正月，曹操当魏王的次年，是曹操与孙权的最后一次对决。曹操从巢湖东的居巢，进军入长江的濡须口，可惜仍无功折回，只留下曹仁和张辽驻军居巢。所以曹、孙在10年间的4次交锋均不分胜负，充分说明在江淮区，双方各自拥有的“南船北马”军事优势发挥了相当作用，造成旗鼓相当的局面。

至于合肥新城，建于魏太和四年（230年），为一座军用城池，是魏明帝曹叡听取了征东将军满宠的建议兴建。魏青龙元年（233年），合肥新城基本建好，建成后便成了魏吴之间战事的新焦点，前后发生大小战役12次，满宠也成功抵抗了来自孙

合肥新城兵营遗址

合肥新城出土撞车头

新城东北角的兵器铸造作坊出土有铁镞等文物百余件。随着合肥新城遗址不同功能的城区陆续被发掘，包括兵器、生产工具、建筑构件等在内的大量文物被发现，反映了三国时期军事、经济和文化方面的状况。

合肥新城东北角的兵器铸造作坊

合肥新城出土的砥石

吴的多次大规模进攻。合肥新城通常屯兵人数为3000至4000人，最多时有步兵、水兵、骑兵计6000人。孙吴曾于吴嘉禾二年（233年）、嘉禾三年（234年）、建兴二年（253年）接连三次投入10万人以上兵力围攻合肥新城，均未取得成功。尤其吴嘉禾三年，孙权亲率大军10万围攻合肥新城，魏文帝曹叡不敢怠慢，亲率水军增援。满宠和守城将领张颖力拒，并烧毁了吴军的攻城器械。孙权损兵折将只好退兵。

合肥新城的建立，标志着曹魏的战略思想和军事部署，由战略攻势转变为战略防御，看似消极，但在防御中打击孙吴的进攻，反消耗了孙吴的军事力量。（参考金文京《三国志的世界：后汉三国时代》）

(3)巢湖——天然军事屏障

巢湖亦称南巢湖、居巢湖、焦湖，位于长江中下游，是中国五大淡水湖之一。湖东西长55公里、南北宽21公里，湖岸线周长176公里。沿湖共有河流35条，从南、西、北三面汇入湖内，然后湖水经裕溪河向东南注入长江。

巢湖在南可遮截长江，在北可控“淮右襟喉”的合肥，在左与大别山形成犄角，在右可威胁南京，所以是长江北岸的必争之地。北方由江淮之间南下的军队要渡江，要道有二：一是江苏的浦口，另一就是巢湖。巢湖水系延伸整个皖中（今安徽中部），形成皖中水网。上接淮河，下达长江。占据巢湖，对长江中下游会构成巨大威胁，形势是“窥天堑，南都（南京）危矣”。由巢湖南下长江，可跨江南进，也可顺流而下，或溯江西征。

巢湖也是合肥的天然屏障。合肥在历史上有“淮右襟喉”之称，军事地位异常重要，合肥城之南为湖，控制着水上与南方的通道。巢湖不啻是曹魏固守合肥的险要。曹魏军南下征伐，固然通过巢湖。由江南北伐，北上淮河地域，也要先经过巢湖。孙吴六围合肥不成，与巢湖的险阻有关。巢湖的长江入口——裕溪口，“正扼其（指长江）冲，东西两关又从而辅翼之”，“虽有十万之师，未能寇大江”（见康熙《合肥县志》卷十六《杂志》）。曹魏雄劲之旅，驰骋北方而无敌，因阻于巢湖终不能跨江。就长江而言，巢湖是很接近的前线阵地。其水域宽阔，湖中有岛，是水军聚集训练的优良场所。流域两岸是天然的粮仓，为建立军事基地提供了良好的条件。

巢湖晨曦雪景 曹丕的几次南征，时间都在初冬，河水已渐干涸成泥污，不利行军。

第二节　刘备托孤　孔明主政

东汉延康元年（220年）十月，曹丕篡汉建魏称帝，建元黄初。诸葛亮等大臣上书刘备，劝其承继刘汉正统称帝。刘备在半年后的次年（221年）四月称帝，国号为汉，建元章武，史称蜀汉。群雄相争时，诸葛亮屡称刘备为“皇叔”，显然是出于政治号召的需要，用以抗衡曹操的“挟天子以令诸侯”。曹魏移汉祚，诸葛亮等重臣立刻劝刘备称帝建蜀汉，以维系刘汉皇统，也是为争天下做政治铺垫。

夷陵之战以弱胜强

即位只三个月后的七月，刘备不听赵云等人劝阻，觑曹丕刚称帝无暇他顾，断然拒绝孙权之求和，亲率大军伐吴，以报杀关云长夺荆州之仇。蜀军起兵前，原定由阆中出兵到江州会师的张飞，不幸被部下刺杀，刘备仍然大举出兵。蜀军最初的进军气势甚猛，章武二年（222年）二月已进至猇亭（今湖北省宜昌市），并在猇亭建立大本营，而陈式的前锋部队已抵达夷道（今湖北省宜都市）包围孙吴孙桓的守军。在这场战役中，孙吴主帅陆逊先采取“坚忍固守”的战略，然后待机突击，以“火烧连营”战术大败刘备。

这场战役不仅是决定蜀、吴命运的一场战争，也是中国战史上以逆胜顺、以弱胜强的著名战役，称为“夷陵之战”（又称“猇亭之战”）。获胜后的孙权和陆逊，一方面考虑到不可能直捣黄龙进军巴蜀，另一方面也考虑到来自北方曹魏可能发动的军事偷袭，派使向蜀汉求和。吃了败仗的刘备只好顺水推舟，派使向孙权议和。

临危托孤于诸葛亮

夷陵之战令蜀汉损兵折将，国力和元气大伤，对刘备的打击也是致命的。战败后的刘备留在永安（今四川省奉节县东北）养病，章武三年（223年）四月死于永安，终年63岁。刘备临危时托孤于诸葛亮，而诸葛亮亦“鞠躬尽瘁，死而后已”以报知遇之恩，因此被传颂千古。后世虽然不断有人从不同的观点和角度出发质疑刘备托孤的真心，但仔细辨释这些说法，多是忖测之辞。诚如《三国志》作者陈寿说的，“举国托孤于诸葛亮，而心神无二，诚君臣之至公，古今之盛轨也”，宋代知名史学家胡三省也认为“自古托孤之主，无如昭烈之明白洞达者”。但凡细心披阅史著，深入研究刘备与诸葛亮两人一生的行事和思想，便不会如此武断地质疑刘备。不根据事实只凭推测，无异厚诬古人。刘备之所以视诸葛亮与他“如鱼得水”，一生加以重用和信用，不仅因为诸葛亮有过人的才智谋略，人格高尚，而且是因为在“攘除奸凶，兴复汉室”的信念和意志方面，两人是一致的。而诸葛亮以刘备“临崩寄臣以大事”，所以“鞠躬尽瘁，死而后已”。悠悠千载，世间岂无披肝沥胆者。

诸葛亮奉刘备梓宫（皇帝或重臣之棺）回成都，合刘禅生母甘夫人葬于惠陵，并奉刘禅登位，改元建兴。刘禅封丞相诸葛亮为武乡侯，开府治事，兼领益州牧，对诸葛亮“事之如父”。蜀汉于是开启了诸葛亮辅佐幼主、全面主政的新阶段。

诸葛亮临大难而不惧

蜀汉人陈寿，亲身经历过蜀国的灭亡，对诸葛亮生前事迹的搜集不遗余力，最早为诸葛亮编辑《诸葛亮集》。他在《三国志·诸葛亮传》中用了132个字，条分缕析、简练论述了诸葛亮为相治蜀的政绩，最后作结说：“可谓识治之良才，管（春秋齐相管仲）、萧（西汉第一位丞相萧何）之亚匹矣。”作为政治人物，获得这样的评价，放诸历史，不可谓不高。其后评论者，也多以管、萧去比喻诸葛亮。至于对诸葛亮一生尽瘁的军事方面，陈寿只用“然连年动众，未能成功，盖应变将略，非其所长欤”轻轻带过。对这样的断语，千多年来学者们各有不同的诠释和评议。[1]

诸葛亮在刘备生前，无论是管治还是军事上的表现，虽不如《三国演义》中描写得那样神奇，但其成就却也算彰彰人目，而其真正发挥自己的政治信念和智略，还是在主政蜀汉时期。刘备和诸葛亮“如鱼得水”相待，不能说一无芥蒂，诸葛亮未能劝阻刘备征讨东吴就是明显的例子。但两人相交相处，要无一芥蒂，无疑不合乎人性。刘备生前对诸葛亮虽有足够的信任和重用，但对诸葛亮思想的高远、智略的超迈，并不是完全了解，甚至可以说，刘备在思想和谋略方面与诸葛亮是有一段距离的。诸葛亮主政辅助的又是庸懦的刘禅，虽费尽心力，枉顾曲承，维护有加，奖掖扶持，但刘禅最终还是如俗语所说“烂泥扶不上壁”。

如此处境的诸葛亮，虽然一生“鞠躬尽瘁”，却“出师未捷身先死”，大业终未成，日本学者喜以“悲剧英雄”喻之。[2]如诸葛亮这样近于“完人”的政治人物，在历史上实属罕见，足够后人尊敬和崇仰。至于炫异说以为新奇、厚诬古人以为自得的论调，就不值一哂了。这样故唱异调去褒贬历史人物的情况，也不限于对诸葛亮，“古已有之，于今为烈”而已。

刘备战败，带着愧疚和失望，养疴白帝城。诸葛亮在白帝城逗留逾3个月，断非只在陪伴刘备养病。刘备病情不轻，诸葛亮不敢离开是一方面。更重要的是，在此处境下，两人更须详细讨论和制定后刘备时代的策略和各种安排。细绎诸葛亮的《前出师表》和其他留下的文献，从中可窥测到一些两人在白帝城商定国家大事的情形。在《前出师表》中，诸葛亮说“先帝知臣谨慎，故临崩寄臣以大事也”，所说“大事”，莫过于“攘除奸凶，兴复汉室，还于旧都”“……受命以来，夙夜忧叹，恐托付不效，以伤先帝之明”。在《后出师表》（有指此表属伪文）中，诸葛亮一再申述北伐的理由，最根本的是“先帝深虑汉、贼不两立，王业不偏安，故托臣以讨贼也”，“臣鞠躬尽瘁，死而后已，至于成败利钝，非臣之明所能逆睹也”。

---

[1] 最具代表性的是明末大思想家王夫之。他认为，白帝城刘备对诸葛亮的遗命是乱命，是刘备对诸葛亮的警诫，并认为刘、诸葛之间关系紧张。近代章太炎亦附和王夫之的说法。两大学者最大特点是擅于历史哲学，未免掌握史料不深透。近人亦有此种观点，更是流于“以意逆志”了。

[2] 日本的林田慎之助，用樱花来描述诸葛亮一生的悲剧色彩。

诸葛亮治蜀，管萧之亚匹

即使属伪托，《后出师表》中依然简明准确地勾勒出蜀汉因荆州之失、夷陵之败、刘备之亡而发生局面的转折。其指出原本“先帝东连吴越，西取巴蜀，举兵北征，夏侯授首，此操之失计而汉事将成也”，形势大好，可惜“难可逆见”，局面突然转变，“然后吴更违盟，关羽毁败，秭归蹉跌，曹丕称帝”。其后刘备猇亭之败，一时国本动摇，内部动荡，诸葛亮正是在这种局面下被托孤主政。诸葛亮在襄阳出山时，刘备也是处于“后值倾覆，受任于败军之际，奉命于危难之间”，所以诸葛亮总是在形势最艰难的时候接任，真应了“天降大任于斯人也”，从中可见其有临大难而不惧的意志与不可夺的信念。

诸葛亮不仅是出色的谋略家和军事家，治蜀方面同样成就斐然。其自27岁出道，殚精竭虑，54岁油尽灯枯，政治生涯仅二十余年，从蜀汉建兴元年（223年）辅助后主刘禅到建兴十二年（234年）星落五丈原，诸葛亮真正主宰蜀政只短短十余年，其间又南征北伐，无法从容施政，但尽管如此，诸葛亮在成都全力经营国家的四五年，不仅缓和了刘备败军夷陵后的蜀汉危机，而且治理当地的成绩也很卓越，令蜀汉在他去世后仍维持了几十年比诸魏、吴更为清明的管治，以一州之地，力抵强大的曹魏。同代的曹魏重臣刘晔也说“诸葛亮明于治而为相”，贾诩则说“诸葛亮善治国”，不待后世已有定评。陈寿后来仕于司马晋，评述诸葛亮难免有曲笔，但还是对他的治蜀成就高度赞扬，认为其乃“管治之良才，管（管仲）、萧（萧何）之亚匹”。治一隅之蜀汉的诸葛亮，以短短十余年而成中国几千年历史上最出色、最具才智、人格较完美的政治家之一，无怪为后世崇仰。其主持蜀政时的成就主要有以下几个方面。

四川成都都江堰的诸葛亮立像

公正善用人才，稳固蜀汉政权

刘蜀入主益州时，面对的是因刘焉、刘璋父子分而治之而致人心离散的纷乱局面。刘汉也是外来政权，如何凝聚各方人才，稳住政局有效施政，是最迫切的问题。作为丞相的诸葛亮，以公正的态度、尊重他人的精神，兼顾才德选任及拔擢各级官员，凝集了荆州士人集团、益州本土集团、刘焉刘璋父子旧僚等各派人才，形成了有效的管治队伍。如重用刘璋旧臣董和、黄权、李严、吴懿、费观，以及刘璋的姻亲彭羕和刘巴；也大力提拔本地人才如秦宓、杜微、张裔、杨洪、马忠、王平及李恢等。

同时，诸葛亮亲自制定各种条例，颁布手谕，训励官吏有所循从，勤于职守。诸葛亮执法如山，赏罚严明，务求吏治清明，革除弊政。更以经学家谯周掌管教育，建立太学，置博士教授学业，培育人才。即使诸葛亮去世，直到蒋琬、费祎及姜维主政，蜀汉仍然是三国之中吏治最为清廉奉公的，这完全是诸葛亮的遗教。

刘备与诸葛亮能“如鱼得水”，关键是靠政治思想上的相知。两人精神上都奉行儒家，行政上却厉行法家式的法治，这是汉末三国“识时务”的俊杰，面对东汉以来流于懈怠、陷于纷乱的政局，力求改弦易辙的共识，而诸葛亮与曹操是实践的佼佼者。诸葛亮任人唯贤、推行法治以及整顿吏治，有效改观了刘焉、刘璋父子威刑不肃、地方豪强专权自恣的局面。他颁布及制定《蜀科》等条例，以明文规定以及惩处机制，使政令上行下效，借此也抑压了鱼肉百姓的豪强。

诸葛亮强调“治实而不治名”的原则，重视官吏的考核，从志、变、识、勇、性、廉、信等各方面了解他们忠于职守与否，并给予赏罚升降，使官吏们兢兢业业，注重清廉，一洗东汉末年官吏贪婪昏庸、浮华腐败之风。陈寿称诸葛亮执法“科教严明，赏罚必信，无恶不惩，无善不显。至于吏不容奸，人怀自厉，道不拾遗，强不侵弱，风化肃然也”。

恢复农业，发展工商

夷陵大败后，蜀国元气大伤。诸葛亮为与民休养生息，恢复农业、发展工商，实行藏富于民的政策。史书说他因“（曹丕）丕多务，且以闭境勤农，育养民物，并

治甲兵，以待其挫，然后伐之，可使兵不战民不劳而天下定也”。(《三国志·杜微传》)

诸葛亮知农业是立国之本，以秦宓、孟光为大司农，设置督农之官，加强农业管理。他减轻赋税，抑制豪强并吞农地，鼓励发展农业生产。农业需要水源灌溉，诸葛亮十分重视岷江上游的都江堰，特设置专门的堰官及千多名壮丁，负责保养及疏浚，令其下游的成都平原得到最佳的灌溉。晋人左思在《蜀都赋》中描绘成都平原的丰收景象，“沟洫脉散，疆里绮错，黍稷油油，粳稻莫莫”，这与上述两个举措都有密切关系。堰官制度被后世历代王朝仿效沿袭。

益州的特产工商业盐、铁，也是蜀国经济发展的重要资源。诸葛亮任命王连为盐府校尉、张裔为司金中郎将，分别专管盐、铁生产，将其由私人收归国营，不准豪强侵占国家资源。在诸葛亮的治理下，蜀国盐业遍地开花，《山川记异》记载盐井有14口。盐税成为国家财政收入来源之一，后世有人论其以盐立国。诸葛亮重视井盐生产技术，以火井（天然气井）煮盐取代传统家火熬制，产量提高一倍。张华《博物志》提及，临邛有“火井一所……诸葛丞相往视之，后火转盛热，盆盖井上，煮水多得盐”。同样，诸葛亮也重视铸铁业的改良技术，命令炼铁工匠蒲元在汉中铸造宝刀，后者利用精湛的淬火技术打造出锋利无比的刀具。从诸葛亮的《作斧教》《作钢铠教》《作匕首教》以及成都地区出土的铜弩机等文物，也可证明他重视武器制作的质量，从而有助于军事征伐。铸铁业的发展亦促成农具改良，质地优良的农具使用起来省时省力，便于精耕细作，有力提高了农业生产力。

同时，诸葛亮还采纳刘巴的建议，铸造钱币，平诸物价，设立官市，派官吏管理市场，从而使府库充实，经济兴旺。最后，诸葛亮重视蜀锦的生产，甚至说：“今民贫国虚，决敌之资，唯仰锦耳。”(《太平御览》引《诸葛亮全集》)除在源头上种桑养蚕发展蜀锦外，蜀国更设置专门管理此业的锦官。蜀锦无论是生产规模还是产量都超越前代，外销于魏吴，更输往如今的巴基斯坦、印度、阿富汗、伊朗和欧洲地区。左思《蜀都赋》载：“阛阓之里，伎巧之家，百室离房，机杼相和，贝锦斐成，濯色江波。”蜀国织锦业之大盛，致令南河得名锦江，成都被称锦城，工匠所住地方名谓锦里，遗迹都留存后世。

第三节　孙权大帝 善于权衡

蜀汉章武元年（221年）四月刘备称帝后，孙权自作为临时统治中心的公安（今湖北省公安县）迁于鄂城，并改其名为武昌（今湖北省鄂州市），八月修筑武昌城。这种迁都安排“既城石头，又城武昌，此吴人保江之根本也”。三国之中以孙吴迁都最多，共五次，全在长江沿岸。可见长江天险对孙吴立国的重要，而长江自此也成了中国南北分治时南方政权的立国之地。

分化吴蜀收吴为藩

孙吴最初的基业在江东地区，所以孙坚和孙策率领的武装部队被称为江东子弟兵。长江的中下游可分江东、江西、江北和江南四区。长江的流向，由鄱阳湖向北流再转向东流入海。所以长江下游在此转折处，分称为江东和江西。赤壁之战后，孙吴经二代三主的奋斗，终于得偿所愿，势力从长江下游延伸到中游。夺得关羽驻守的荆州，再在夷陵之战取得胜利后，孙吴在长江的势力已抵达长江中游西面的三峡以东地区。

孙吴的置治郡和置都迁移，由原在下游江南的吴郡（今江苏省苏州市），迁移到京口（今江苏省镇江市），再迁到武昌（今湖北省鄂州市），是因应孙吴在长江势力的西移而做出的举动。诸葛亮主蜀政后，吴蜀通好，孙权称帝后不久，再由武昌迁都到建业（今江苏省南京市）。孙吴都城来回迁移，是根据当时军事形势的需要。迁武昌是为了争夺长江中游的控制权。建安二十四年（219年）偷袭荆州成功，取得夷陵之战胜利，保证了中游的安全，才定都建业。

自刘备夺取汉中，曹操称魏王，三国之间的关系便悄然起了变化。建安二十四年时孙权已占据荆州，同年孙权竟上书曹操称臣；到曹丕称帝时，孙权又向曹丕称藩，并“遣使奏章”。由曹操到曹丕时的魏国君臣，全都洞悉孙权并非真心臣服，而是出于“见策知变”的权宜，因为孙权知道刘备早晚会报杀关羽、夺荆州之仇，怕两边受敌。曹丕遂拜孙权为大将军，封吴侯，加九锡(《三国志·文帝纪》)，以此象征收孙吴为藩属，以分化吴蜀。

改元黄武，以示独立

猇亭之战陆逊大败刘备之后(222年)，孙权虽然仍向曹魏称臣，但只是“外托事魏，而诚心不款”，到孙权不应允曹丕的要求，拒绝送儿子到洛阳为“任子”(性质是人质)之时，曹丕完全明白了孙权的真实心意。是年九月，曹丕派曹休、曹仁和曹真领兵南下，分兵三路征伐孙吴的洞口、濡须口和江陵。孙吴亦以吕范、朱桓

南京石头城遗址

和诸葛瑾等率兵应战。十月，孙权改元黄武，不再用曹魏年号，以示独立。经连场战役，双方互有胜负，孙吴虽然损失重大，曹魏军也不敢越长江雷池半步，只好退兵北返。吴黄武三年（224年）和黄武四年（225年），曹丕再次南下亲征，虽抵长江边，仍然无功而退。黄武五年（226年），曹丕病逝，曹叡继位。

自孙吴夺取刘备的荆州之后，刘、孙关系破裂。夷陵之战失败后，刘蜀已无力东征。到此，孙、刘双方都正视现实，关系渐趋缓和。刘备去世后，诸葛亮主政，努力恢复蜀、吴的结盟关系，蜀汉建兴元年（223年）派邓芝出使武昌，面谒孙权，转达了通好之意。次年，孙权派张温使蜀"通致情好"，随之邓芝再出使孙吴。曹丕的南征，亦宣告了曹、孙关系的破裂。吴黄武五年八月，孙权一改多年屈从曹魏的姿态，趁曹丕死曹叡继位之机会，主动率兵攻打曹魏。由江夏郡出攻石阳（今江西省吉水县东北），另派南郡太守诸葛瑾进攻襄阳（今湖北省襄阳市），再分军攻浔阳（今湖北省黄梅县西南），两线出击，但结果皆以失败告终。

两年后，黄武七年（228年）五月，孙权做了更大的军事部署和行动，北伐曹魏。这是吴、魏之间的一场重大战役，史称"石亭之战"。曹叡和扬州牧曹休，为孙吴周鲂的假降所欺骗，率步骑10万，直取吴的皖城；曹叡再命驻军宛城的骠骑将军司马懿攻打江陵；又命豫州刺史贾逵率军攻打濡须的东关，三路并进。八月孙权亲至皖口（今安徽省安庆市西），再赶到皖城，任命陆逊为大都督，朱桓、全琮为左右督，各领军3万迎击。

孙吴决心抗衡曹魏

曹休军到了石亭（今安徽省潜山市东北），遭吴三军包围。在吴军的攻击下，曹休大败，仓皇北走，被追逃到夹石时，再受吴军截击，情况危险。幸原进军濡须东关的贾逵，担心曹休妄进而改变主意，水陆并进驰援曹休，赶到夹石，吴军见魏援军而撤退，贾逵于是救曹休于覆灭。

这场战役获胜后，孙权对明帝曹叡个人和魏廷做了重新评估，有信心可与曹魏抗衡。何况，诸葛亮当政后吴蜀关系转好。魏蜀分别立国称帝，孙权不可能无动于衷。孙权对鲁肃提出的发展策略“鼎足江东，以观天下之衅……亦自无嫌……竟长江所极，据而有之，然后建号帝王以图天下”是认同的。

正如陈寿的评价，孙权“屈身忍辱，任才尚计”，是个很擅于看时机、权衡利弊的人。早在吴黄武二年（223年），东吴群臣就劝孙权“即尊号”称帝，他审度时势，认为“此言非所及也”，即是说时机未成熟。黄武八年（229年）四月，孙权终应大臣的劝进，在武昌即皇帝位，改元为黄龙。孙权称帝后，诸葛亮坚持联吴讨曹魏的政策，与吴达成“并尊二帝”“中分天下”的盟约。自此，吴蜀间不再发生战争，在对曹魏的抗争中，吴蜀时有呼应和配合。三国鼎立进入了新阶段，吴蜀各自开疆辟土，修整内治，一致抗衡曹魏。

专题18 孙吴长江四都

孙吴的都城经历了多次迁移：先是由原在下游江南的吴郡迁移到京口，再迁到武昌，诸葛亮主持蜀政后，吴蜀通好，孙权称帝，都城又由武昌迁都到建业。

（1）水城吴郡

兴平二年（195年），孙策击破扬州的刘繇，据有了江东，便以吴郡（今江苏省苏州市）为治府。建安三年（198年），曹操表孙策为讨逆将军，封其为吴侯。建安五年（200年），孙策死，弟孙权代之，时19岁。

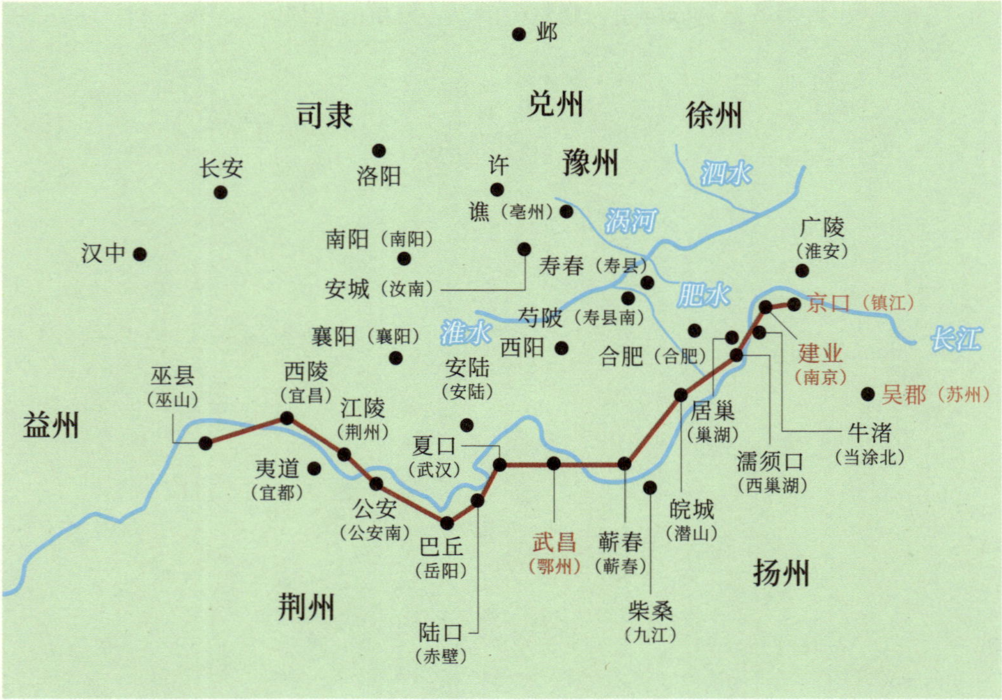

⊙ 孙吴长江四都位置示意图

苏州古城的水陆城门——盘门

苏州建城可追溯到2500年前的吴王阖闾。公元前514年，伍子胥修建新王城，其周长逾47里，外郭逾68里，有水陆城门各8座，是春秋战国时期江淮最大的城池。秦统一全国，分全国为36郡，其中会稽郡的郡治在吴县。

苏州瑞光塔

据史书记载，三国吴赤乌四年（241年），孙权为迎接西域康居国僧人性康而建瑞光寺。赤乌十年（247年），孙权为报母恩又建十三层舍利塔于寺中。

苏州盘门外联通大运河的吴门桥

盘门有水陆两道城门，而水门又分前后两道。内城水门设水闸及栅门，随时可用绞关石开启和关闭，不仅能作军事防御，还能控制水位。水门内外两重，形成高大的城门洞，可容两艘船交会通过。此处城池将水陆城门并列，是中国古城中绝无仅有的存在。

东吴青釉人物飞鸟陶罐
（江苏南京博物院藏）（IC photo）

青釉瓷龟形水注
（江苏苏州博物馆藏）

赤乌二年神兽纹铜镜
赤乌二年（239年）为孙权年号，孙权于该年派军袭击辽东。（江苏苏州博物馆藏）

青釉双耳罐
（江苏苏州博物馆藏）

发达的东吴制造业

从吴郡等地的出土文物来看，虽然汉末战事频繁，东吴所在的江南地区的瓷器和铜铁制造业还是获得良好发展，令此地经济上有了可与中原地区抗衡的基础。考古发现浙江、江苏是最早烧造青瓷的地区，汉末三国时已具备成熟的青瓷烧造技术，仅吴、晋时期的作坊便发现四十多处，窑址六七十处。孙吴时期会稽（今浙江一带）的越窑便是制瓷代表，出品质地细腻，釉面光泽，烧结度好，造型也是多样、美观。汉末三国，铜镜在魏、蜀、吴的辖地均有出土，其中以孙吴出土最多，也最为集中。日本现藏的三国铜镜以吴镜最多，这是当时中国与日本来往的实证。

（2）京口——江南第一要塞

建安十四年（209年）吴主孙权将治所由吴郡西迁至京口（今江苏省镇江市）。孙吴将北固山前峰鼓楼岗围进城内，在峰上修建了铁瓮城作为宫殿城，城长1050米，城高10米，“内外皆固以砖壁，号铁瓮城”，临江，地势十分险要。铁瓮城比孙权在南京建石头城要早3年，比湖北鄂州吴王城要早11年。

苏州偏东南，临海，远离长江前线，非江防险地。所以孙权将治所西迁至数百里外的京口，是基于积极的军事战略。吴初已开凿京口河道，使丹徒水东通吴会，北接大江，京口成为江河交汇处。这里地势险要，尤利水军。当时长江口以北的海岸线在今海岸线内侧几十公里处，广陵故城（今江苏省扬州市）和对岸的丹徒县（与京口同属今江苏省镇江市）是濒临喇叭状海口的。

京口之山，以金山、焦山和北固山为首，称三山胜概，天下之最。而三国时已有北固山之名，其在京口城北，山不高，海拔仅50米，由亘长连绵的前峰、中峰和后峰组成，主峰为后峰。这里突出江口，形势险要，自古就为军事要地，可储粮驻军。东吴孙策、周瑜就设过主营在此。从晋到清，历朝府署均在此地。

京口除是军事重镇，也是历史胜景。南朝梁武帝萧衍曾在此写下“天下第一江山”六个字，今所见的“天下第一江山”是南宋吴琚

南宋吴琚所书“天下第一江山”

所书。南宋辛弃疾晚年在镇江当了两年知府，留下了传颂千古的咏三国的《永遇乐·京口北固亭怀古》和《南乡子·登京口北固亭有怀》。

北宋王安石的《泊船瓜洲》情景交融脍炙人口，诗中说及的几个地名，点示了京口的相关地理，尤其难得。诗曰：

京口瓜洲一水间，钟山只隔数重山。
春风又绿江南岸，明月何时照我还。

诗中的瓜洲即是京口长江对岸的扬州，钟山乃南京。

京口在晋代之前一直是不大的城镇。晋成帝咸和三年（328年），晋陵郡的治所移至京口，京口获得迅速发展。隋统一后将其改置为“润州”，北宋政和三年（1113年）又改置为镇江府，此后几朝均沿用此名，直至今天称“镇江市”。

南宋陆游《水调歌头·多景楼》首两句点出“江左占形胜，最数古徐州”，所指的古徐州就是镇江。

位于镇江西部蒜山之下的西津古渡，与江北瓜洲渡口相对，汉末三国时期已是重要军事码头。自大运河开凿，长江下游南北往来也多取此处。晚唐张祜有《题金陵渡》曰：

金陵津渡小山楼，一宿行人自可愁。
潮落夜江斜月里，两三星火是瓜洲。

京口海岸线
在京口海岸，有金山、北固山及焦山三处险要，均是南岸的屏障，足见京口具重要战略位置。
❶ 长江
❷ 金山
❸ 今镇江城区
❹ 北固山

北固山溜马涧

又称“走马涧”，当时的溜马者走的是山泥路，现在水已干涸。

西津古渡遗址

金山寺

北固楼

位于北固山后峰山巅。南宋辛弃疾有两阕以永固楼为题的词，为登临时触景生情写成。现楼为仿宋式楼阁重建。

北固山“狠石”

北固山后峰最高处，多景楼西有尊石羊，又名“狠石”。苏轼曾谓此“寺有石如羊”，又相传诸葛亮曾坐其上与孙权商议对付曹操。

甘露寺

位于北固山顶的甘露寺，始建于吴甘露元年（265年），现存建筑为后世所建。

这里的金陵渡，便是唐代对西津渡的称谓。（参考镇江北固山风景区编《北固山游记选》，刘雨男、刘挺《中国镇江风景名胜》，严其林及程建《京口文化》等）

（3）建业——孙吴重要军事屏障

孙吴多次定都建业（今江苏省南京市）。建安十七年（212年）九月，三国孙权在赤壁之战后，将治所由京口迁到秣陵，并改名建业，这是南京建都之始。第二年更在清凉山原有城基上修建石头城，还于濡须水立濡须坞，以作拱卫。黄龙元年（229年）四月，孙权称帝，定都武昌，蜀吴再次结盟，九月孙吴再迁都建业。吴甘露元年（265年）冬，孙皓徙都武昌。宝鼎二年（267年），孙皓还都建业。

南京石头城残存的沧桑墙面

孙权所建石头城，在今南京清凉山西麓，依山而筑。南京筑城可追溯到公元前333年楚威王设金陵邑，秦始皇又改金陵邑为秣陵县。

南京石头城一角

石头城长7里左右，三国时是土筑，东晋时加砌砖块。当时长江从清凉山下流过，军事上十分重要。石头城有仓城，可储存兵器和粮食。城西南有烽火楼，用作烽火报警，当时孙吴在长江沿江军事要处都设有烽火台。石头城下是著名的秦淮河，有吴国水军驻守，可停泊战船千艘。

现在看石头城，有着赭红色的卵石墙基，也可见历代在岩墙上增砌的城砖。其中一段城墙上有椭圆形石壁，形似人面，又称鬼脸城。古长江巨浪拍击山麓，致山崖冲刷成峭壁，宋以后石头城下的长江已西移10多公里。

作为东吴首都的建业，位居长江流域的最佳地理位置，前据大江，南连重岭，农业发达，经济繁荣。诸葛亮也曾说秣陵“钟山龙蟠，石头虎踞，此帝王之宅”。自东吴黄龙元年孙权改秣陵为建业并定都于此，东晋、宋、齐、梁及陈均建都于此，魏晋之际改为建康。

晋时此地西区的朝天宫一带有冶城，“金陵”与“冶城”都有冶铸金铜的意义，传冶城乃吴王夫差冶铸所在。自战国秦汉时，吴越地方即今南京到杭州一带，便为冶铸工业的中心。春秋时的吴越，战国时的春申，汉初吴王、淮南王刘安，以及三国的孙吴之所以能保持半独立政治状态，以南京为中心的江南地区，农业及工业发达是其割据的基础。（参考罗宗真《六朝考古》、张晓虹《古都与城市》、杨宪益《译余偶拾》）

（4）武昌——东吴第二都城

章武元年春，孙权将临时的统治中心从公安迁到鄂城（今湖北省鄂州市），改鄂城为武昌。八月，孙权大兴土木，修筑武昌城，并在此住了9年，此地因此亦称吴王城。黄龙元年，孙权于武昌称吴大帝。孙权掌政时期（221—229年），以及孙皓从建业迁都武昌时（265—267年），武昌与建业都是孙吴的都城，直到280年吴为西晋所灭。

武昌位于现今湖北省鄂州市鄂城区，非现在武汉三镇的武昌，距

于鄂州西山远眺樊口与长江

今天的武汉68公里。鄂城在长江中游南岸，东西两侧分别有虎头山和西山作为城市的屏障。西山的西麓就是著名的樊口，是百里樊川注入长江的河口。赤壁之战前夕，刘备曾带着几千人在此欢迎由下游西上的周瑜水军，樊口也是吴国重要的水军基地。

孙吴来回迁移都城是为战略指挥的需要，据武昌则是为争长江中游的控制权。

建安二十四年，孙权背盟袭杀关羽，占领了荆州全境。但刘备集团毕竟在荆州经营多年，深得人心，为稳固对荆州的统治，孙权亲自入驻刘备曾作为大本营的公安（今湖北省荆州市公安县）。但公安位于长江之南，只适合作为临时大本营，刘备也绝不会坐视孙权完全吞并荆州。孙权如驻守荆州，则是“主公守家门”，并不合理，公安本身也不适合作为前线总指挥部，于是孙权将大本营迁至武昌。定都武昌后，孙权取得了“夷陵之战”的胜利，又击退曹丕大举南下的进攻，稳定了对荆州的统治，于是便在鄂州的西山设坛称帝。

诸葛亮辅政后，孙、刘二次结盟，东吴西方再无重大威胁，武昌的战略意义下降。于是登基称帝后几个月，孙权又将都城迁到建业。不过此后，直到东吴灭亡，武昌都是东吴的第二都城。

鄂州西山九曲亭
孙权即位坛下的九曲亭，宋苏轼的诗文《记樊山》和《武昌九曲亭记》均有提及此处。

鄂州西山吴王试剑石

鄂州武昌楼
相传武昌楼是三国东吴军事的瞭望塔，后人据孙权“以武而昌”命名为武昌楼。它是吴王避暑宫的标志性建筑物，楼高5层，登楼远眺，鄂州、黄州景观尽收眼底。

鄂州西山孙权登位坛遗址
西山古称樊山，北挽长江，南望南湖，虽然只有170米高，但山势险峻，风景宜人。吴黄武八年（229年）四月，孙权在此设坛称帝，改元黄龙，并在此建避暑宫。现在登位坛堙没，只剩遍布杂树乱草的山冈。

鄂州吴王城遗迹
吴王城遗址在鄂州市东面百子畈一带。古城遗址为长方形，周长约3公里，城内曾出土大量三国文物。吴赤乌十年（247年），孙权拆除武昌王宫，将其材料运往建业建筑太初宫，但其后诸葛恪和孙皓先后重修武昌宫，所以直到南朝，武昌吴王宫仍在使用。近30年的考古工作挖掘出不少武昌宫的遗迹和文物。

专题19 孙吴江淮攻防体系

在历史上，割据势力全面占据长江中下游，导致形成南北对峙局面始自孙吴。孙吴与曹魏共对峙50年。为保障长江中下游的大本营安全，孙吴在此建构起一套完整的防卫体系。

孙吴占有的长江中下游地区，西起三峡的东口，东到长江口，绵延近2000公里。属于江西的淮南和合肥地区，则为曹魏占领。所以孙吴要在江西建立一道江北防卫线，三峡到江陵为防线上段，以江陵与曹操的襄阳形成对峙之势，常备兵约七八万。夏口以东到建业以西为中段，以皖城跟曹魏的合肥和寿春对峙，常备兵10万以上。建业以东为下段，以京口为重镇。2000公里的长江，战船达数千艘，水陆总兵力达20万。

孙吴另外在沿江布置了江、陆结合的军事要塞。在江北的主要是建平（今四川省巫山县）、夷陵（今湖北省宜昌市）、江陵（今湖北省荆州市）、蕲春（今湖北省蕲春县）、皖口（今安徽省安庆市）、皖城（今安徽省潜山市）和濡须口（今安徽省无为县东南）。在江南的主要是夷道（今湖北省宜都市西北）、乐乡（今湖北省松滋市东北）、公安（今湖北省公安县南）、巴丘（今湖南省岳阳市）、陆口（今湖北省嘉鱼县）、夏口（今湖北省武汉市）、武昌（今湖北省鄂州市）、柴桑（今江西省九江市西南）、芜湖（今安徽省芜湖市东）、牛渚（今安徽省马鞍山市）、建业（今江苏省南京市）及京口（今江苏省镇江市）。这些江防要塞，三分之二是在江南。其中重中之重是江北江陵，正对曹魏前线要塞的襄樊，以卫护长江的中游。另外，还以濡须口防护长江的下游，所以孙吴重兵设防是在江陵和濡须口。江南则以夏口、建业和京口最为重要。

从孙吴的整体大战略看，长江沿线是军事的防卫线，而非作战前线。长江中下游长近2000公里，可渡江而难以护卫的地方也不少，所

安徽芜湖处的长江

以会在沿线两岸设置要塞，建构立体的江防，以保卫长江大本营。对吴和魏来说，作战阵地是在大范围的江淮之间的地带。东面孙吴虽重视与擅长水战，但和曹魏的战争仍然以陆战为主、江战为防，因为陆战是前线，江防是后防。

三国时最著名的“赤壁之战”和“夷陵之战”，战场是在长江。赤壁之战属南北之战，而夷陵之战则属南方的东西之战，两场战争都是突入吴后防之地的战役。至于西晋咸宁六年（280年）王濬自蜀到武昌，再顺江东灭东吴于南京，也属由长江西部向长江东部的突破。日后中国相当长的历史中，如北方正面攻打南方，只有两种结果：一是渡过了长江，就可以长驱南下；二是南军将北军驱逐回淮河。少有南北军在长江长期对峙的。赤壁之战已突破长江，如取胜，相信曹操已可统一天下了。赤壁之战后魏晋多次南征，与孙吴的争持仍主要在江淮之间。即使有迫近长江，都是临长江而还。

自孙策到孙权，除最初时治府在苏州以外，其后治所和首都多次迁移，也都在长江中下游。在治所和首都外，孙吴在沿江也设立了不少军事重镇和要塞，可见长江在三国作为“天堑”的重要，它也是南北分裂对峙的分界线。但是，对孙吴甚至后来的南方政权而言，“长江天堑”不是前沿战线，而是后防拱卫线。从军事和立国而言，断不可能置首都在战线前沿。所以三国孙吴与曹操和司马晋的攻防线是在江淮、江汉之间。因为双方皆视江淮之间为前沿的攻防区，都曾徙迁居民北上和南下，以致江淮地区出现“空虚”的景况。（参考张大可《三分的挽歌：话说三国十二帝》）

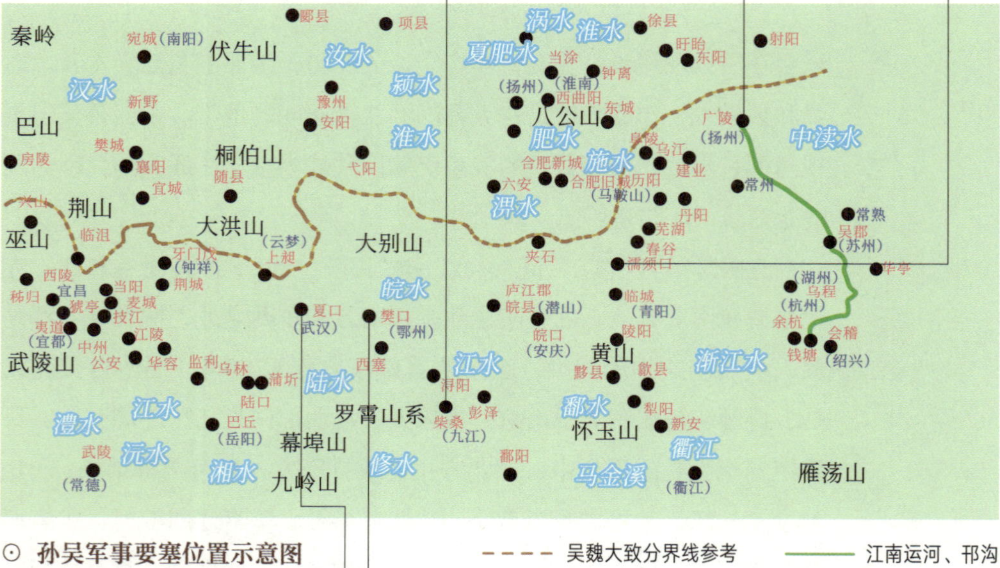

⊙ 孙吴军事要塞位置示意图

汉江之入长江河口

樊水流入长江处

樊口入江的西山脚下，有樊口遗址，是作为水军基地的城堡。其背山临水，至今仍是船舶停靠的港湾。

（1）夏口——汉江入长江河口

夏口（今湖北省武汉市）居汉水入长江的河口，地位重要，是荆州的门户。孙策经一连串的征战，已据有会稽、吴、丹阳、豫章、庐陵五郡及江北庐江的一部分。建安五年，孙策以报父仇的名义，袭击并打败驻夏口的黄祖。建安八年（203年）、建安十二年（207年）及建安十三（208年）春，孙权三次攻伐黄祖，最后在吴将董袭、凌统和吕蒙的死战下，斩杀黄祖，巩固了江东的安全。

荆州牧刘表的长子刘琦，得诸葛亮指点，在争嗣不利的情况下，适黄祖死，要求外放到夏口做太守；曹操攻打襄阳时，关羽率领的1万水军曾顺汉水而下至夏口；长坂坡之败，刘备、诸葛亮急忙赶到夏口，就是有关羽和刘琦军的托庇；夏口也成为孙、刘盟军的大本营。

（2）樊口——扼长江之险

樊口在今湖北省鄂州市西北2.5公里樊港入江处。长坂坡败退后，刘备听从鲁肃的建议，东向与关羽万余水军和刘琦率领的万余人马在夏口辖下沙羡会合，并遣诸葛亮随鲁肃到柴桑（今江西省九江市）诣孙权，结盟抵抗曹操。关羽率领水军万余人驻在夏口，张飞和赵云各率4000人驻在鲁山。

周瑜和程普率领江东水师由柴桑至樊口时，刘备早在樊口等候迎接。然后周瑜水军继续沿江西上，与顺流而下的曹操水军相遇于赤壁。孙权虽然败灭黄祖，势力

西及江南地区，但夏口仍在刘表手上。甘宁作为前哨部队驻兵当口（今属湖北省武汉市），胡综为鄂长，樊口就在其辖区内。

临江靠湖的樊口扼长江之险，东可镇武昌都城，西可封夏口。吴王建都武昌后，在长江中下游南岸，东起京口（今江苏省镇江市）西抵西陵（今湖北省宜昌市），每隔几十里筑一座烽火台，形成拱卫首都的军事防线。（参考《中国军事史》编写组《中国军事史——中国历代军事战略》）

（3）扬州——吴魏相争之地

扬州在历史上，与荆州一样，既是州郡的名称，也是城市的名称。三国魏、吴对抗，各置扬州。魏扬州的治所在寿春，辖淮南、庐江两郡。吴扬州的治所在建业，辖下有丹阳、会稽、建安及庐陵等14郡。所以作为吴国都的建业，也是扬州的治所。

作为城市的扬州，在战国称为广陵，东汉至晋，仍然称为广陵。魏吴相争主要在江淮地区，而广陵介乎江淮的南北之间。吴的水军北上攻魏，必须经由邗沟（联系长江和淮河的古运河，南起扬州城）；魏军南下征吴，东路必须经过广陵，所以吴魏相争，扬州城成为军事要塞。

扬州古运河

扬州瘦西湖

瘦西湖原来非湖，是2000多年前吴越争霸时期的人工运河邗沟。

建安二年（197年），曹操任命陈登为广陵太守。陈登对广陵的开发起过很重要的作用，特别是他主导改道开凿邗沟，缩短了北上水路。由于曹操内迁江淮之间的人口，使庐江、九江和广陵等十余万民众北渡淮河，以致江淮人口稀少，广陵城附近亦成空旷之地。

魏文帝曹丕在黄初五年（224年）九月和次年十月，曾亲率大军抵达广陵故城，但无功北返。他留下《至广陵于马上作诗》一首，对"天限南北"的长江，无逾越胆色，只能悻悻作态，说"不战屈敌虏，戢兵称贤良"。

（4）濡须口——吴魏相争的古战场

孙权深知，在赤壁之战中惨败的曹操定会再来伐吴。当时，含山、无为等地已属吴国控制。曹操要伐吴，必定要从巢湖经濡须口进入长江。孙权清醒地认识到，如果濡须口不保，长江岸防就会门户大开，魏军可随时直逼都城建业。建安十七年，曹操欲出兵，吕蒙说服孙权在濡须水口立坞，于是数万吴军在此修筑了形似偃月形的濡须坞。12世纪的南宋王朝在此基础之上，又将濡须坞扩建成偃月城。

吴军于濡须口所筑之坞，乃东关（今安徽省含山县东关镇）。孙权一面按已故长史张纮的建议迁都秣陵，一面派兵在东关修筑防御，再在七宝山（今安徽省无为市

等候入濡须水的船只
巢湖入长江只有经濡须水（现为裕溪河）。由长江进入裕溪河，走裕溪船闸进入河道，77公里后可到达巢湖，继续北上便到达合肥。由于河道运力有限，裕溪河口外常有很多船排队等候放行，蔚为壮观。

濡须水入长江

黄龙乡境内）上建西关。东、西两关对峙，中有石梁，凿石通水，为险关津道。建安十八年（213年）和三国魏黄初四年（223年），曹魏和孙吴的两次濡须口之战就发生在此地，均以曹军无功而返告终。

濡须口实指濡须山和七宝山之间的水口。两山对峙形势险要，既为巢湖的出口，亦是吴魏相争的古战场。

"草船借箭"便发生在"濡须之战"，而非《三国演义》所说的赤壁之战，主角是孙权而非诸葛亮。建安十八年正月，曹操与孙权对垒濡须。初次交战，曹军大败，于是坚守不出。一天孙权借水面有薄雾，乘轻舟从濡须口闯入曹军前沿，观察曹军部署。孙权的轻舟行进五六里，并且鼓乐齐鸣，曹操生性多疑，见孙军整肃威武，恐怕有诈，不敢出战，喟然叹曰："生子当如孙仲谋，刘景升儿子若豚犬耳！"随后，曹操下令弓弩齐发，射击吴船。不一会儿，孙权的轻舟因一侧中箭太多，船身倾斜，有翻沉的危险。孙权下令掉转船头，使另一侧再受箭，待箭均船平孙军安全返航。曹操这才明白自己上当。(《三国志·吴主传》)这件事发生在赤壁之战后5年。

（5）巴丘——吴军水师基地

今湖南岳阳在东汉时称为巴丘，位于洞庭湖东岸，北靠长江，是南北交通咽喉。

洞庭湖今景

建安十五年（210年），周瑜因伤病死于巴丘，鲁肃继周瑜为吴军统帅，时鲁肃年39岁。鲁肃深知巴丘位置的重要，而以巴丘为水师基地。建安二十年（215年），孙权以讨还荆州不遂，调兵攻击刘备辖下的荆南四郡。鲁肃率1万人马，屯巴丘以钳制荆州的关羽。关羽率兵马3万进入岳阳南面的益阳。吴蜀大战一触即发，幸鲁肃从大局考虑，得以化解。

鲁肃在巴丘修筑城池，为操练水军在西门楼上修建阅兵台，这就是中国四大名楼之一的岳阳楼的前身。唐代杜甫《登岳阳楼》写“昔闻洞庭水，今上岳阳楼。吴楚东南坼，乾坤日夜浮”，加上宋范仲淹的《岳阳楼记》，一诗一文令岳阳楼深入人心。“吴楚东南坼”亦点出巴丘居长江中下游位置的重要。

岳阳楼城楼

九江甘棠湖烟水亭全景

（6）柴桑——诸葛亮舌战群儒

建安十三年冬十月，孙权驻扎在柴桑（今江西省九江市）。赤壁之战前，诸葛亮随鲁肃到柴桑（即《三国演义》中“舌战群儒”的地方），说服孙权联合刘备抵抗曹操。在柴桑，诸葛亮对孙权与孙吴文武大臣发表的一番言论，堪称外交辩论的典范。

柴桑位于长江中下游交界的南岸，前面以长江天险和湖口作为防线，背后有庐山和鄱阳湖拱卫，是三国东吴的军事重镇，吴主孙权的行宫就设于此处。建安十三年，曹操率领数十万人马，离开许昌，浩荡南下，追赶刘备，虎视东吴。孙权封周瑜为大都督，命他率水军在甘棠湖中日夜操练，准备自保。赤壁之战周瑜率领的水军便是从九江市甘棠湖的点将台出发，亦即“烟水亭”点将台旧址。

当时的甘棠湖与长江、鄱阳湖相通，水域宽阔，为东吴的一处水上要塞，湖上也是战舰云集。从今日烟水亭前拾级而上，过桥后迎面有一座方亭，亭前有白石栏杆围起的拜台，相传就是周瑜的点将台旧址。此地历代有兴废，至清光绪间，烟水亭建筑才形成现有的规模。

浔阳江夕照

浔阳江在柴桑，是对长江九江段的雅称，也是赤壁之战前的孙吴水兵重地，周瑜曾在此训练水军，208年其率水军出兵赤壁也是由柴桑出发。

第四节　孔明慷慨　南征北伐

诸葛亮主持蜀政，在逐步稳定内政的同时，促成外交上吴、蜀“通致情好”，然后进行了“南征北伐”的军事行动。“南征”是指诸葛亮亲自率军指挥征服了“南中”，即蜀汉本部之南的越嶲（今四川省西昌市）、益州（今云南省昆明市晋宁区）、永昌（今云南省保山市）及牂牁（今贵州省黄平县）4郡。这一带住的大多是少数民族，汉以来称之为“西南夷”。诸葛亮在“隆中对”中就提出要“南抚夷越”。

七擒七纵降服孟获

刘备取得益州后，先后以邓方和李恢为庲降（今云南省曲靖市）都督，且治有成效。蜀汉章武三年（223年）刘备败死，雍闿、越嶲的高定元及牂牁太守朱褒先后叛变；尤其在雍闿和孟获的鼓动下，叛变遍及南中地区。蜀汉建兴三年（225年）三月，当吴蜀恢复友好，诸葛亮便亲率大军兵分三路南征。诸葛亮自己率西军进攻越嶲，打击高定元叛军，最后在卑水（今四川省会理市东北）决战，杀高定元，占领越嶲郡。东路的马忠打败朱褒，占领牂牁郡，然后进军叛军的最后据点益州郡。

同年五月，诸葛亮穿过群山，从三缝（今四川省会理市西南）渡过湍急岸峻的泸水（今金沙江），惊险艰苦地迫近益州，并于七月间“七擒七纵”降服了叛军首领孟获。再南进，与中路的李恢及东路的马忠三路进攻益州郡，最终消灭叛乱，会师于滇池附近（今属云南省昆明市）。

征服南中后，诸葛亮分4郡为越嶲、建宁、永昌、云南、牂牁、兴古和朱提7郡，选任来自当地或熟悉当地的官员主持郡政。对县级则采取抚柔政策，要职基本

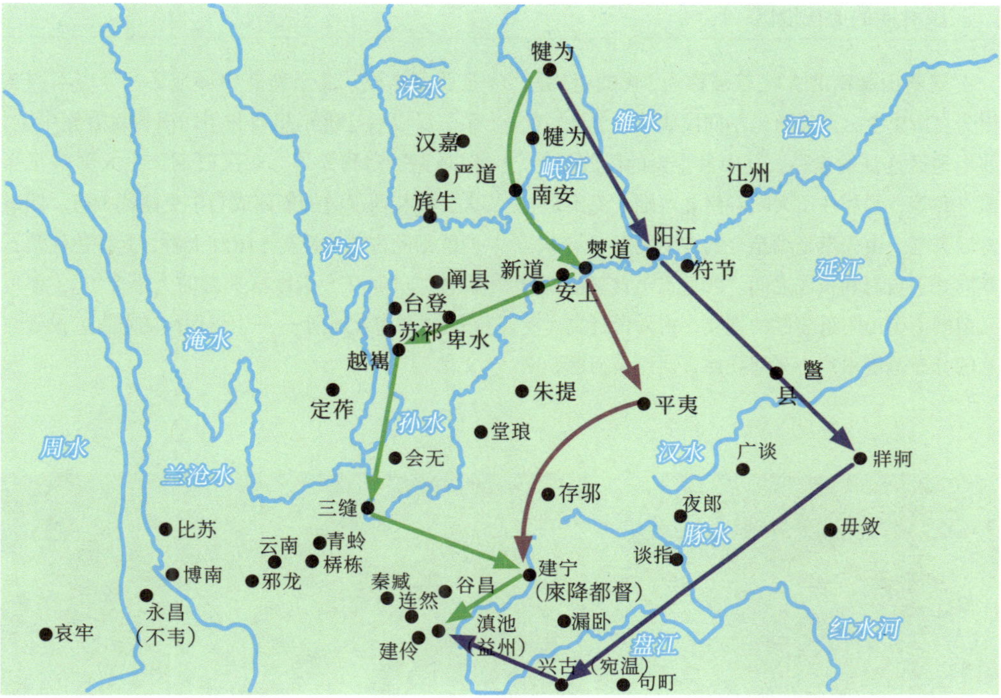

⊙ **南中之战路线示意图**　诸葛亮西线　马忠东线　李恢中线

诸葛亮渡泸处今景

三国时期的羌氐地区

横断山脉南北大峡谷被称为“民族走廊”，因为在历史上，此通道是不同民族从西北地区向西南地区迁徙的途径。其中最主要的民族如羌、藏、彝等，都居住于大峡谷南北两端。羌氐是上古以来唯一由先秦延续至今的古老民族，与华夏族同处于黄河和长江之间。西羌本出自三苗，为三苗湖南衡山附近姜姓的别支，由舜帝迁之。羌族的分布范围很广，东起陇西，西迄黄河源，南抵西藏高原，北至新疆中部地区，分成不同支系。汉以后迁徙至川西和川西南的就有旄牛羌、白马羌、白狗羌等。东汉时期，羌人部落很强大，代替西汉时的匈奴成为中央朝廷大患。四川西北部的古羌大迁徙于岷江上游，其特色建筑石碉楼，分布在今天岷江上游的大小金川。（参考霍巍《西南天地间——中国西南的考古、民族与文化》）

金沙江两岸的羌寨

羌族姑娘

群山云绕的云南

航拍滇池（邓喜平提供）

由少数民族的“渠帅”担任。另强迁地方豪强士绅到成都，组编精壮少数民族男子为“飞军”，“飞军”后来成为蜀汉一支表现骁勇的精锐部队。蜀汉政权还向西南夷推广中原的先进生产技术，推动了中南地区经济的发展和生活的改善。诸葛亮南征，不仅平复了反叛，而且实践了“隆中对”里提出的“南抚夷越”的方略，使蜀汉无后顾之忧，还在人力、物力和资源上，支持和壮大了蜀汉。

蜀汉的北东攻防线

古人入蜀主要由水陆两路。陆路，是跨越横亘于川陕之间的秦岭山脉西边，而入汉中；进入汉中后，要再经偏东南的巴山和龙门山入蜀。所经通道，走的都是由山梁和河谷形成的“峡道”，在“峡道”上开辟出来的通路则称“栈道”，即著名的“蜀道”。“蜀道”的开辟最早始于西周，至今已有近2500年的历史。所以无论是从关陇入汉中，还是从汉中入川蜀，都如唐朝李白的描述，“蜀道难，难于上青天”，因为只有“栈道”可走。

水道，必须经过长江。长江自古为“天险”，出入四川必须经过长江三峡，更是“天险中的天险”。三国鼎立的蜀汉，北之对曹魏，东之对孙吴的军事攻防线，就处于这水路和陆路上。三国期间蜀汉之对曹魏与孙吴的攻防战役，就发生在此攻防线的关隘处。

蜀道难，难于上青天

贯通秦蜀的“栈道”，分成北栈道和南栈道两段。

北栈道，指翻越秦岭的道路，共有四条：

一、褒斜道：北起斜谷口（今陕西省眉县斜峪关村），南到褒谷口（今陕西省汉中市汉台区），沿褒水形成的褒谷与斜水形成的斜谷行走，全长约249公里。

二、陈仓道：由陈仓（今陕西省宝鸡市）出散关，沿嘉陵江东源故道河谷而行，在今陕西省略阳县境可接入金牛道进入四川。

三、傥骆道：北起今陕西省周至县西南骆峪，南到今陕西省洋县傥河河口，全长约240公里，三国时代才开通，亦是翻越秦岭距离长安最近的道路，也是最险要的。

四、子午路：从今天陕西省西安市东南的杜陵穿越秦岭到汉中的通道，是自古由长安到汉中和巴蜀的重要驿道。

南栈道指由汉中、甘肃入蜀的道路，有四条：

一、阴平道：北起今甘肃省文县的老城，翻过今四川省青川县境的摩天岭，经唐家河而到达川蜀的江油关，全长260公里。

二、米仓道：北起汉中，沿着濂水谷道和巴江谷道，翻越米仓山入蜀，南至今四川巴中境的南江县，全长240公里。

三、金牛道：是褒斜道向南延伸的道路。从汉中出发经今陕西省勉县，跨七盘关、剑门关，再越梓潼，过涪关、绵竹及雒城抵四川成都。

四、荔枝道：是子午道的延续，过汉中向南到达涪陵（今属重庆市），全程共

⊙ **蜀秦间栈道位置示意图**

1000公里。唐玄宗差人由此路给杨贵妃送荔枝，此路因而得名。

所谓“蜀道”，有广狭两义，统称以上八条道路的，是广义的蜀道；而狭义的蜀道则专指“金牛道”。“金牛道”是入川最古的道路，也是最重要的通道，在古代已很著名。对这条古道的大致走向，学术界基本已有定论，考古上也有不少遗迹可寻。人们唯独对由昭化城（古葭萌关）到古阳平关的一段存有分歧。分歧主要在金牛道自关中八百里秦川逶迤而来，出了勉县，过了阳平关后的一段，一说走朝天驿，经广元到昭化；一说后向右经平缓山道，沿白龙江支流，直抵古白水关（今四川省青川县

航拍秦岭（邓喜平摄）

汉中盆地北缘与秦岭

永红乡五里垭村），然后至昭化。后说有记载，诸葛亮伐中原，军旅往来皆由马鸣道，白龙关江岸有栈阁，名马鸣阁。剑门关蜀道是金牛道的一段。今天我们仍依稀可见四川剑门的一段完整蜀道，沿线保留有古道、驿铺、栈阁、关隘、古镇、古柏等遗迹，更留下历代丰富的历史事迹和名人纪游诗文。岁月悠悠，江山易变，这些存留至今的痕迹，都是可贵的历史文化遗产。

上书《出师表》，北伐曹魏

魏黄初七年（226年），魏文帝曹丕病死，子曹叡继位。次年，诸葛亮觉得时机已到，上书《出师表》，要求北上讨伐曹魏。《出师表》不啻是一篇蜀汉的北伐誓言，亦是传颂千古、感人至深的文章，不仅在中国，在日本和朝鲜也是人所共知。甚至中日都流行说“读《出师表》而不落泪的，一定不是忠臣”。第二次世界大战前，日本学生所用的汉文读本中，一直有《出师表》。

该年春，诸葛亮率军进驻汉中，在汉中足足做了一年的军事准备，建兴六年（228年）春，诸葛亮开始北向发动对曹魏的讨伐。由进驻汉中，到建兴十二年（234年）病死五丈原，诸葛亮人生岁月的最后八年，专心致志于实现“北定中原，庶竭驽钝，攘除奸凶，兴复汉室，还于旧都。此臣所以报先帝而忠陛下之职分也”的誓言。

诸葛亮的几次北伐，就是坊间习惯说的“六出祁山”。严格地说，诸葛亮亲自率军出击的北伐有五次，有一次是诸葛亮被动出兵，应付曹魏的来犯。至于建兴八年（230年）那一次，诸葛亮曾派魏延和吴懿率军西入羌中，在阳溪（今甘肃省天水市武山县南）大破曹军费曜和郭淮。因为非诸葛亮亲征，史著未将其算进“五出祁山”以内。另“六出祁山”的说法也不准确。五次北伐中，出兵祁山的，只是第一和第四次。诸葛亮的五次北伐中，军事形势最好的是第一次，一时势如破竹，降服了天水（今甘肃省甘谷县东）、南安（今甘肃省陇西县东北）及安定（今甘肃省泾川县北、镇原县南）。在天水的翼城（今甘肃省甘谷县东），魏将姜维阵前投降了诸葛亮军。最可惜的，是在这场战役中，先锋马谡不遵从诸葛亮的叮嘱和副将王平的劝谏，举措失宜，在街亭（今甘肃省秦安县陇城镇）兵败于魏将张郃。失去街亭，战略形势上便失去了进攻的关键据点。另外，在箕谷出兵的赵云和邓芝军，因寡不敌众，也失利撤退。全线失利后诸葛亮只好退兵。这次战役虽然失败，诸葛亮仍驻扎在汉中，继续部署北伐。自此之后，诸葛亮对战略有所调整，将其变为“攻守兼备”。建兴六年秋，诸葛亮率军出大散关，包围了陈仓（今陕西省宝鸡市东），攻城20多天未能攻下，而且粮草不继，只好撤退。撤退中设计杀死了追军魏将王双。

输粮不继，无奈撤军

建兴七年（229年）春，诸葛亮发动了第三次北伐，陈式领兵攻下了武都和阴平两郡，诸葛亮在此安抚好当地氐、羌少数民族，再返回汉中。蜀汉建兴八年七月，曹魏发动了大规模的进攻，司马懿溯汉水出西城（今陕西省安康市），曹真由子午线南下，两方会师汉中。诸葛亮由勉县赶到城固迎敌。由于连绵大雨，子午谷和斜谷道路不通，魏军只好撤兵。

建兴九年（231年）春，诸葛亮第四次北伐，包围了祁山。诸葛亮留下王平继续攻打祁山，自己率主力军，迎战由驻荆州调为西线督军的司马懿。诸葛亮与司马懿对战是从第四次北伐开始，而不是如《三国演义》所说，从北伐开始就对战。诸葛亮在上邽（今甘肃省天水市）一带打败了郭淮和费曜的魏军，接着东上迎战司马懿军。司马懿采取坚守不战的战略，以拒急于决战的诸葛亮，诸葛亮只好采用撤退诱敌战术，司马懿又采取尾随而避战的战术，只有一次迫于魏将求战而主动出击，却为诸葛亮军大败。在这关键时候，于成都调配后勤的李严输粮不继，讹称后主要求，致书诸葛亮撤兵。诸葛亮无奈只好撤军回汉中。蜀军撤军途中，司马懿命魏名将张郃追击，结果后者被木门道上的蜀军伏军用弓弩射死。

四年四次的北伐，暴露了蜀汉北伐的一大问题：道路险阻，粮运不继，各方面消耗很大。诸葛亮总结经验后在汉中积极练军、屯田和修水利，“休士养民”，并创新制作出木牛（独轮车）流马（四轮车）、弓弩等运输工具和武器。足足经过三年的养精蓄锐，建兴十二年春，诸葛亮率10万大军，以魏延为先锋，由褒斜道出斜谷口，发起了第五次北伐，而且在关陇屯田做持久战。

四月，诸葛亮的军队抵达郿县（今陕西省眉县东北），在渭河南岸的五丈原屯扎

褒斜道相关的岭、河、谷、路

秦岭绵延1600公里，南北宽200余公里，被汉司马迁称为“天下之大阻”。古人为了穿越这条山脉费尽心思，战国时已开始在河谷中凿石架木，修筑栈道，其中以褒斜古道最为著名。刘邦入蜀时曾听从张良计策烧掉此处的栈道。汉武帝时又将栈道修整恢复。东汉永平年间（58—75年）继续在此大规模修治栈道，还开凿了著名的“石门”。

褒斜道今景

《读史方舆纪要》记载：“褒斜之道。夏禹发之，汉始成之。南褒北斜，两岭高峻。”“南褒北斜”指的便是秦岭南麓的褒水和秦岭北麓的斜水。褒水长175公里，非常接近秦岭的分水岭，南流入汉江，谷口在今陕西省汉中市汉台区河东店村；斜水在秦岭山中长63公里，北流入渭河，谷口在今陕西眉县斜峪关村。

两河流经的河谷，南称褒谷，北称斜谷。三国时期褒谷多为刘蜀控制，斜谷多为魏国控制。蜀、魏都在河流流出秦岭的谷口修筑防御工事。褒谷口是汉中平原的重要屏障；出了斜谷口，则关中平原在望。诸葛亮最后一次北伐便是在斜谷口的五丈原与司马懿对峙。

褒水岸边开凿栈道时留下的、用以插入横梁的壁孔遗迹

褒斜栈道上的石梁遗迹

大营。司马懿的魏军也在渭水南岸背水筑营对峙。司马懿仍然采取“坚壁拒守”战术，以期拖垮远征的蜀军。诸葛亮遂一边“分兵屯田”，打算长期作战；一边极尽挑衅，羞辱司马懿，以求一战。这样僵持几个月后，八月，诸葛亮终于心力交瘁，积劳成疾，病死军营中，“星落五丈原”，终年仅54岁，并留下了“出师未捷身先死，长使英雄泪满襟”的千年慨叹。

诸葛亮死后，蜀军按照其临终布置，有序不乱地全军撤退。不幸的是，为诸葛亮倚重的魏延和长史杨仪两人，却私心自用，罔顾大局，竟然内讧拼斗起来，后魏延为马岱斩杀。蜀汉后期战将凋零，能战而富于作战经验的魏延被杀，如折大柱。虽然被诸葛亮看重且称赞“敏于军事，既有胆义，深解兵意”的姜维主持了军政，其承诸葛亮遗志，坚持北伐中原，前后共九次，但蜀汉显然已是强弩之末。

诸葛亮在汉中

诸葛亮入川，主政成都超过十年，而生命的最后七八年，主要是在汉中度过，死后遗愿亦是葬于勉县的定军山。汉中尤其是勉县，是诸葛亮北伐的大本营，所以留下他的遗迹最多。

诸葛亮是沿着金牛道的剑阁路进入汉中的，屯兵于汉中勉县的阳平、白马（今勉县老城古阳平关、定军山、天荡山）一带。甫扎下作为北伐大本营的军寨，诸葛亮即在马岱等的陪同下，到距古阳平关大约4公里的马超墓祭拜（马超死于222年）。建兴五年（227年）六月，又在汉中屯田修栈道，训练将士在山中作战，并练兵备战了一年。因为关羽死、荆州失，“夷陵之战”惨败，断绝了由荆襄出宛洛的另一路，形势变动之下，诸葛亮在汉中策动的北伐，仍尽可能贯彻他在“隆中对”中制定的“西和诸戎”“以向宛洛”两项策略。诸葛亮先在西北联系羌、氐，取得凉州羌、氐，甚至是陇右地区鲜卑等少数民族的呼应。在汉中东面，则争取已投降了曹魏、据汉江北岸上庸（今湖北省竹山县东南）的孟达。但孟达被司马懿得知有叛魏意图后，遭到突袭败亡，诸葛亮无法执行由汉水出襄樊攻宛洛一路的北伐战略，只好全力推进跨越秦岭一路北伐的战略，试图以弱对强，以攻对守，这在军事上是艰难的。

建兴六年至建兴十二年，蜀汉与曹魏间发生的大小战役有六七次。诸葛亮以汉中为大本营，先后出击曹魏的北伐有五次，都由其亲自率军和指挥。受《三国演义》故事的影响，人们习惯称诸葛亮北伐为“六出祁山”，这一说法将建兴八年秋，曹魏举大军伐蜀，诸葛亮率军于勉县以西的城固（今陕西省城固县）和赤阪（今陕西省汉中市洋县龙亭山）布防抵御的一次算了进去。在诸葛亮真正主持的五次北伐中，第一及第四次都是由汉中向西北上西凉之路，再指向祁山的 。

⊙ **姜维北伐简表**

战役次序	年份	事件	主战方	迎战方	结果
1	延熙十六年（253年）	姜维率领数万蜀军出石营，围狄道	姜维	陈泰	陈泰胜
2	延熙十七年（254年）	魏狄道长李简秘密请降蜀汉。六月，姜维从陇西攻入狄道，进拔河关及临洮。姜维与魏将徐质对垒，徐质杀蜀将张嶷，蜀兵退	姜维	李简 徐质	徐质胜
3	延熙十八年（255年）	八月，姜维率领蜀兵数万人由枹罕趋狄道。魏雍州刺史王经被姜维大败于洮西，姜维围狄道。魏将邓艾与陈泰联手营救，陈泰进军经高城岭至狄道，双方交战。九月，陈泰还屯上邽；姜维退驻钟提	姜维	王经 陈泰	姜维胜 陈泰胜
4	延熙十九年（256年）	七月，姜维率兵出祁山从董亭取南安。邓艾占据武城山抗拒，姜维不克。夜渡渭水东行拟取上邽。邓艾大破姜维于段谷，蜀军死伤者众。蜀人怨恨。姜维自贬黜	姜维	邓艾	邓艾胜
5	延熙二十年（257年）	姜维闻魏关中兵赴淮南，欲乘虚向秦川，率数万人出骆谷，至沈岭。司马望及邓艾坚守长城，与姜维对垒于芒水	姜维	邓艾	邓艾胜
6	景耀五年（262年）	十月，姜维攻入洮阳。邓艾与姜维战于侯和，姜维退往沓中，不敢归成都	姜维	邓艾	邓艾胜

专题20 诸葛亮五出祁山

（1）第一次北伐：建兴六年春

建兴六年春，诸葛亮扬言由斜谷（今陕西省眉县西南，旧褒城）出兵，攻打郿城（今陕西省眉县北）。由赵云和邓芝领军1万人，经箕谷（箕谷在太白岭之西坡）出斜谷道（今陕西省眉县西南）出击长安。这其实是诸葛亮“声东击西”的疑兵战术，旨在以赵云一路偏军，牵制曹真在郿县的10万大军。

诸葛亮此次北伐的战略重心是在祁山（今甘肃省礼县东）。祁山道是由阳平关经沮县（今陕西省略阳县东），一直向西北而到达祁山。祁山道从西侧绕过秦岭，不用跨过秦岭主脉，但路线迂回，所以由诸葛亮亲率主力部队6万大军，西出祁山地区的西和及礼县。诸葛亮先以魏延先锋，集兵于祁山之南的武都郡，然后出击安定（今甘肃省镇原县境内）。[1]兵锋所及，天水（今甘肃省甘谷县东）、南安（今甘肃省陇西县东北）、安定（今甘肃省泾川县北、镇原县南）等郡皆叛魏响应蜀军。蜀军在祁山堡（今甘肃省陇南市礼县祁山镇）安营扎寨，祁山堡是第一次北伐的前线司令部所在。

曹魏派大将张郃，率5万兵开赴前线。另在洛阳组织了30万后续部队。张郃军由长安出发，到固关（今陕西省陇县），经大震关（今甘肃省清水县东陇山东坡）过陇山、张川县的陇山镇、秦安县陇城镇等地，到了天水东北。张郃所走的正是著名“丝绸之路”的南路东段。蜀汉的马谡率先锋部队与张郃军在关陇大道上的军事重地街亭对峙，马谡不遵从诸葛亮事前既定的部署，也不听副将王平的劝阻，将大军驻

[1] 有研究者指出，第一次北伐，魏延所率军队才是先锋部队，并平定南安、天水和安定三郡，并非由马谡担当大军的先锋。

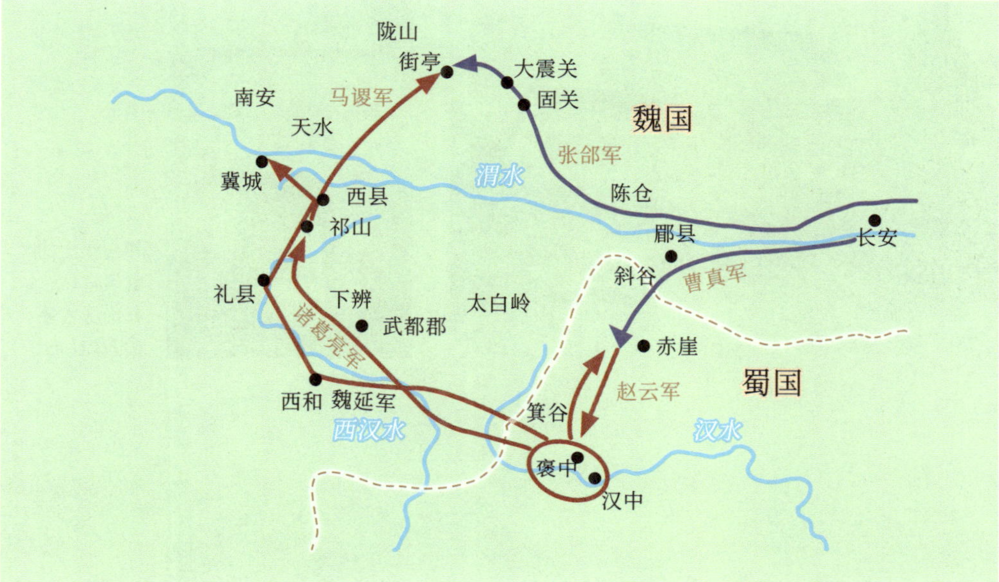

⊙ **第一次北伐路线示意图**　　—— 曹军　—— 蜀军　---- 魏蜀边界

远眺祁山堡

祁山堡是祁山山脉突起于汉阳川的一座土塬。四面陡峭如削，唯西面有进口，沿曲折小径可攀援到山顶。堡东9公里为卤城（今甘肃省礼县东部），堡西南为川口村，是出入巴蜀的隘口。山顶是面积2000平方米的开阔地，西南角有洞穴通西汉水河畔。

❶ 观阵堡方向　❷ 祁山堡台基
❸ 祁山武侯祠　❹ 西汉水
❺ 礼县方向（西）

祁山堡上的武侯祠（左）祁山堡古堡的入口（右）

观阵堡
传说诸葛亮曾在此观察军事形势。

扎于街亭南山的高坡上。张郃扎军于山隘的平地，包围南山。蜀军在山上曝晒缺水，兵士困乏不堪。在张郃军猛攻之下，蜀军溃败，只有王平领兵突出重围，街亭失守。

街亭之战时，诸葛亮坐镇西县（今甘肃省天水市西南），在冀城（今甘肃省甘谷县）收降了姜维，而马谡率领的先锋部队已失街亭。街亭是蜀军进军关中的前沿攻防要塞，失掉它对蜀军的军事形势大大不利。诸葛亮只好撤退，在天水重新部署组织力量，打败追击张郃，并迁西县民众千余户返汉中，但南安、天水、安定三郡随之失去。

赵云出褒斜道军（郿县至褒城的一线），据箕谷（今陕西省宝鸡市南）。曹叡亲自坐镇长安。魏曹真迎战，赵云等以兵寡而败于箕谷，仍能保住粮草，全军而退。

诸葛亮第一次北伐便得到魏地三郡的响应，关羽北攻襄樊，也有魏郡响应，可见蜀汉政权对魏地居民还是有相当的号召力。诸葛亮在“隆中对”中分析形势，最后一句谓“百姓孰敢不箪食壶浆以迎将军者乎”，表明他不仅在军事上，也在政治上做过考虑。

魏延曾建议领兵5000人出东北子午，直趋长安，论者大有以此讥诸葛亮用兵保守之短。但从诸葛亮第一次北伐，曹军迅速动员几十万大军，分几路部署应战的能力来看，魏延的五千奇兵突袭，以寡敌众，是无胜算的。诸葛亮自然要以尽量保存实力为上策，不能抛之一注。看后来的几次北伐，其虽不能胜，却大都全身而退，从而可理解诸葛亮“要保全实力”的基本战略思想。蜀汉属小国寡民，到北伐之时，除老将赵云外，已无一线大将，而对手的曹魏，一线大将云集。这是通晓军事的诸葛亮不能不考虑的因素。

检讨诸葛亮的五次北伐，以第一次形势最好。即使无街亭之败，蜀军也不可能毕于一役，直捣洛阳。诸葛亮自第一次北伐，即取祁山一路，反映他的战略是由陇入关，非单纯从军事上考虑，而是也结合了政治方面——军事上采取逐步蚕食的战略，政治上则争取人心、等待机会，这是诸葛亮在魏蜀国力和军事力量强弱悬殊的情况下采取的万全战略。

街亭古战场全景

街亭原名街泉亭，地名最早见于《三国志》。街亭位于陇山西口略阳川中游，东距陇山大道陇坂60公里，西距今甘肃省秦安县50公里，南距天水63公里，北距水洛（今甘肃省庄浪县城）30公里。东西向为一条长50多公里的狭长通道，有“秦陇咽喉”之称，又有“五路总口”之名。所以街亭是西出陇山的第一重镇，兵家必争之地。历代关陇地区有战事，双方必争街亭；从中原的角度而言，街亭得失，关乎关中的安危。 ❶ 西沟

东望街亭古战场
❶ 陇城镇 ❷ 街亭水源
❸ 关陇大道 ❹ 街亭南山
❺ 东侧山沟

⊙ 街亭的水源位置

⊙ **街亭南山**

今天秦安县的陇城镇即《魏书·地形志》中所说的略阳城故地。从这里东至张家川县龙山镇一线是清水河的开阔河谷。河谷南北两侧是连绵土山。南边山上相传就是当年马谡“违亮节度”“依阻南山”“舍水上山，举措烦扰”的战场，如今建有纪念亭。

❶ 东侧山沟　❷ 街亭南山　❸ 防御缓坡　❹ 西侧山沟　❺ 陇城镇

（2）第二次北伐：建兴六年冬

建兴六年春，赵云去世，同年秋，曹休在石亭（今安徽省潜山市东北）败于陆逊。是年冬，诸葛亮出兵大散关（今陕西省宝鸡市南大散关村），让魏延率领两三万兵攻打陈仓（今陕西省宝鸡市东北）。陈仓是秦岭唯一扼守渭河东流入关中的要地，但魏主帅曹真已有准备，以郝昭守陈仓。郝昭守城20天，蜀军不能克，因为缺粮，亮遂退兵。退兵时，魏援军已到，亮军斩杀追击的魏将王双，退回汉中。楚汉相争时，刘邦和韩信自汉中"暗度陈仓"出攻关中，还有曹操征伐张鲁都经此道。

陈仓法门寺

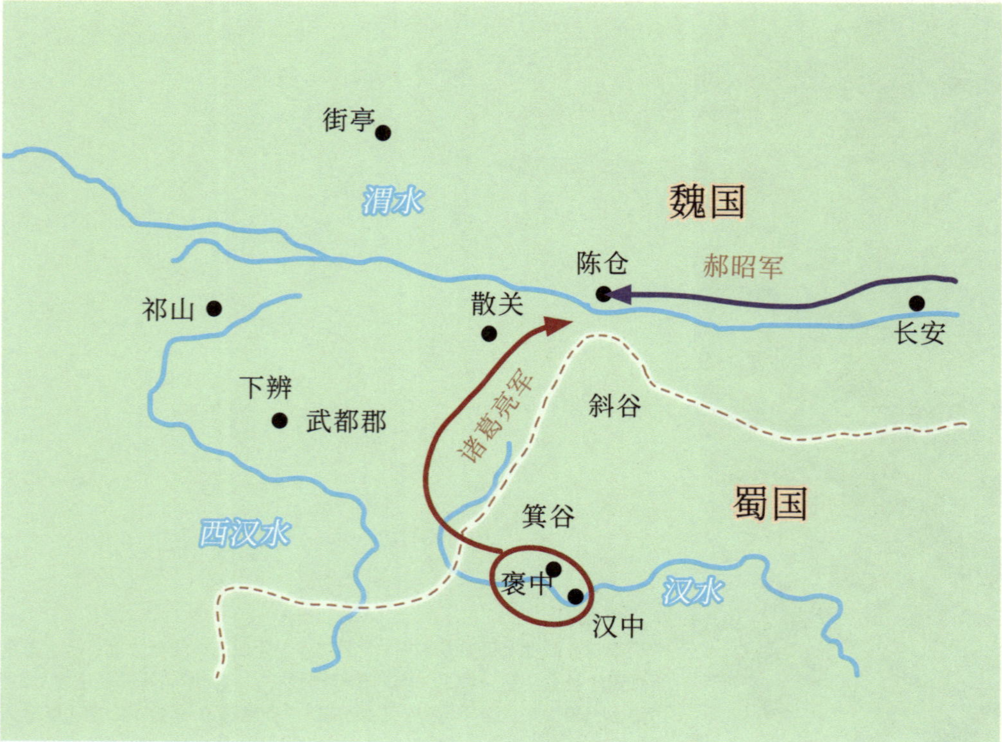

第二次北伐路线示意图

宝鸡郝昭城遗址残存

虽过去近2000年岁月，细看城池古时模样依然可见。

宝鸡北塬的陈仓城遗址

北塬之上的陈仓村

秦汉陈仓城所在地现在是陈仓村。

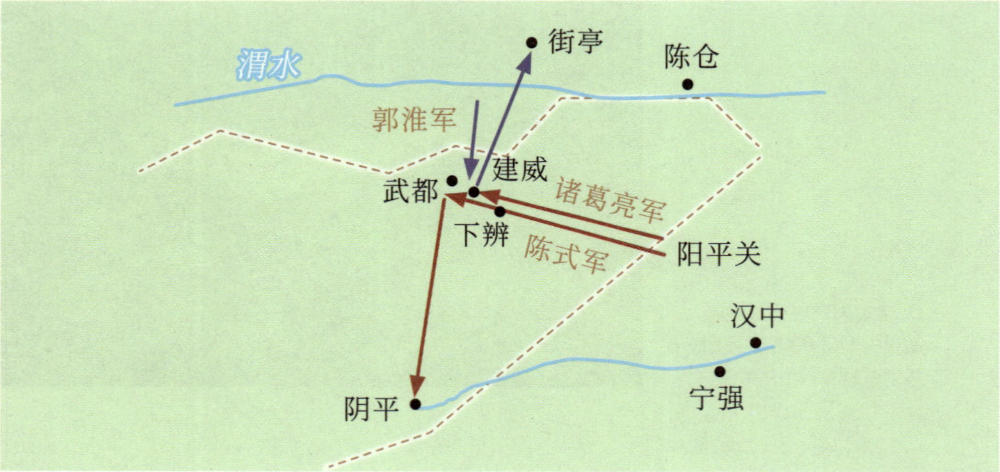

⊙ 第三次北伐路线示意图

（3）第三次北伐：建兴七年春

建兴七年春，诸葛亮以出征汉中和夷陵的宿将陈式率兵2万，出阳平关，经沮县，向西北攻武都（今甘肃省成县的西北），再转西南攻阴平（今甘肃省文县西北）。魏将雍州刺史郭淮出击陈式，亮亲自率军至建威（今甘肃省西和县北）阻击郭淮，逼迫郭淮退守街亭。蜀夺取了武都和阴平二郡。亮安抚此地的氐、羌少数民族，然后回军勉县。诸葛亮第三次北伐经过阴平、武都和建威，属甘肃南部一带，大获全胜。蜀遂拥有今日甘肃的徽县、成县、康县、西和、两当、宕昌、武都、文县、舟曲及陕西的凤县、略阳等广大地区。诸葛亮恢复丞相位。

建威就在从沮县经武都往祁山的途中，后来张翼迁督建威，姜维在此建立像石门和武卫一样的围守。阴平，为益州广汉郡的属国，武都则属凉州。自刘备占汉中，十多年间虽然蜀军屡经武都，但并未将氐、羌族居住的武都和阴平正式收入版图。蜀汉北出陇右的要道，在武都境内。而阴平地近梓潼，距蜀汉核心地带不远，因此取得武都和阴平对蜀汉的攻击与防守都重要。武都平定确保了出师祁山之路。武都另有路通往石营（今甘肃省西和县西北）。姜维于延熙十六年（253年）第四次北伐，就是出石营到北面的董亭（今甘肃省武山县南）围攻南安县（今甘肃省陇西县东），陈泰援军董亭北方的洛门（今甘肃省武山县东）。

从梓潼经阴平出建威向东北直到段谷（今甘肃省天水西南）的衙岭（今五里坡），是一道南北延伸的山梁。山梁东侧垂直下沉，由坡底上到山顶，仅有5里路，所以有“五里坡”之称。这里是关中和汉中的自然分界线，也是三国魏蜀的边境线，由于身处秦岭主峰太白山下，也成为长江和黄河的分水岭。

相传这处就是“死诸葛吓走活仲达（司马懿）”处。川道因司马懿仓皇逃跑而有“桃川（逃川）”之名。杨仪率军撤退，司马懿领军追赶。姜维令杨仪反旗并鸣鼓，状若向司马懿军进攻，司马懿军乃后退，不敢迫近。杨仪结阵退去。进入峡谷之后，才为诸葛亮发丧。

武都是蜀汉出西北征伐关陇的军事要地，是中世纪极有名的地方，位于甘肃南部嘉陵江上游——这是一片山区，本属氐族人故地。汉武帝元鼎六年（公元前111年）开置为武都郡，汉末曹魏初时，氐人杨腾之子杨驹为部落大帅，徙居割据此地的仇池山区，直到北魏孝文帝时，这里才完全为中央政府控制，其割据状态存在了200年。

仇池山在武都郡的西境，共土地百顷，四方壁立，峭绝险固，东西有二门的盘道长达7里。山在沧洛水之间，去汉水不远，山顶略呈方形，有池，山下周围数十里，河水冲击形成下石上土的地貌。山上有小平原，面积百顷，土地肥沃。杨氏便是于此招徕四方避难之民，建土墙板屋使得居民达数万家。

“魏晋南北朝时代，强者固结乡党自建坞堡，而弱者不乏逃避深山，度其遗世独立的生活。”东汉末的仇池山便以氐人极大型的坞堡割据著称，之后则以避隐胜地名世。（参考严耕望《严耕望史学论文集（上）》）

衙岭遗址

（4）魏国反攻蜀国：太和四年（230年）春

曹休死后，魏明帝于太和四年起用曹真为大司马。同年七月，曹真和司马懿领兵，分三路直逼汉中。东军司马懿由西城（今陕西省安康市西北）溯汉水而上；张郃由子午谷（今陕西省西安市子午镇）南下；曹真率20万大军，由斜谷进攻汉中。诸葛亮率军由沔阳的汉城出发，屯兵于城固（今陕西省城固县）和赤阪（今陕西省洋县东龙亭山）以待敌；李严又领3万兵增援，以守为主。

八月遇上30天连绵大雨天气，栈道被冲坏。张郃在斜谷因大雨，与曹真失去联系，欲返郿县；司马懿也因汉水大水留在豫州。魏军只好撤退。同年，亮派魏延、吴懿西入羌中（今甘肃省临夏回族自治州），魏羌中大将费曜、雍州刺史郭淮拒魏延于阳溪（今甘肃省武山县南），为魏延击败后，退守祁山。魏延遂以功晋升为前军师征西大将军，吴懿为左将军。这次蜀魏间的几大战役，在蜀一方是防守，非出征，亦非由诸葛亮统率北征，故未算在“五出祁山”之内。

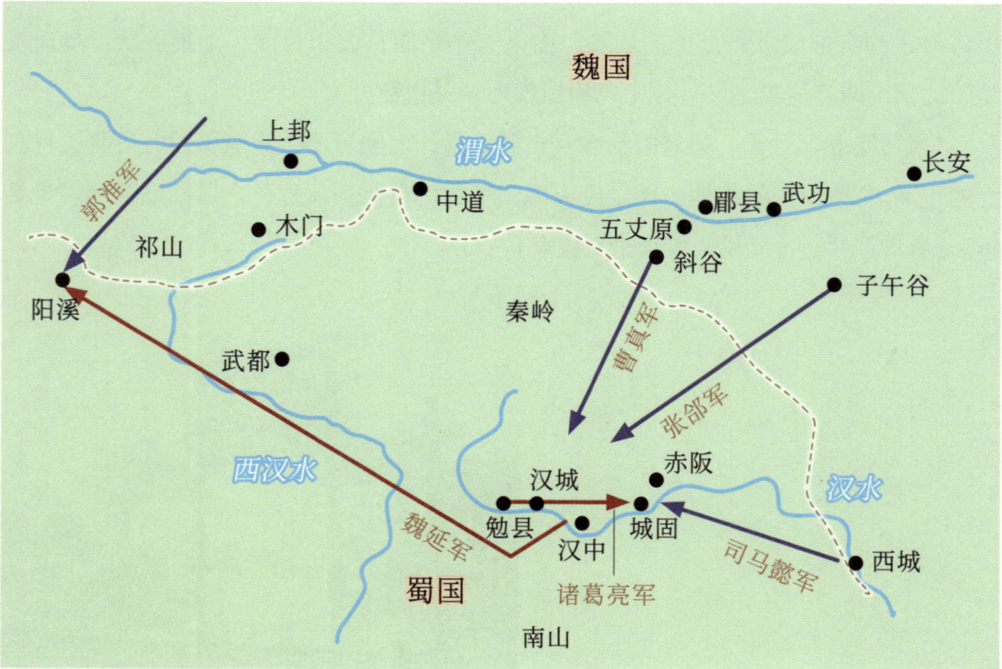

⊙ 魏国反攻蜀国路线示意图

(5)第四次北伐:建兴九年春

建兴九年春,诸葛亮率杨仪、姜维、魏延、高翔、吴班和王平等,统领10万大军北伐祁山,在武都和阴平集结。总结上几次粮草供应不继的经验,诸葛亮发明和建造了木牛流马运粮。诸葛亮首先打败救援祁山的郭淮和费曜,魏军几全军覆没。诸葛亮留王平守卫祁山,自己继续向东进军。蜀军不但抢割了上邽一带的小麦,也借机芟割了卤城一带的麦田。

魏明帝再调驻守荆州的司马懿督军西线,领10万大兵西出,接任在凉州病危的曹真,随军的有大将张郃。诸葛亮率军迎战司马懿,先打败镇守上邽(今甘肃省天水市)的曹军,再东上迎战赶到上邽的司马懿军,并汇合了魏延和姜维军,准备与司马懿决战。懿坚守不战,亮驻兵在渭河畔。不久,亮故意撤退,先撤到西县、祁山一线,又相持了一段时间才南退。西撤汉阳时,与魏军曾交战。诸葛亮再率军南走到卤城(今甘肃省天水西南),魏军追兵至卤城,并继续采取避战策略,与蜀军

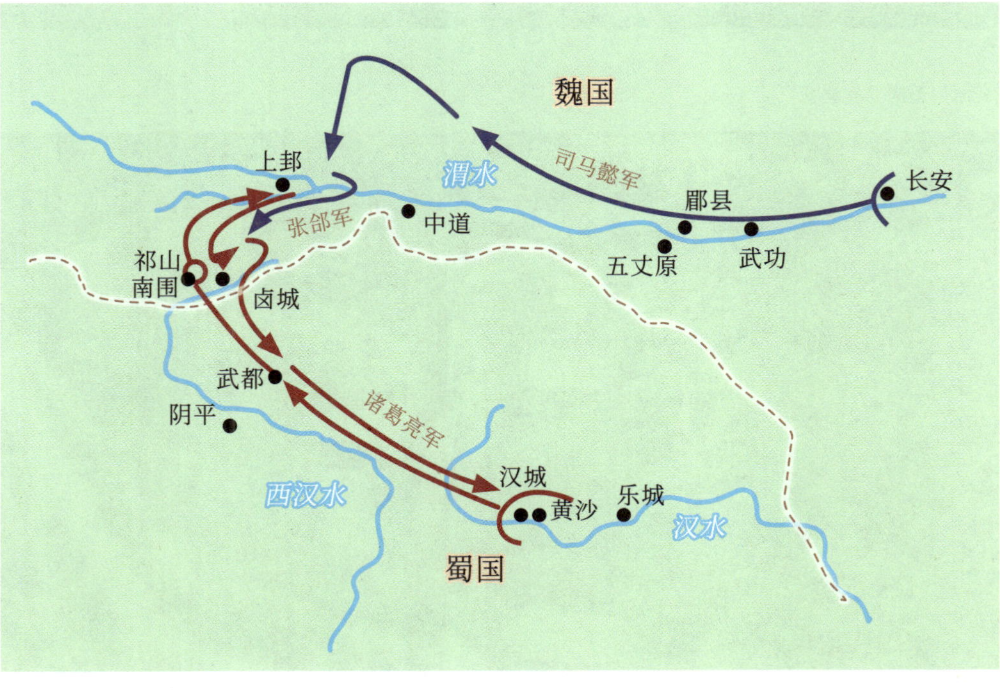

⊙ 第四次北伐路线示意图

木门道武侯祠全景

相持。魏将兵为亮挑衅折辱，诸将请战，懿仍然坚守，延至五月始令出击。在卤城，魏延、高翔和吴班迎战出击的魏军，魏军溃败。司马懿和张郃退守屯营。亮正欲推进，李严因雨天延误了粮草运输，谎传刘禅要退兵，亮只好率军撤退。司马懿率张郃穷追至木门，木门道是上邽到祁山的必经之路，司马懿不听张郃之言，督促其继续追赶。蜀军在木门道最狭窄处据高布伏，待张郃率军冲过，弓弩齐发，飞矢射中张郃右膝，张郃伤重殒命于乱军之中。蜀将魏延、高翔和吴班在中道（今赤峪沟往天水镇一道）时，司马懿亲自率军迎战，被蜀军大败，只好退回上邽。蜀军也退回阴平。

木门道最狭处

木门道最狭处，蜀军在此以弓弩伏杀张郃，当时两山坡未开发成田地，容易藏伏兵。
❶ 王家梁山 ❷ 稠泥河 ❸ 射杀张郃处 ❹ 木门谷武侯祠 ❺ 旋帽梁山

木门道北望

木门道是沿木门谷而行的道路。木门谷东侧是王家梁山，西侧是旋帽梁山，中间是向南汇入西汉水的稠泥河，东汉名将段颎为防止羌、氐进犯，曾在此用巨木修筑过长10余公里的栅栏，这里因而得名。
❶ 旋帽梁山 ❷ 稠泥河 ❸ 王家梁山

（6）第五次北伐：建兴十二年春

建兴十二年春，诸葛亮先约吴攻魏。五月孙权率10万大军攻魏合肥新城，明帝亲率大军迎敌，七月吴失利败退。初夏四月，诸葛亮亲率10万大军由褒斜道出斜谷。蜀军以魏延为先锋，由斜谷到渭水岸的郿县（今陕西省眉县及岐山部分），距武功西10里，屯渭水之南。亮自率主力在五丈原（今陕西省宝鸡市岐山县南）布营塞作为前线司令部。

修建于后世的五丈原诸葛亮庙内立有石碑，碑内嵌有落星石

魏以司马懿为总统帅，连同长安抽调的兵力，达30万。司马懿大军渡过渭河，背水为垒，与蜀军对峙，坚守不出战。诸葛亮便在太白山丘陵屯田，食粮自足，也准备长期作战，并不断寻找机会挑衅司马懿。魏明帝派辛毗为监军，禁出战。到八月，双方已相持百余日。诸葛亮却在当月二十三日一病不起，星落五丈原。蜀军按诸葛亮生前的作战部署，有条不紊地撤退。司马懿犹疑不决地尾随追赶至褒斜道中间的赤岸，没能追上。诸葛亮在汉中八年部署，五次北伐，终“鞠躬尽瘁”“出师未捷身先死”！

五丈原诸葛亮庙今景

五丈原诸葛亮衣冠冢

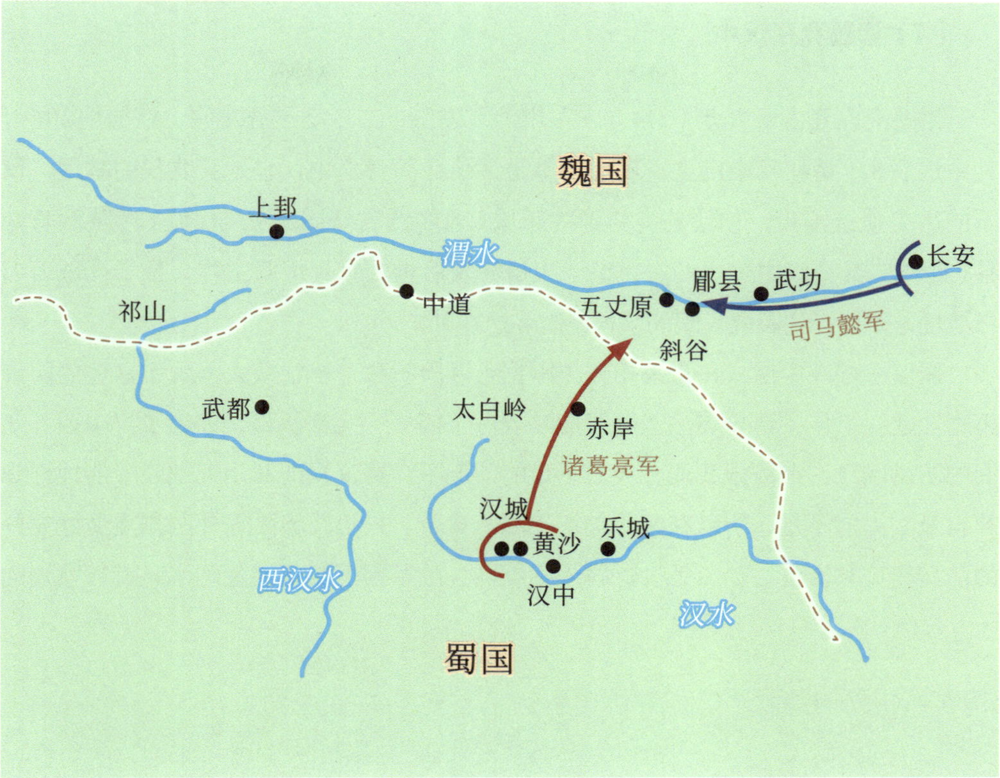

⊙ 第五次北伐路线示意图

五丈原今景

（7）诸葛亮在汉中

诸葛亮在建安十九年（214年）入川，到建兴十二年卒于五丈原，在蜀地20年，其中最后8年是在汉中度过。汉中不单是诸葛亮葬身之地，也是其北伐的基地，留下的历史遗迹不少，如诸葛亮新建的乐城（今陕西省城固县）及汉城（今陕西省勉县）两城。其在汉中休士劝农，留下大量泽及后世的水利灌溉工程。位于汉城著名古战场定军山、诸葛亮长眠的武侯墓也名声在外。

蜀汉占领汉中后，一直采用在外围据点以险抗敌，不让敌人入汉中盆地的防御策略。建兴七年，诸葛亮派遣陈式成功攻占了阴平、武都两郡，扩大了汉中西、北面的防御区域。在敌强我弱、人力不足的情况下，蜀汉只能利用蜀地险峻的地理弥补自身实力的不足，所以在阳平关、赤崖、黄金、兴势及赤阪等外围据点做好充分的防御措施和准备。倘若丢失这些外围据点，敌军则可驱军通过沔水，直入益州的

北边门户——阳平关。因沔水南岸无阻击的地势，于是诸葛亮新建乐城及汉城作为后备据点，以应付失去外围据点时形成的军事压迫。

在西面，于临近阳平关的沔水南岸新建的汉城，可以阻击经陈仓道、褒斜道入侵的敌人。在东面，在城固斜对面沔水南岸上新建的乐城，可抵抗从子午谷、傥骆道或西城方向入侵的敌军。

建兴八年，曹真接替曹休升迁为魏国的大司马，率军兵分两路征讨蜀汉：曹真、张郃等从子午谷入蜀；司马懿从西城逆沔水而上。诸葛亮立即加强城固（今陕西省城固县）、赤阪（今陕西省洋县东）等军事要地的防守，还让李严由巴郡率领3万人入

汉城附近今景
三国时的汉城如今已无踪迹，只留下传说。

从天荡山望汉中盆地
❶ 秦岭山脉 ❷ 汉中盆地 ❸ 勉县城区 ❹ 汉水
❺ 定军山 ❻ 巴山山脉 ❼ 山后阳平关

⊙ **褒斜示意图**

— 汉魏褒斜道　— 陈仓道（故道）　— 赵云烧毁的一段褒斜道

汉中支援。因为雨季，大雨连下30天，曹军用一个月才行进一半路程。曹叡采纳朝中大臣们的意见，下令撤退，曹真无功而返。乐城和汉城建筑仅一年，就遇上了诸葛亮所预计的来自曹魏的攻击，幸好诸葛亮早就做了防卫部署。

赤崖一带今景

今日江口镇有较宽阔的地域，看似是可用作屯田的地方。褒斜道途中有西汉名相萧何“月夜追韩信”的地方，还有张良隐居的张良庙。相信赤崖这一带也是楚汉之争时期刘邦的战略重地。

诸葛亮还留下了关于赤崖宝贵的第一手资料。赤崖又称赤岸，是褒斜道自今陕西留坝县江口到今陕西太白县王家堎镇的一段，栈道基本是沿着红岩河边开辟的。诸葛亮曾有两封信写给其在东吴的大哥诸葛瑾。一封信说“前赵子龙退军，烧坏赤崖以北阁道。缘谷百余里，其阁梁一头入山腹，其一头立柱于水中。今水大而急，不得安柱，此其穷极，不可强也”（《与兄瑾言赵云烧赤崖阁道书》），又在另一封信说“顷大水暴出，赤崖以南桥阁悉坏。时赵子龙与邓伯苗，一

褒斜道上的栈阁

汉中渠堰与木牛流马

“自古汉中多渠堰”，其中最具代表性的当属世界灌溉工程遗产“汉中三堰”：山河堰、五门堰和杨填堰。诸葛亮移驻汉中休养生息准备北伐时，曾设有专门管理灌溉设施的官员，并号令众人在此制作木牛流马，辅助战事。

山河堰汉惠渠

秦岭山下的汉中农田

勉县山河堰遗址

孔明耕战屯田的地方，以后各代在此“踵迹增筑”。

成赤崖屯田，一成赤崖口，但得缘崖与伯苗相闻而已”（《与兄瑾言大水赤崖桥阁悉坏书》）。

合两封信，赵云在第一次北伐败退，为断魏军南下之路，曾烧掉赤崖以北栈道，其次蜀以赤崖一带戍军捍卫汉中，并在赤崖附近屯田。《三国志》中裴松之注引《云别传》说赵云败退，尚带回军资余绢，诸葛亮欲分赐将士，赵云却认为，军事既不利，何能有赏赐？并请诸葛亮将物资全部收纳入赤崖府库。如此看来，赤崖屯田戍卫并设有府库，是在第一次北伐前。将赤崖作为防卫汉中的基地，且动用了赵云和邓芝两名大员，反映了诸葛亮对赤崖的重视。

诸葛亮制木牛流马处

今勉县黄沙镇黄沙街东头是诸葛亮造木牛流马处。此处是南靠汉江、东依黄沙河的三角地带。诸葛亮曾率兵于建兴九年春二月在此制造木牛流马，次年于此处休士劝农，教兵演武。图中为当地为此建造的纪念碑、亭，坐南向北，时有当地村民敬香于碑前。

木牛流马的各种复原模型

按历史记载而设计还原的各种木牛流马模型。

诸葛亮长眠定军山

汉中定军山位于今勉县城南5公里处，是魏蜀交战的古战场之一。建兴十二年，诸葛亮病逝于五丈原，蜀汉朝廷按诸葛亮遗命，将其归葬于定军山下。因诸葛亮死后被追谥为“忠武侯”，千百年来人们称其墓为武侯墓。钟会入蜀，攻占汉中，经阳平关，特遣人祭诸葛亮之墓。

定军山下武侯墓山门

定军山诸葛亮读书处

诸葛亮读书的独特之处是观其大略，即读通书的要旨。这与其友人石广元、徐元直、孟公威等务于精熟的读书方法截然不同。（《三国志·诸葛亮传》）陆游《读书》诗说诸葛亮“读书本意在元元（黎民百姓）”，意即诸葛亮读书是为经世济民。

定军山武侯墓献殿大堂内的纪念匾额

武侯墓坟亭及墓碑

第五节 魏晋故事 篡弑相寻

景初三年（239年），才35岁的明帝曹叡病重。病中，曹叡反复受近臣刘放和孙资的唆摆，遗诏托付平庸的曹爽为大将军，假节钺，都督中外诸军事，录尚书事，并与老谋深算的太尉司马懿共同辅助继位的养子曹芳。

司马懿暗中部署

辅政之初，曹爽和司马懿尚能相让相重，“宣王（司马懿）以爽魏之肺腑，每推先之，爽以宣王名重，亦引身卑下，当时称焉”（《三国志·曹爽传》）。不久，两人嫌隙日生。曹爽擢用何晏、邓飏、丁谧、李胜、毕轨等一批名士，置为心腹。这批人谋划让曹爽独揽大权，挤迫司马懿。

经多方设计，这批人逐渐取替朝中大臣的权力。被架空为太傅的司马懿忍隐不发，以退为进，却紧握兵权。司马懿也不顾年事已高，于正始二年（241年）和正始四年（243年）两次亲自南征对抗孙吴的进犯，在军队和朝野间树立了威信。相反，在正始五年（244年），邓飏等人“欲令（曹）爽立威名于天下”，草率发军10万入汉中，西出征蜀，结果遭蜀将王平截击，不得而进。而关中氐、羌等地的运输供应不上，致“牛马骡驴多死，民夷号泣道路”，只好退兵，过程中又失亡甚众。曹魏朝内的内争，不因曹爽征蜀失利与司马懿之阻止孙吴外患而减缓。曹爽集团继续加大对司马家势力的打击。司马懿老谋深算、阅历丰富，在形势不利的情况下继续韬光养晦，其实与儿子司马师暗中做好了防范和反击的部署。终于在正始十年（249年）正月初三，趁曹爽兄弟与少帝曹芳出京城拜祭明帝曹叡陵寝高平陵，司马懿和司马师突然发动政变，毫不留情，赶尽杀绝，彻底消灭了曹爽集团。自此曹魏朝政大权尽归司马一族。

曹爽集团骄奢纵欲

司马家擅政之初，忠于曹氏或不忿司马氏把持朝柄的各种势力纷纷起事，令政局不稳。嘉平三年（251年），年届73岁的司马懿亲率大军，南伐早有预谋要反的征东大将军、都督扬州诸军事王凌。结果，王凌自杀，而被牵涉其中的曹丕异母弟——在淮南的楚王彪（即曹植名著《赠白马王彪》的曹彪）亦自杀而死。司马懿家的权势更牢固了。

曹爽与司马懿的斗争，除了缘于曹爽集团对司马懿的排斥和打击，曹爽集团中人也多“少不更事”、弄权擅政之辈，惹起朝野不满，使人心倾向司马氏。如再深究，也反映了曹魏以来暗潜于朝野，主张传统儒术的“名门”与倡导玄理新说的“浊流”的思想斗争。[1]嘉平三年八月，司马懿病死。大儿子司马师为大将军辅政，加侍中，持节、都督中外诸军、录尚书事，掌握了朝中军政大权。司马师主政期间，虽然政治斗争激烈，但政局仍在其掌控之内。嘉平六年（254年），中书令李丰与张皇后父亲光禄大夫张缉等密谋诛杀司马师。事泄，司马师废掉曹芳和张皇后，立14岁高贵乡公曹髦（曹叡弟弟曹霖之子）为帝。

正元二年（255年），镇东将军毌丘俭和扬州刺史文钦在寿春出兵讨伐司马师，渡淮河进驻项（今河南省项城市东北）。司马师率10万大军，并以王基、诸葛诞及邓艾等分兵反击。最后毌丘俭被杀，文钦逃降东吴。司马师得胜回师，却在许昌病死，时年48岁。弟弟司马昭拜为大将军、录尚书事、大都督，假黄钺，续掌曹魏军政大权。

大将军、录尚书事、大都督、假黄钺

从东汉末年的汉朝廷，到曹魏以及刘蜀，凡执掌最高权位者都有以上所示的封号，总而言之，总揽内外军政大权。具体名号的职分简列如下：

◎大将军：汉代沿战国时的设置，是统军最高的职位。三国时大臣秉政，多加以大将军之号，是三军最高统帅的军职。

◎录尚书事：汉武帝以后，中央行政均归尚书处理。东汉章帝时始设录尚书事，和帝之后为常制，位在三公之上。录是总领的意思，即独揽政治大权，无所不总。

◎大都督：三国魏、吴在战时临时设置，冠以名号，初作为加官，统领兵事。魏末成为常设官职，在都督中外诸军事之上，地位极高。

◎假黄钺：钺（音悦）以黄金饰斧，色黄，所以称为黄钺。本意是指天子銮驾仪仗，亦用此以表征伐。假者，意指摄取、代理。假黄钺是魏晋南北朝时期皇帝对于一个大臣的信任，授其可诛杀大将的特权。

[1] 何兹全：《图文本三国史》，香港：商务印书馆，2013年。

魏帝曹髦以死殉愤

晋武帝司马炎

甘露二年（257年），王凌、毌丘俭相继叛反而被诛杀，征东大将军诸葛诞因而“惧不自安”，便“结众心”“养死士”以自防。司马昭的心腹贾充曾试探诸葛诞对司马氏代魏的意向，诞表态说，“若洛中有难，吾当死之”，坦言反对。司马昭因此升调诸葛诞回京任司空之职，意图迫逼诸葛诞作反，借此讨伐。诞遂举兵反叛，并联结东吴抗守于扬州。司马昭亲率26万大军南征。经几个月对抗，诸葛诞兵败被斩杀。司马昭镇压了诸葛诞后，篡魏之心已“路人皆知”。甘露五年（260年），司马昭再晋为相国，封晋公，加九锡。受尽委屈心中怨恨的魏帝曹髦，竟亲率宫内几百左右侍从，出宫击昭，以卵击石，以死殉愤。此种举动史上罕见，也算壮烈，曹髦死时才20岁。有学者称之为“用生命换取尊严”（鲲西《高贵乡公之死》），司马昭又立燕王曹宇之子、15岁的陈留王曹奂为帝。咸熙二年（265年），司马昭死，子司马炎嗣为相国和晋王。

由正始十年司马懿杀曹爽，再经司马师、司马昭的一连串整肃、威迫和阴谋诡计，司马家的政敌被诛杀殆尽。终在咸熙二年十二月，司马昭之子司马炎逼魏王禅位，情况一如“汉魏故事”，假托禅位美名，实则是篡夺，魏遂亡。对曹魏之篡夺汉室，司马晋之篡夺曹魏，近代史学大师钱穆有一段不易的论述，说：“曹家政权的前半期，挟天子以令诸侯，借着汉相名位铲除异己，依然仗的是东汉中央政府之威灵。下半期的篡窃，却没有一个坦白响亮的理由。……攘夺政权的后面，没有一个可凭的理论。”

至于司马氏：“暗下勾结着当时几个贵族门第再来篡窃曹氏的天下，更没有一个光明的理由可说。……司马父子之权谲狠诈。……佐命功臣如贾充、王沈之流，皆代表门第，而私人道德极坏无比。……他们全只是阴谋篡窃，阴谋不足以镇压反动，必然继之以惨毒的淫威。”最后钱穆说，曹操之对汉献帝与伏后，后来司马师、昭兄弟之对曹芳与曹髦，“终不得人心之归向”。钱穆对曹氏和司马氏篡取政权的评价，不全因其施用阴谋诡计，而是着重指出魏晋取政权及立国的不光明，所以开不出大格局。而其统治期间，阴谋叛乱不断，未始不是后来陷中国于400多年分裂的一大原因。连五胡乱华时的石勒也说“大丈夫行事当礌礌落落，如日月皎然，终不能如曹孟德、司马仲达父子，欺他孤儿寡妇，狐媚以取天下也”。

蒋琬、费祎主政，沿袭诸葛亮

诸葛亮去世后，建兴十三年（235年），后主刘禅按亮的遗言，起用蒋琬为辅政大臣，使其先任尚书令，领益州刺史，后迁大将军、录尚书事，封安阳亭侯。后再开府治事，加拜大司马。延熙九年（246年）蒋琬去世，前后主政12年。蒋琬死，由费祎辅政，拜大将军、录尚书事，领益州刺史。费祎在诸葛亮《前出师表》中被赞为“良实，志虑忠纯”，也是诸葛亮临终前推荐可继蒋琬辅政的人选。费祎在蒋琬辅政期间，一直是蒋琬的副手。费祎延熙九年辅政，延熙十五年（252年）开府治事，次年不幸被刺杀而死，前后执政7年。

蒋琬和费祎两人主政近20年，基本遵循诸葛亮的施政方针，也会因应局势的变化有所调整。他们深受诸葛亮行事风格的影响和人格的熏陶，都能尽忠职守，全心奉公。陈寿评论两人主政的得失说“咸承诸葛之成规，因循而不革，是以边境无虞，邦家如一”。对陈寿的评论，裴松之补充说：“蒋、费为相，克遵画一，未尝徇功妄动，有所亏丧，外却骆谷之师，内保宁缉之实，治小之宜，居静之理，何以过于此哉！”都强调蒋、费二人主蜀政时萧规曹随，以求不失。相对魏、吴内部的动荡，蒋、费主政下的蜀汉，政情辑睦，社会稳定。

再看诸葛亮之后蜀汉的对外情况。“隆中对”的策略是“若跨有荆、益，保其岩阻，西和诸戎，南抚夷越，外结好孙权，内修政理；天下有变，则命一上将将荆州之军以向宛、洛，将军身率益州之众出于秦川，……诚如是，则霸业可成，汉室可兴矣”，这是蜀汉的最终目标，且是立国的使命。诸葛亮北伐，尤其在第一次出师祁山时，魏延曾建议奇兵径出子午道，直指长安，结果不为诸葛亮所采纳。古今论者，多据此以证明陈寿所说的，诸葛亮“应变将略，非其所长”。这些，在论者看来，是看漏或看轻了“隆中对”中“天下有变”这句话。这句话很重要，可视为诸葛亮征伐曹魏的先决条件。如无“天下有变”，讨伐是难以成功的，这是军事结合政治的一种考虑。

如无这条件，诸葛亮自己也说得明白，“成败利钝”非他“所能逆睹也”。魏强蜀弱，军事战略如不谨慎，做军事的冒险，会有覆灭之险。何况，诸葛亮北伐时，客观的形势是关羽失荆州于前，待刘备败于夷陵后，刘蜀自此已无东归荆州的希望。换句话说，要北征，已失去出荆州以北指向宛、洛的可能。作为对手的魏蜀，无论是在文帝曹丕还是在明帝曹叡的统治下，都未真到“天下有变”的程度。诸葛亮虽以绝世才智创造了“西和诸戎，南抚夷越，外结好孙权”的局面，但在人才凋谢的景况下，要达成“霸业可成，汉室可兴”的初衷，也只能寄望奋力一搏，鞠躬尽瘁，死而后已，践行儒家“知其不可为而为之”的原则。蒋琬、费祎主政近20年，助蜀汉内部稳定，外抗强邻，维持小康之局，二人虽非一代雄才，但就主客观形势而言，已不负诸葛亮的托付！

这20年，蜀汉在内政上注重休养生息，做到了吏治清明。对外，能与孙吴基本维系友好关系，重视通使互访消解猜疑，双方再未有军事上的冲突；对敌方的曹魏则以防守为主。蒋琬曾抵挡住延熙七年（244年）曹魏大将军曹爽的一次大规模征讨，使曹军损失重大，折翼而返。诸葛亮去世后，蜀国最重要的统军将领是姜维。他建兴十二年（234年）拜右监军、辅汉将军，延熙六年（243年）迁镇西大将军，领凉州刺史。后迁卫将军，与费祎共同担任录尚书事。姜维是诸葛亮逝世后最积极继承诸葛亮遗志讨伐曹魏的人，但其个人能力有限，又是后来归降，再加上蒋琬和费祎采取防守护国的策略，这些都制约了他的军事行动。兵力和后援不足的姜维，又无诸葛亮的声望和权力，难以调动全国之力。虽然他积极筹划不同的军事策略，并不时采取军事行动出击曹魏，但结果都是无功而退。

钟会伐蜀，邓艾降汉

三国之中，最早灭亡的是蜀汉。灭亡蜀国的虽然是曹魏，但实际操作者却是独揽大权的司马昭。灭蜀汉后二年，司马昭卒，其子司马炎便篡魏称帝，改国号为晋。

蜀汉延熙十六年（253年）费祎去世后，姜维拜为大将军，掌蜀汉军权。姜维一直力主执行诸葛亮的北伐政策。因费祎主政时认为，“丞相（指诸葛亮）犹不能定中夏，况吾等乎？”政策上改弦易辙，偏重“保国治民”，费祎与姜维之间，以是不相配合。姜维当权后便积极北伐，从延熙十六年到景耀五年（262年）的9年间，共6次出击曹魏。

姜维的北伐战略主要在争陇右。实施这一战略，一方面是遵从诸葛亮生前想法——对曹魏以攻为守，占陇右向东蚕食；一方面与姜维出身陇右有关，他自己相信，“练西方风俗，兼负其才武，欲诱诸羌、胡以为羽翼，谓自陇以西可断而有也”（《三国志·姜维传》）。其历次北伐，多取在南安、陇西、枹罕、狄道、上邽等地，但都无功而还，因为三国的局面，越到后期对蜀汉越不利。正如有学者指出，“从战争形势看，越来越显著的是蜀、吴已非魏的敌手”，甚至说“吴、蜀、诸葛诞（时在寿春起事）三方合力，都不是敌手”。[1]这种说法是有充足证据的，论对外的军事实力，蜀汉与孙吴，已大不如曹魏及其后的司马晋；何况蜀汉与孙吴内部弊政丛生，形势更加不利。

后主刘禅后期昏聩

就蜀汉来说，几十年的战争，妨碍了经济生产，造成社会疲惫、百姓生活凋瘵的局面。经诸葛亮、蒋琬和费祎三相凝聚起来的内部团结，已逐渐涣散，甚至赖以立国的信念，在朝野中也日趋动摇。至于直接动摇蜀汉政权的，还是后主刘禅。他后期昏聩，纵容宦官黄皓弄权，枉费了诸葛亮在《前出师表》中对其叮咛备至的劝导。从诸葛亮在《前出师表》中对后主的劝诫来看，应是已洞悉后主为人的本质，劝勉的同时也有公开进行约束的意味。但到董允后，朝廷已无人可对刘禅加以约束。刘禅贪图享乐，宠信宦官黄皓，黄皓则勾结侍中陈祗，开始参与政事。陈祗死，黄皓权兼内外，“操弄威柄”，把控朝廷。

[1] 何兹全：《图文本三国史》，香港：商务印书馆，2013年。

陇山山头上的城堡
进入陇山到天水一带，在远山险要的山顶上，随时可见诸如此类的城堡，大多是古战场遗迹。

姜维见刘禅昏聩，黄皓及其党羽势大，心生疑惧，所以常驻扎在沓中（今甘肃省岷县南与舟曲县西），不敢回成都。当蜀汉政局败坏至此，司马昭在魏景元三年（262年），部署钟会为镇西将军，都督关中，次年更部署分兵三路，大举征伐蜀汉。一路由征西将军邓艾率兵3万，自狄道（今甘肃省临洮县）向沓中进攻姜维；一路由雍州刺史诸葛绪领兵3万，自祁山各向桥头（今甘肃省文县）和阴平（今甘肃省文县）迈进，以绝姜维归路；另由钟会率10万大军，分从斜谷、子午谷出兵，直取汉中。刘禅年前受黄皓惑言，不听姜维援兵汉中和西北的要求，到魏军入汉中时，援军施救已晚，汉中已陷落。邓艾军到沓中，姜维知汉中失守，便后撤进迫诸葛绪军，过桥头、阴平，继续南下与北上廖化、张翼援军会合，据守剑阁。钟会军在剑阁受阻，粮运又不继，原拟退兵。

邓艾便取阴平之路向涪县（今四川省绵阳市）进攻。这线路遍布崇山峻岭，地理偏僻，道路险窄，人迹罕见。邓艾身先士卒，千辛万苦绕过剑阁，到达江油（今四川省江油市），降服蜀守将马邈（马岱之孙），然后直趋涪县，并打败领兵拒守涪

由天水麦积山向南远眺

所见尽是绵延不绝的远山，是陇山和秦岭相连的地带。秦岭是黄河和长江的分水岭，秦岭北侧的渭河汇入黄河，而秦岭南侧的各条溪流汇入嘉陵江或汉江，最终流入长江。

县的诸葛亮儿子诸葛瞻。诸葛瞻退守绵竹（今四川省绵竹市）不降不屈，与邓艾军激战，与儿子诸葛尚一同壮烈战死。绵竹既陷，成都已无险可守。刘禅及朝中大臣最后听从光禄大夫谯周降魏的建议，向邓艾献城投降，并敕令守剑阁的姜维、廖化、张翼等投降。姜维等得令，“拔刀斫石”以示激愤，也只好向钟会投降。

蜀汉灭亡，屯驻成都的邓艾凡事擅权独断，引起司马昭的疑虑。钟会和监军卫瓘乘机密告邓艾作反，司马昭命递捕邓艾押送回京，邓中途为卫瓘杀害。邓艾死后，钟会“独统大众，威震西土”，起了反心，同蜀降将姜维合谋，拟由姜维作为先锋，领兵5万出斜谷，自己率军随后，出其不意占领长安再攻洛阳。司马昭对钟会谋反早有防范，安排贾充领兵出斜谷。这场反司马昭的军事行动，终因入蜀魏将士的反制而失败，钟会和姜维被杀死。姜维拟利用钟会复国的最后机会破灭。姜维一直坚持诸葛亮的遗志，致力北伐，其军事战略主要集中在陇右地区，故曹魏将领，尤其邓艾，常年在陇右地区“修治备守，积谷强兵”，可见姜维以弱攻对邓艾的强守，形势是多么不利。

回顾诸葛亮的北伐，且不说各种供给，更不说可使用的武将，单说能动用的兵力，一般是五六万人，最多号称十万，而曹魏出兵动辄二三十万，双方力量悬殊，可见一斑。到姜维掌军，一般可支配的兵力仅三万而已。到蜀汉后期，朝野中“光复汉室”的信念渐失，意志涣散，加上刘禅昏庸，奸佞弄政，姜维处处受掣肘，甚至以大将军之位不敢居成都，而要走避边壤，这是姜维的困境，也是蜀汉后期的困局。陈寿对姜维评价不高，说他“粗有文武，志立功名，而玩众黩旅，明断不周，终至陨毙”，批评他以区区蕞尔之地坚持北伐，是扰攘蜀汉。陈寿的观点明显受其老师，劝刘禅投降的谯周影响。“知人论世”，千古为难，取舍由人，反倒是与姜维、谯周同朝，后来翼从刘后主到洛阳，对后主“相导宜适”的郤正，曾于著论中对姜维做出很高评价。他对世论常以“誉成毁败，扶高抑下”，失“《春秋》褒贬之义”去贬削姜维不以为然，总结说，“如姜维之乐学不倦，清素节约，自一时之仪表也”。由此可见诸葛亮有知人之明。姜维竭尽智勇，身死宗灭，也无愧于诸葛亮之赏识，无负其所托了。

陇南文县一带山区

陇南文县一带已近名胜九寨沟。

陇东的高峻群山与湍急渭河
陈仓以西接连陇右之地，已属陇山山脉，地势险峻，渭河水急，交通极度困难。今天乘车过陇东高速公路，大部分时间是在隧道内行走，偶尔经过谷涧才见天日，可见陇东地形的险峻。

专题21 剑门名关

诸葛亮建成剑门关后，从此入汉中。蜀汉景耀六年（263年），曹魏钟会率大军入川，蜀汉主帅姜维回防剑门关，拒钟会13万大军3个月。剑门关两旁，是高200米的悬崖。这种陡峭山势从巴中一直到江油五指山，连绵200里。站在剑门关前，我们自会明白“一夫当关，万夫莫开”的山关之险。

李白名篇《蜀道难》的末段，写到“剑阁峥嵘而崔嵬，一夫当关，万夫莫开。……蜀道之难，难于上青天”。杜甫在天宝之乱后的三年，由陕西经剑阁到成都，路过剑门关时，也写下《剑门》：“惟天有设险，剑门天下壮。连山抱西南，石角皆北向。两崖崇墉倚，刻画城郭状。一夫怒临关，百万未可傍。”如实简练地描述了剑门关之形胜。

剑门关位于连绵如万仞墙壁的梁山，梁山又称大剑山。西去30里是小剑山，小剑山有30里长的阁道，称为“剑阁道”。“剑阁道”在古金牛道上，位于四川盆地北部边缘，东西连绵140里，其北边宛如斧劈的悬崖峭壁的山隘中间，是中原入蜀的

自牛头山远眺剑门关 ❶ 巴山山脉 ❷ 剑山山脉 ❸ 剑门关 ❹ 剑门七十二峰 ❺ 金牛古道

必经之道。历史上有记载的发生在剑门地区的战争有90多次，直接发生在剑门关上的就有75次，可见剑阁和剑门关在军事上的重要。

小剑山

刘备入主四川汉中时，面对北方曹魏的第一道防线是阳平关，第二道是葭萌关。当时剑门虽有阁道30里，但尚未设关，“有阁尉，领桑下兵民也”（《华阳国志·梓潼郡》）。“剑门镇”在昭化以南古驿道上（今108国道在此穿过），也是历代军事要塞。蜀汉在此有军驻守，刘备屯葭萌关（位于今昭化古城）时，曾四出“剑阁道”。剑门关之设城关，是在诸葛亮相蜀时“凿石架空为飞梁阁道，……于立剑门关”（《寰宇记》）。建关时间大概在第一次北伐祁山之前，即章武元年（221年）春四月，到后主建兴六年（228年）方完全建成。建关后，诸葛亮由此入汉中。

登剑山的阁道　剑门关旁，是高200米的悬崖，从嘉陵江边到江油五指山，山势连绵200里。

由南向北望剑阁雄姿

蜀军将领塑像

蜀军为曹魏的钟会、邓艾诸军所迫时，左车骑张翼、右车骑廖化、辅国大将军董厥与姜维，皆退守剑阁，列营守险以拒钟会。钟会军未能攻克，加上粮运悬远，供给不上，钟会原拟退兵，后主刘禅却降于邓艾，敕令姜维等投降。蜀军“将士咸怒，拔刀斫石”。此为表现姜维、董厥、张翼和廖化听闻敕令气愤之极的塑像。

由剑门关向北遥望

天宝十四载（755年），唐玄宗因避逃“安禄山之乱”，曾幸蜀于剑门关下的仙云客栈，而原仙云寺就在图中山脚下。因剑门历史悠久，关道险要，历代文人留下了不少诗文。宋乾道八年（1172年），陆游由汉中调往成都任职，写下《剑门道中遇微雨》：“衣上征尘杂酒痕，远游无处不消魂。此身合是诗人未，细雨骑驴入剑门。”

剑门关上的姜维墓

姜维墓全国有5处。此处姜维墓原在剑门关内西侧古道旁，今迁到大剑溪东侧姜公祠后。据说迁陵时棺内仅有甲胄一副和佩剑一柄，应是姜维的衣冠冢。

姜公祠塑像

后世纪念姜维的姜公祠不只一处，这尊塑像位于甘肃省天水市甘谷县姜公祠内。

⊙ 剑门蜀道上的历代重要战事

年份	事件
前316年	秦张仪、司马错率军沿金牛道伐蜀，破蜀军于葭萌，灭蜀
191年	东汉益州牧刘焉派督义司马张鲁率兵经蜀道攻汉中，后割据自立
213年	汉中张鲁派部将杨帛率兵经蜀道南攻葭萌，杨帛诱降霍峻失败，后退兵
219年	刘备率兵攻汉中夏侯渊，经蜀道屯兵阳平关，次年夺取汉中
227年	蜀诸葛亮率军进兵汉中，在筹笔驿谋划军务，后与魏争战 8 年
238年	蒋琬率兵经蜀道屯兵汉中，与魏抗衡
244年	魏曹爽攻蜀，费祎率兵经蜀道去汉中，蜀军在势兴与魏战，破之
365年	东晋梁州刺史司马勋反，称成都王，领兵从汉中经蜀道攻剑阁入成都
373年	前秦符坚遣王统等率兵经蜀道攻克剑阁
480年	南齐中兵参军王图南率益州兵出剑阁，大破叛军李乌奴于陕南
580年	北周杨坚代王谦为益州总管，领兵进至朝天龙门，王谦率军与战，败走
930年	孟知祥据蜀，后唐遣石敬瑭取道汉中、利州攻剑阁，不克退兵
964年	北宋将领王全斌率兵经汉攻入广元，蜀孟昶退守剑门，后兵败国亡
1133年	金兵破汉中，南宋将领刘子羽守朝天潭毒山，金人退兵
1231年	蒙将拖雷攻蜀破勉州，分兵沿嘉陵江而下，南至今阆中西水而回
1235年	蒙军攻蜀，南宋利州守将曹友闻率军经蜀道至仙人关拒敌
1236年	蒙将阔端攻蜀，南宋曹友闻退守宁强大安、朝天一线拒敌，后战死
1253年	蒙将汪德臣从汉中经朝天攻入利州，筑州城且耕且守
1259年	蒙古蒙哥汗率兵攻利州、战剑门、进围合川。后蒙哥汗死于合川军中
1635年	明李自成由陕西宁强攻蜀，破朝天七盘关，后取广元
1645年	清张献忠据蜀，派兵把守明月峡，传说截获欲请李自成入蜀的成都生员颜天汉，引发杀士子事件
1647年	清将赫业与吴三桂部将战于扎格堡、朝天关一线，明月峡栈道尽毁
1679年	清将王进宝自青石关进神宣驿，督兵夺朝天关进广元
1924年	陕军王鸿恩部与川军激战广元，陕军败，由朝天撤回汉中
1949年	中国人民解放军将领贺龙率 18 兵团 60 军沿川陕公路攻占七盘关，经明月峡入广元

专题22 阴平道与绵竹

魏景元四年（263年）五月，魏军大举伐蜀。征西将军邓艾通过偷渡阴平之道，先后击破江油关、涪县和蜀汉首都成都的最后门户绵竹，令阴平与绵竹成为三国战史上受关注的名字。

邓艾当时先是派遣天水太守王颀，直攻姜维在沓中的大本营。姜维闻钟会大军已入汉中，遂从沓中撤退。王颀从后追赶，双方在强川口大战。姜维败走，而退路又为魏军雍州刺史诸葛绪率领的3万兵自祁山到武街桥头（今甘肃省成县以西）堵截。

幸好姜维早一天已兵过桥头，到了阴平。向东南走白水（四川省广元市西北），在白水遇上廖化、张翼、董厥等，会师同守剑阁以拒钟会。钟会屡攻此地不克，本

摩天岭南麓的“阴平古道”碑

欲退兵。邓艾反对，并上表拟“从阴平由邪径经汉德阳亭趣涪，出剑阁西百里，去成都三百余里，奇兵冲其腹心”，要求钟会军赴涪城汇合，并说这是“攻其不备，出其不意，今掩其空虚，破之必矣”。(《三国志・邓艾传》)

“冬十月，艾自阴平道行无人之地七百余里，凿山通道，造作桥阁。山高谷深，至为艰险，又粮运将匮，濒于危殆。艾以毡自裹，推转而下。将士皆攀木缘崖，鱼贯而进”，终到江油关，降服蜀将马邈。诸葛亮长子诸葛瞻当时督诸军以拒邓艾，使邓艾军到涪后不得进。可惜瞻不听尚书郎黄崇的建议，黄认为最好速行军以据险要之地，不令邓艾军入平地而长驱直入。现实果然如黄崇所说，邓艾军入了平地，长驱直进，退守偏西绵竹的诸葛瞻、诸葛尚父子战死，后主在成都向邓艾投降。

传说中邓艾裹毯推转而下处的摩天岭

此处摩天岭不但山势峻险，树木也丛密高大，相信自古已然，断无史载“以毡自裹，推转而下”的道理。应是以毡裹身保护，然后冲跌而下才合理。爬过险山的人自会明白。

南北垂直于摩天岭的阴平山

“邓艾过此”石刻

相传邓艾过了阴平道，在壁立的山崖上刻上“邓艾过此”四字。而山崖似人像的侧面，所以又称邓艾面相。

自阴平之东玉垒关下望

古阴平之东的玉垒关，素有“陇蜀咽喉”之称。古人曾在这里的悬崖绝壁上修建栈道，并在玉垒关江面上修建伸臂木梁桥，史称“阴平桥头”（位于今甘肃省文县境内）。

阴平山谷青溪古城与蜀将廖化

青溪古城位于阴平山山谷南口，历来为商贾云集、兵家必争之地。《三国演义》中邓艾偷渡阴平灭蜀的章节对此地有生动描写。唐家河在这里汇入下寺河而流经城东，又在城南汇入南渭河，成为青竹江，形成天然的两道护城河。此地守卫妥当则可以控制阴平道。廖化曾在这里的一些山谷地屯田。在城南逆南渭河南行，再翻越一个分水岭，即可进入南侧的洪溪沟。沿洪溪沟南下，可抵达江油关前。

廖化字符俭，襄阳人，关羽在荆州时，曾任主簿。关羽失荆州，廖化留在已属吴的荆州，"思归先主（刘备）。乃诈死……携持老母，昼夜西行"，在秭归遇上正东征的刘备，任为宜都太守，后为丞相诸葛亮的参军。据《华阳国志》，建兴七年（229年），蜀汉为加强成都的防守和支持北伐，新置广武县于青溪，并委任廖化屯田戍守此地。邓艾入蜀攻姜维于阴平时，廖化曾率军驰援，并与姜维共守剑阁。蜀降后廖化被内徙洛阳，死于道上，以果烈见称。

青溪城内 青溪建城距今已有1700多年。

青溪东门及瓮城

由青溪东门的双城门瓮城向南望

瓮城城楼上的廖化塑像

“蜀中无大将，廖化当先锋”一语，成为人们慨叹人才凋零的常用语，以此形容蜀汉后期的人才情况也相当真实。但当时仍有不少蜀汉将士全力以赴，克尽忠勇，廖化就是其中一位。

阴平廊桥

阴平桥头原本在摩天岭北侧的文县境内，因地震全毁，后于青溪城东面重建。廊桥跨越的就是下寺河，由阴平山山谷流出。重建廊桥全按北川的古法和古样建造。

位于今四川平武县南坝镇的新江油关城楼

新江油关城楼位于今四川省平武县南坝镇，南坝是历史悠久的千年古镇，古称“江油关”，后世又称“涪水关”，位于涪江西岸，是蜀北名关之一。涪江有一支流洪溪沟由东而来，在关前汇入涪江，邓艾出阴平道后，并没按惯例从青溪沿涪江而来，而是由洪溪沟进军到关前，强渡涪江，拿下了江油关。

阴平廊桥下的下寺河

俯瞰新江油关城楼所在处
图中宽阔的河流是涪江，右侧是洪溪沟，已呈干涸状态。

诸葛瞻与绵竹关

绵竹位于四川成都平原的西北部，距成都84公里。东汉中平五年（188年），刘焉领益州牧，将州治所迁于绵竹。兴平元年（194年）因绵竹城火灾，刘焉迁州治到成都。绵竹建城，至今已有2000多年，在两汉已是益州重镇，为蜀地膏腴之地，尤其是蜀汉首都成都的最后门户，当时与绵竹关（后世称“白马关”）共同构成了成都平原在北部的防御屏障。

诸葛亮的长子诸葛瞻曾在鹿头山绵竹关布兵防守，邓艾攻进涪县时，派人送书信引诱诸葛瞻说：“若降者必表为琅琊王。”诸葛瞻勃然大怒，一气之下斩了邓艾的使者。

诸葛瞻登上鹿头山，指挥蜀军与邓艾率领的曹魏军队决战。虽然诸葛瞻占据有利地形，但由于仓促应战，加之很多蜀兵从未参加过战斗，在魏军的凌厉攻势下，蜀军渐渐不敌，白马关上血流成河，尸横遍野。诸葛瞻、张遵（张飞之孙），先后被魏军砍下头颅，诸葛瞻之子、年仅17岁的诸葛尚，驰马冲入魏阵而死。黄权之子尚书郎黄崇、李恢之子羽林军李球等，也壮烈战死。蜀军将士大部殉难，白马关失守，

绵竹古城沙盘 （四川绵竹博物馆藏）

航拍绵竹

绵竹是拱卫成都最后的一道关防。从传说中的三国古战场“八卦谷”向南看，已是一马平川，无险可守。

绵竹诸葛双忠祠启圣殿

此为绵竹纪念诸葛瞻、诸葛尚的双忠祠正殿。祠内存有父子俩共葬的墓穴。

绵竹双忠祠三叛像

诸葛尚、诸葛瞻墓前放置有蜀汉三叛像，以表示对郝普、傅士仁及糜芳三人的唾弃。

这里也因蜀汉将士的不断倒下得名“倒湾”。

曹魏灭亡蜀汉期间，蜀汉核心人物诸葛亮、关羽、张飞、赵云等人，一身忠义，壮烈死节，比之曹魏、孙吴甚至司马氏之晋，要光辉得多。后世人之所以尊崇蜀汉，不全出于视蜀刘为正统的观念，也有景仰其正气的一面！建安十八年（213年），绵竹之胜而蜀汉兴；蜀汉景耀六年（263年），绵竹之败而蜀汉亡，前后刚好50年。

第六节　六路征伐 王濬降吴

孙权 19 岁继承父兄的基业，凭借江东，多次力拒北方的曹操，西败刘备，据有长江中下游的荆、扬之地，后建吴称帝，“成鼎峙之业”。

孙权登位后性情大变

陈寿评论孙权，说他是“人之杰”。孙权擅于权略，长于智计，能“屈身忍辱”，对待文武部下，以意气相投，能“任才尚计”，这些都是他作为成功领袖的个人特质。其兄长孙策临终时说，孙权能“举贤任能，各尽其心，以保江东”，甚至说“我不如卿”，真有知弟之明。吴的重臣，陆逊的裔孙陆机，在所著《辨亡论》中，就详细介绍和分析了孙权身边凝聚的文武人物。在他们的辅助下，孙权“谋无遗算，举不失策”，屡遭曹魏、刘蜀的讨伐而屹立不倒。可惜自登帝位后，孙权一改常态，性情大变。所以会如此，似有以下几个因素：

一、建功立业的成功，日积月累让孙权生出了过分的自信，加重了个人威权，日见独断。

二、他不仅丢不开自孙策以来对江东大族的疑虑和防范，而且随着在挑选继承人方面的态度反复，还加深了对东吴大族重臣的怀疑。

三、或关乎年纪。中外历史上的领袖人物，这种因年岁渐长而性情大变的情况并不罕见。孙权晚年性情大变，嫌忌之心日益滋长，以致“谗说殄行”“果于杀戮”，其晚年的施政直接为孙吴的衰落种下了祸根。他宠信的吕壹和秦博专门监视、整治百官，连重臣丞相顾雍、驸马朱据都被“举白”，“群臣莫敢复言，皆畏之侧目”。太子孙登、太常潘濬、大将军陆逊、骠骑将军步骘等都曾拼死极谏，但孙权却不为所动，甚至对他们增加了疑忌之心。虽然后来吕壹因犯罪而被处死，宠臣暨艳矫枉过正的吏治改革也被孙权废除，但已为时太晚，这大大伤害和破坏了孙权赖以成功、与大臣间意气相契的忠诚与和谐。

晚年孙权立废的失当，真到了匪夷所思的地步。孙权在立嗣上的反复，引发了皇室内廷和宗室间的残酷争斗，也诱发了朝中大臣结党分派的激烈斗争。最后，在永安七年（264年），竟由“粗暴骄盈，多忌讳，好酒色”的末帝孙皓继位。因孙皓的残暴统治，孙吴已到崩溃边缘，覆亡是早晚之事。

陆抗心死，心情沉重病逝

三国中的蜀、吴，一灭于魏，一灭于继魏的晋，但都是灭于司马氏之手。司马炎在泰始元年（265年）篡魏称帝，建国为晋，泰始五年（269年）就部署南伐东吴。他首先委任羊祜镇守襄阳，都督荆州诸军事，再命益州刺史王濬在蜀营建战船。

孙皓即位，任陆抗为镇东大将军，都督信陵、夷道、乐乡、公安等荆州沿江诸军事，镇守于乐乡（今湖北省松滋市东），以对抗羊祜。陆抗是陆逊的儿子，孙策的

⊙ 孙吴立嗣引发的政治事件

年份	事件
241年	太子孙登去世
242年	孙权立三子孙和为太子。数月后又封四子孙霸为鲁王。因孙权对两人同样宠爱，礼秩如一，孙霸有意夺取太子之位。两人之争蔓延至朝廷，支持太子的大臣包括陆逊、顾谭、吾粲、朱据、诸葛恪、施绩、丁密、滕胤；支持鲁王的大臣包括步骘、吕岱、全琮、吕据、孙弘等。顾谭被流放、吾粲下狱被杀
245年	鲁王党羽杨竺、全寄、吴安、孙奇等共同谮毁太子。陆逊劝孙权勿信谗言，孙权不悦。逊愤恨而死
250年	孙权废太子和，并将其流放。同时杀鲁王霸及其党羽杨竺等人。另立幼子亮为太子。朱据谏废太子，被赐死。群臣谏者如陈正、陈象、张纯以十数或死或放逐

外孙，也是孙吴后期最出色的政治家和军事家。陆抗重视防务。凤凰元年（272年），镇守西陵（今湖北省宜昌市）的西陵都督步阐，叛吴降晋。陆抗粉碎了司马炎以羊祜攻江陵、徐胤率水军进迫建平（今重庆市巫山县）、荆州刺史杨肇直趋西陵援助的三路军事行动，收复西陵，处死步阐等。凤凰二年（273年），陆抗任大司马、荆州牧。但孙皓不仅残暴，而且极之昏昧，竟迷信神卜，相信会"青盖入洛阳"，多次派兵出击西晋。陆抗对孙皓很不满，针对他的内政措施、军事行动，不断劝谏，孙皓却不为所动。凤凰三年（274年），陆抗怀着孙吴已不可挽救这一沉重心情病逝。

眼看东吴陷入乱局，都督对吴军事的羊祜、杜预、张华、王濬等一致认为，孙皓暴虐荒淫的统治已令东吴朝野上下人心涣散，正是伐吴的最好时机，倘若对方换了位较贤明的皇帝，就不容易对付了。可见直到孙吴如此景况，晋一众大将对孙吴的军事力量仍然有所顾忌。

于西塞山上险崖可俯瞰长江

西塞山位于湖北黄石，在九江和武汉的中间，战略地位重要，是拱卫荆州的要塞。西塞山地形与镇江北固山很相似，都是一座石头山突出于江面，而且都在南岸。西塞山山体较大，从山脚到山顶都层层设防，直至近代仍是军事要塞。

西塞山

“西塞山”三个石刻红字之下的江面，就是孙吴军队铁索横江的地方。吴军曾于此江中的要害地方布置铁锁链，并做长逾丈余的铁锥，暗置江中，以截阻顺江而下的船舰。王濬水军造方余百几步的大筏，轧锥而去，又做大炬灌以麻油，置船舰前，遇锁链则燃炬火烧之，终于顺长江而下，进迫建业。

吴天纪三年（279年）十一月，司马炎发兵20万，分为六路，全线夹击东吴。各地东吴军已无力抵抗，纷纷投降，晋军所向披靡，直迫建业。东吴只剩下新任丞相张悌和部分将领还在死命抵挡，虽然不存胜望，但仍尽忠守节，张悌便说“吴之将亡，贤愚所知”。天纪四年（280年）三月，晋军各路进围建业，孙皓向王濬投降。对晋灭东吴这一幕，唐代大诗人刘禹锡有感而发写下《西塞山怀古》诗一首，诗曰：

王濬楼船下益州，金陵王气黯然收。
千寻铁锁沉江底，一片降幡出石头。

诗中描写了王濬千帆并举、浩浩荡荡，顺长江大流而下，以及孙吴落日西山的亡国景象，让人如临其境。从汉末群雄争霸，逐鹿中原，到魏、蜀、吴三国鼎立，时局终于走到了三家归晋，重回统一的阶段。

后记

中外关于“三国”这一题材，不同层次、不同形式的著述以及影视的出版和出品，近年来不知凡几。笔者不揣浅陋，克服三年疫情的困乏，也将酝酿多年的这个题目编撰成书，是希望带给读者一本别开生面的“三国”读物。

引发我对三国历史探究兴趣的，乃香港中文大学新亚书院时期的业师，牟师润孙教授。他不仅引发了我研读的兴趣，指引了我研究的方法，更灌输我以“通经致用”的为学目的。

日后虽然专志于中国近代史的研究，但我对“三国”的研读未尝忘怀，兴趣不减。在神州大地游走几十年，对三国历史的山川风物增添了实感；随着涉世的深广，对人情世故的体会，对文献的理解，似多了几分“三国人世”的领悟。

拙作的撰写，参阅过大量的中外著作，书中征引的只是部分而已，无法一一著录。前辈学者专家，他们学养坚实，观点通透，持论慎重，不炫异求奇，能不因时移世异而葆其学术成就的充实光辉，尤让我推崇。

此书的撰编，一直得到李钧杰博士在数据的核实、整理，图表的设计等方面的协助；以及刘集民先生在实地拍摄、取材和地图绘制等方面由始至今的襄助。否则此书难成如斯面貌。

这是一本图文并重的著作，幸得老朋友刘炜、田村贤伉俪，另内蒙古名摄影师孔群先生、陕西文物考古摄影师王保平先生、云南航拍专家邓喜平先生、阆中市文化和旅游局、香港黄景强博士、香港文物收藏家陈文岩医生、香港名画家董培新先生等慷慨惠赐照片，衷心铭感！

此书初版《三国传真》，得香港商务印书馆李家驹董事长、毛永波总经理、于克凌副总经理鼎力支持，编辑主任林雪伶小姐独立承担紧迫而繁重的编辑工作，方能在疫情方炽期间，得以面世。

内地版易名为《寻真三国》，有相当大的改动和优化。其间得活字文化专业而细致的编辑设计工作，以及商务印书馆的支持，在此衷心感谢。还要感谢郑培凯教授赐予推荐文。

“三国”是一个历久常新、说不完的故事，又是一个生生不息的探究课题，希望此书的出版能增进大众对“三国”的进一步认识和了解。

陈万雄

参考书目

一、古籍史料

（汉）司马迁：《史记》，香港：中华书局，1969年。

（三国）诸葛亮：《诸葛亮集》，北京：中华书局，2009年。

（晋）陈寿：《三国志》，北京：中华书局，2006年。

（晋）张华：《博物志新译》，祝鸿杰译注，上海：上海大学出版社，2010年。

（晋）常璩：《华阳国志》，山东：齐鲁书社，2010年。

（南朝宋）范晔：《后汉书》，北京：中华书局，1999年。

（南朝梁）萧统：《文选》，北京：中华书局，2022年。

（宋）司马光：《资治通鉴》，北京：中华书局，1956年。

（宋）祝穆：《方舆胜览》，北京：中华书局，2003年。

（宋）乐史：《太平寰宇记》，北京：中华书局，2007年。

（宋）李昉：《太平御览》，北京：中华书局，2017年。

（明）罗贯中：《三国演义》，香港：商务印书馆，2017年。

（清）顾祖禹：《读史方舆纪要》，北京：中华书局，2005年。

（清）赵翼：《廿二史札记》，江苏：凤凰出版社，2008年。

（清）王夫之：《读通鉴论》，北京：中华书局，2020年。

（清）章炳麟：《訄书详注》，徐復注，上海：上海古籍出版社，2017年。

二、中文文献

陈登元：《国史旧闻》，北京：生活·读书·新知三联书店，1958年。

陈文德：《诸葛亮大传》，台北：远流出版，1992年。

陈文岩：《三国印象》，《美术家》，2020年第7期。

陈仲安、王素：《汉唐职官制度研究（增订本）》，上海：中西书局，2018年。

丁海斌：《中国古代科技文献史》，上海：上海交通大学出版社，2015年。

方北辰:《精彩三国》，成都：成都时代出版社，2016年。

方诗铭:《论三国人物》，香港：香港中和出版有限公司，2019年。

葛剑雄:《往事和近事》，北京：生活·读书·新知三联书店，1996年。

葛剑雄:《汉魏故事：禅让的真相》,《书屋》，1995年第2期。

龚学孺:《三国遗迹探秘》，北京：西苑出版社，1995年。

郝广才主编:《图说历史三国》，台北：游目族文化事业有限公司，2015年。

贺西林、李清泉:《中国墓室壁画史》，北京：高等教育出版社，2009年。

何兹全:《图文本三国史》，香港：商务印书馆，2013年。

胡金华:《满城汉墓：河北大考古》，石家庄：花山文艺出版社，2007年。

黄节:《魏武帝魏文帝诗注》，香港：商务印书馆，1961年。

霍巍:《西南天地间——中国西南的考古、民族与文化》，香港：香港城市大学出版社，2006年。

鲲西:《高贵乡公之死》,《清华园感旧录》，上海：上海古籍出版社，2002年。

劳干:《秦汉史》，香港：华冈出版公司，1974年。

李如森:《汉代丧葬礼俗》，沈阳：沈阳出版社，2003年。

李孝聪:《中国区域历史地理》，北京：北京大学出版社，2004年。

柳春藩:《诸葛亮评传》，北京：中国青年出版社，1997年。

刘来成:《安平东汉壁画墓发掘简报》,《文物春秋》，1989年Z1期。

刘毅:《中国古代物质文化史陵墓》，北京：开明出版社，2014年。

刘雨勇、刘挺:《中国镇江风景名胜》，南京：南京大学出版社，1995年。

吕思勉:《三国史话》，香港：商务印书馆，2009年。

罗宗真:《六朝考古》，南京：南京大学出版社，1994年。

马植杰:《三国史》，北京：人民出版社，1993年。

内蒙古自治区文物考古研究所编:《和林格尔汉墓壁画》，北京：文物出版社，2007年。

内蒙古自治区文物考古研究所编:《和林格尔壁画孝子传图辑录》，北京：文物出版社，2009年。

钱穆：《国史大纲》，香港：商务印书馆，2021年。
秦涛：《道济天下诸葛亮》，台北：远流出版，2020年。
任晓民：《亳州名城名胜》，香港：天马图书有限公司，2002年。
史昌友：《邺城·邺文化·曹操》，郑州：中州古籍出版社，2012年。
孙机：《汉代物质文化资料图说（增订本）》，上海：上海古籍出版社，2011年。
台北历史博物馆编：《历史博物馆珍藏的汉代砖画》，台北：台北历史博物馆，1991年。
谭其骧主编：《中国历史地图集》，北京：中国地图出版社，1982—1987年。
谭其骧：《长水集续编》，北京：人民出版社，1994年。
唐长孺：《魏晋南北朝史论丛续编·魏晋南北朝史论集拾遗》，北京：中华书局，2011年。
唐长孺：《太平道与天师道——札记十一则》，《唐长孺文存》，上海：上海古籍出版社，2006年。
万绳楠：《扑朔迷离话赤壁》，四川大学历史系编：《冰茧彩丝集》，成都：成都出版社，1994年。
王洪震：《汉代往事：汉画像石上的史诗》，天津：百花文艺出版社，2012年。
王绣、霍宏伟：《洛阳两汉彩画》，北京：文物出版社，2015年。
王玉国、李德柱：《三国名城镇江》，镇江：江苏大学出版社，2016年。
王子今：《东汉的"学习型社会"》，《读书杂志》，2010年第1期。
吴怀东：《三曹与魏晋文学研究》，合肥：安徽文艺出版社，2011年。
徐德嶙：《三国史讲话》，上海：群联出版社，1955年。
许倬云：《历史分光镜》，上海：上海文艺出版社，1998年。
严耕望：《严耕望史学论文集（上）》，上海：上海古籍出版社，2009年。
严其林、程建：《京口文化》，南京：南京大学出版社，2001年。
杨泓：《中国汉唐考古学九讲》，北京：文物出版社，2015年。
杨泓、李力：《中国古兵二十讲》，北京：生活·读书·新知三联书店，2013年。
杨华：《三国夷陵之战后"备升马鞍山"的地理位置考》，《四川师范大学学报（社会科学版）》，2007年第34期。
杨宪益：《译余偶拾》，北京：生活·读书·新知三联书店，1983年。
俞绍初辑校：《建安七子集》，北京：中华书局，2005年。
张大可：《三分的挽歌：话说三国十二帝》，北京：华文出版社，2006年。
张靖龙：《赤壁之战研究》，郑州：中州古籍出版社，2004年。

张晓虹：《古都与城市》，香港：中华书局，2014 年。

章映阁：《诸葛亮》，台北：知书房，1993 年。

镇江北固山风景区编：《北固山游记选》，江苏：江苏大学出版社，2015 年。

郑绍宗：《满城汉墓》，北京：文物出版社，2003 年。

郑岩：《魏晋南北朝壁画墓研究（增订版）》，北京：文物出版社，2016 年。

中国国家博物馆编：《文物中国史 · 秦汉时代》，太原：山西教育出版社，2003 年。

中国国家博物馆编：《文物中国史 · 三国两晋南北朝时代》，太原：山西教育出版社，2003 年。

中国画像石全集编辑委员会编，汤池主编 ：《中国画像石全集 第 4 卷 江苏、安徽、浙江汉画像石》，郑州：河南美术出版社，2000 年。

中国画像石全集编辑委员会编，汤池主编 ：《中国画像石全集 第 5 卷 陕西、山西汉画像石》，郑州：河南美术出版社，2000 年。

中国画像石全集编辑委员会编，汤池主编 ：《中国画像石全集 第 6 卷 河南汉画像石》，郑州：河南美术出版社，2000 年。

中国军事史编写组编：《中国军事史——中国历代军事战略》，北京：解放军出版社，2002 年。

中国墓室壁画全集编辑委员会编：《中国墓室壁画全集——汉魏晋南北朝》，石家庄：河北教育出版社，2011 年。

中国农业博物馆编：《汉代农业画像砖石》，北京：中国农业出版社，1996 年。

周长山：《汉代城市研究》，北京：人民出版社，2001 年。

周一良：《曹丕曹植之争》，《魏晋南北朝史札记》，北京：中华书局，2007 年。

周一良：《魏晋南北朝史论集续编》，北京：北京大学出版社，1991 年。

周绍良：《关索考》，《绍良丛稿》，济南：齐鲁书社，1984 年。

〔韩〕金文京：《三国志的世界：后汉三国时代》，何晓毅、梁蕾译，桂林：广西师范大学出版社，2014 年。

〔日〕堀敏一：《曹操》，张恒怡译，北京：北京联合出版公司，2019 年。

〔日〕林田慎之助：《诸葛亮》，李天送译，西安：三秦出版社，1989 年。

〔日〕中村圭尔、辛德勇：《中日古代城市研究》，北京：中国社会科学院出版社，2004 年。

三、外文文献

東京富士美術館（2008）『大三国志展』

大阪市立美術館 (1999)『よみがえる漢王朝—— 2000年の时をこえて：特別展覧会』読売新聞社

桑原武夫・落合清彦(1984)『三国志の魅力』聖教新聞社

渡辺精一（2010）『一册でわかるイラストでわかる図解三国志』成美堂出版

丸橋充拓（2020）『江南の発展：南宋まで』岩波書店

井波律子（2007）『三国志曼荼罗』岩波書店

植村清二（2011）『諸葛孔明』筑摩書房

刘炜（2001）『図说三国志の世界』大修館書店

图书在版编目（CIP）数据

寻真三国：战争、生活与人物 / 陈万雄编著. 北京：商务印书馆, 2024.（2025.11重印）— ISBN 978－7－100－24217－2

Ⅰ. K236.07

中国国家版本馆 CIP 数据核字（2024）第2024E3F687号

寻 真 三 国

战争、生活与人物

陈万雄　编著

商 务 印 书 馆 出 版
（北京王府井大街36号　邮政编码 100710）
商 务 印 书 馆 发 行
山 东 临 沂 新 华 印 刷 物 流
集 团 有 限 责 任 公 司 印 刷
ISBN　978－7－100－24217－2

2025年1月第1版　　开本 720×1020　1/16
2025年11月第2次印刷　　印张 26

定价：108.00元